U0917090

新编公文写作丛书

新编行政公文写作技能指导与范例全书

胡珊瑚◎主编

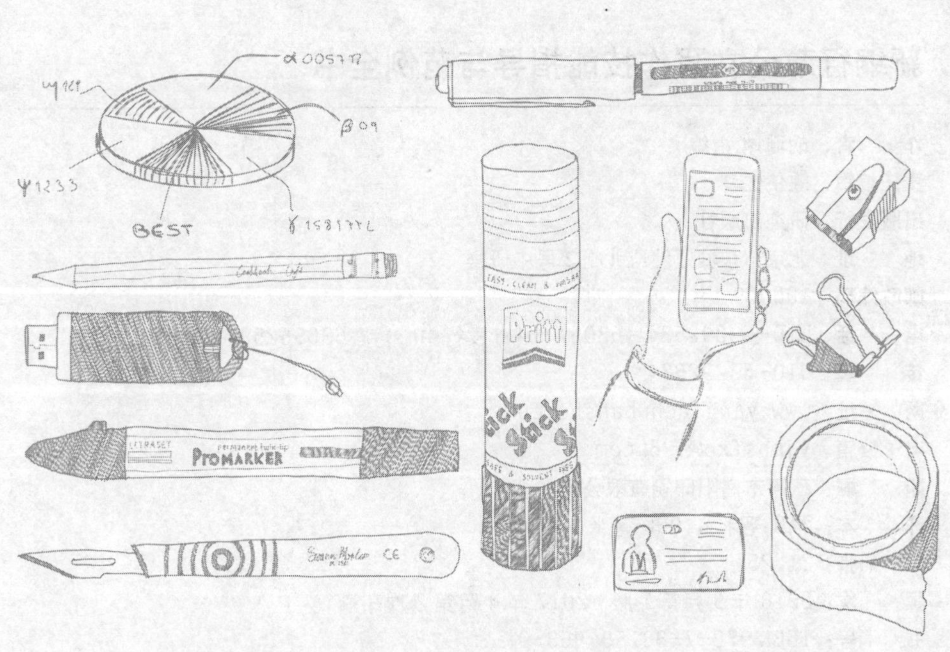

中国出版集团　研究出版社

图书在版编目（CIP）数据

新编行政公文写作技能指导与范例全书 / 胡珊瑚主编．—北京：研究出版社，2016.9

ISBN 978-7-80168-968-9

Ⅰ．①新… Ⅱ．①胡… Ⅲ．①公文—写作 Ⅳ．①H152．3

中国版本图书馆 CIP 数据核字（2016）第 124305 号

新编行政公文写作技能指导与范例全书

作　　者　胡珊瑚 主编
责任编辑　陈侠仁
出版发行　研究出版社
地　　址　北京市东城区沙滩北街 2 号中研楼
邮政编码　100009
电　　话　010-63292534　63057714（发行中心）　63055259（总编室）
传　　真　010-63292534
网　　址　www.yanjiuchubanshe.com
电子信箱　yjcbsfxb@126.com
印　　刷　三河市南阳印刷有限公司
开　　本：710 毫米×1000 毫米　1/16
印　　张：21.25
版　　次：2016 年 9 月第 1 版　2017 年 4 月第 2 次印刷
书　　号：ISBN 978-7-80168-968-9
定　　价：39.80 元

本书编委会

主　编　胡珊瑚

编　委　（排名不分先后）

胡占国	胡占有	周　燕	刘占家	郑　義
张凤雲	刘云锋	刘　唱	张红伟	江本有
霍　然	刘玉林	张国柱	张国军	薄文中
薄　浩	周本唐	周小敏	王　扩	王树唐
王春唐	崔　赤	郑　建	景军丽	孙少伟
马　保	崔大勇			

目　录

第一章　行政机关指挥性公文写作

第一节　命令（令）写作

一、命令（令）的写作概述

1. 命令（令）的含义

命令（令），是上级领导单位向下级单位发布的一种带有强制执行性质的指挥性公文，属于最为典型的下行文。

根据《党政机关公文处理工作条例》规定，命令（令）“适用于依照有关法律公布行政法规和规章；宣布施行重大强制性措施；嘉奖有关单位及人员”。

2. 命令（令）的特点

（1）具有强制性。命令（令）是指挥性公文，集中地反映了领导机关的指挥意图，一经发布，受令方必须无条件服从，没有丝毫商量的余地，不得随意变更和变通，在执行中不能有丝毫偏差。

（2）具有权威性。命令（令）是行政公文中最具权威性的下行文，使用命令是法律赋予行政机关的权力。命令不仅要求其发布机关级别规格高，而且一般以发令机关的领导人名义署名发布。

（3）具有庄重性。命令（令）的内容涉及重大事项，因此写作格式较单纯，主旨单一，文字简短明了。同时命令的语气坚定、肯定，不容置疑，不能含糊其词，以便下级机关准确无误地了解执行。

3. 命令（令）的种类

命令（令）的种类如下：

（1）公布令。公布令是依照有关法律公布行政法规和规章的命令。

（2）行政令。行政令是国务院及其各部门、县级以上人民政府采取重大强制性行政措施时使用的文种。分颁布性行政令和事项性行政令。

（3）任免令。任免令是用于任免领导干部和其他工作人员时使用的一种下行文。

（4）嘉奖令。嘉奖令是宣布奖励事宜时使用的一种公文。主要包括嘉奖先进的原因、嘉奖的决定、发出向嘉奖对象学习的号召三部分。

（5）撤销令。撤销令是用于撤销下级机关不适当的决定时下达的命令。

4. 命令（令）的写作格式

命令（令）的结构分标题、发文字号、开头、主体、结尾和落款六部分。

（1）标题

命令（令）的标题写法，通常有四种形式，即“发文机关 + 事由 + 文种”、“发文机关 + 文种”、“事由 + 文种”，除以上三种形式外，还有一种就是只写文种。

（2）发文字号

命令（令）的发文字号的写法有两种：一是由“机关代字 + 年份 + 序号”组成。二是以令号（发文机关发布命令的顺序号）代替发文字号。

（3）开头

开头要写明命令（令）发布的缘由，即发布命令（令）的原因、目的、根据和意义。

（4）主体

主体即命令（令）事项。要求准确地写出决断性、强制性的规定或措施。

（5）结尾

命令（令）的结尾，通常写明对命令（令）事项的补充说明或向受命者提出希望和要求。有些命令（令）也可根据内容要求不写执行要求。

（6）落款

落款包括署名和发文时间两项内容。在正文后右下方署名，写上发令机关的全称或发令人的领导职务和姓名，再在其下方注明时间。

5. 写作命令（令）时应注意的问题

写作命令（令）时，必须注意下列问题：

（1）严格权限制发。命令（令）的适用范围控制较严。一般来说，除根据国家法律规定有权使用命令（令）的机关及首长外，其他机关和其他负责人不能用命令（令）行文；除某些实行准军事化管理的特殊行业如铁路、民用航空等企事业单位外，其他单位和人员不能滥用。

地方各级政府除处理特别重大的紧急事务如抢险救灾时可以破例使用命令（令）来实施指挥外，一般的日常性工作中不得随意使用。无论是根据法律规定的正常使用还是特殊情况下的破例使用，都必须以法律、法规为依据，按照法律规定的程序制作、发布，其内容和形式都必须在法律许可的范围之内。

（2）要求明确，态度鲜明。命令（令）具有极强的强制性和约束力，一旦发布，受令者必须严格遵照执行，所以命令（令）必须要求明确，态度鲜明，主张什么、反对什么，要求做什么、不允许做什么，等等，都必须作不容置疑的表述，不能有丝毫的含糊，以便受令者迅速理解执行。

（3）文字精练，措辞准确。无论是何种命令（令），都要求文句简明，语气坚定，用简洁凝练而又准确鲜明的文字将内容庄重严肃地表述出来即可，不需作阐发说明。

对于语言难度较大的嘉奖令来说，尤其要处理好介绍表彰嘉奖对象事迹、阐明事迹意义和向有关各方发出号召时的用语分寸问题。

6. 命令（令）写作要求

（1）撰写或签发令文必须严肃、认真。命令（令）不得朝令夕改，使下级无所适从。

（2）命令人们完成一项任务，应该使大家明确奋斗目标及重大意义，为完成任务或达到某一目的而努力。

（3）时间、地点、数量等，必须写得十分具体，以便有关人员付诸行动和领导机关监督检查。

（4）命令（令）的语气要严肃，要求达到：表达坚决，肯定有力。

（5）结构严谨，易读易记，便于执行。对先说什么，后说什么必须安排适当。

（6）篇幅短小，文字要简练，便于熟记，以免把较长时间花费在阅读或理解“命令”上。

二、命令（令）的写作范例

命令（令）的写作范例如下：

◎**公布令**

××市人民政府令

第××号

《××市酒类流通管理实施办法》已经××××年××月××日市人民政府第××次常务会议讨论通过，现予发布，自××××年××月××日起施行。

市长　×××

××××年××月××日

◎**行政令**

××省人民政府关于清理道路检查站（卡）的命令

各市、县、自治县人民政府，省政府直属各单位：

为制止在公路上设卡查车、乱扣乱罚的现象，坚决纠正行业不正之风，促进经济、文化交流，保障人民群众和企业的合法权益，省人民政府决定清理在各地道路上设置的检查站（卡），特发布如下命令：

一、除我省与毗邻省（区）接壤的公路交通要道设立必要的检查站外，省内国道上的检查站（卡）从6月16日起一律撤销。

二、公安、交通、工商、税务、林业、畜牧业等部门需要在省道和县道及毗邻省（区）接壤的交通要道上设置检查站（卡），必须经省人民政府批准。各地、各部门自行设置的检查站（卡）均为非法，群众和车辆驾驶人员可拒绝接受其检查。

三、除公安干警追捕刑事案犯、打击车匪路霸、维护交通秩序及处理交通事故外，其他任何人员不得上路检查，不得拦截在公路上正常行驶的车辆，不得对旅客实施人身检查。

四、经批准设立的检查站的执勤人员，在执行检查任务时，应出示省人民政府办公厅统一核发的《公路检查证》，佩戴行业标志。无上述证件、标志的为非法检查。

五、各类检查人员执行检查公务时不得超越本职检查范围，不得搞非法扣罚。被检查者应尊重执勤人员执行检查。省各主管部门对本系统的检查人员实行有效监督管理，发现问题必须及时处理。

六、本命令责成省人民政府法制局、省监察厅及各级法制、监察部门执行，并负责对各类检查站及执法人员进行监督。被检查单位、群众认为检查人员有违反本命令的，可以向监察部门反映、举报。监察部门应及时作出处理。

七、省人民政府过去有关规定与本命令有抵触的，一律以本命令为准。

××××年××月××日

◎**嘉奖令**

关于对县政府信访局的嘉奖令

×政文〔××××〕××号

××××年，县政府信访局在县委、县政府的正确领导下，紧紧围绕全县稳定大局，认真落实科学发展观，创新理念、完善机制，推进信访工作规范化、制度化建设，热情接待信访群众，妥善处理人民群众反映的信访问题，认真排查化解矛盾纠纷，深入做好信访群众的教育和引导工作，切实理顺群众情绪，促进党和政府与人民群众的密切联系，为××经济发展、社会和谐作出了突出贡献。我县的信访工作领导干部一岗双责经验、重信重访治理经验、县委书记及县长大接访长效机制建设经验在全市推广，我县被省委、省政府授予县委书记及县长大接访工作先进县、全省信访工作先进县荣誉称号。为此，县政府决定对县政府信访局予以通令嘉奖。

希望县政府信访局戒骄戒躁，发扬成绩，再接再厉，在今后的工作中取得更大的成绩，为构建和谐××、振兴××经济作出新的更大贡献。

××县人民政府

××××年××月××日

◎撤销令

××市人民政府撤销××县《公路过往车辆收费暂行规定》的命令

经市人民政府××××年××月××日第××次常务委员会研究决定，撤销××县《公路过往车辆收费暂行规定》。经由××县高级公路过往的车辆的收费标准按市发〔××××〕××号文件执行。

××市人民政府

××××年××月××日

第二节 决定写作

一、决定的写作概述

1. 决定的含义

决定是党政机关、社会团体、企事业单位对重大事项或重大行政公务做出安排而制定的一种指挥性公文，属于下行文种。上至党和国家的重大决策和战略部署，下至基层单位的奖惩事宜均可使用。

2. 决定的适用范围

“决定” 的种类不同，其适用范围也不同。

例如，决策性决定是党和国家行政机关为部署所属全局工作，或采取某种重大举措而使用的一种公文。这里的“重大举措” 可以理解为不同层次、不同级别的事项和行动，各级行政机关和一些单位都有重大举措。一般来说，需要使用决策性决定的有以下几种情况：一是主管机关对其职权范围内的重大举措作出安排时用“决定”。二是传达某次会议的决定、提出贯彻某项决议所采取的措施、批准会议研讨的某些事项等。这种由会议决定的事项，不用决议而用决定行文，主要是为了强调文件的指令性。

部署性决定是党和国家行政机关为部署所属全局工作，或采取某种重大举措而使用的一种公文，用它来对重大行动作出安排。

表彰性决定，是指对有突出贡献的单位、人员作出表彰嘉奖。

党政机关、社会团体或企事业单位对某些重要事项或重大行动作出安排，都可以用决定这一文种，应当说，决定的用途还是比较广泛的。

3. 决定的特点

（1）具有权威性、法规性。决定一般由上级部门制发，体现上级部门的意志，对下级部门提出明确具体的要求，内容涉及重大事项和重大行动，要求下级部门和有关人员绝对服从和严格贯彻执行。也就是说，决定具有极高的权威性、法规性。

（2）具有政策性。决定对重大事项、重大行动做出安排，需要强调其任务意义，详细阐明有关大政方针，指出执行的政策、措施，因此内容比较丰富，具有较强的政策性。

（3）具有严肃性。决定的内容一般都是重要事项或重大行动，特别是指挥性决定要求下级部门无条件地执行，内容客观，语气坚决、严肃。

（4）具有周知性。有些决定只要求人们知晓某些重大事项，而无具体的执行要求。

（5）具有准确性。决定的缘由是决定的依据、理由，必须规范、准确、清楚，不能编造。

4. 决定的种类

（1）处置性决定。处置性决定是处理、布置并告知具体内容的决定。它属于决定的一种，其内容多为表彰先进、安排人事、设置机构等处理问题的措施。

（2）公布性决定。公布性决定是一种在会议上直接公布某个议案的具体内容时使用的公文。

（3）部署性决定。党政机关、社会团体、企事业单位为部署所属全局工作，或采取某种重大举措而使用的一种公文。

（4）决策性决定。决策性决定也是党和国家行政机关为部署所属全局工作，或采取某种重大举措而使用的一种公文。

（5）事项性决定。宣布某一重大问题的处理结果或对某项工作作出重大安排的决定。

（6）表彰性决定。对有突出贡献的先进集体、个人进行表彰奖励的决定。

（7）惩处性决定。对一些影响较大、群众关心的事故和错误进行处理的决定。

5. 决定的写作格式

决定的写作分为首部和正文两部分。

（1）首部

包括标题和成文时间两部分。

①标题。标题一般有两种构成形式：一种是由发文机关、事由加文种构成。另一种是由事由和文种构成。

②成文时间。指发布决定的时间。在标题正上方注明成文的年、月、日，或者在标题下方用括号注明某年某月某日某会议通过字样。

（2）正文

正文的写作一般由三部分组成。一是开头部分，简要交代决定的缘由、目的、根据。二是主体部分，主要写决定的内容，落实决定的要求和措施，要求具体明白、层次清楚，便于有关单位执行。三是结尾部分，用于提出希望、要求或执行说明。

有的决定需要带附件。有附件的决定，应当于正文之后、发文机关署名之前注明附件的名称或依据，并将附件附在主件之后。

6. 决定的写作要求

撰写决定必须注意以下三点：

（1）要做好调查研究。在起草决定之前，要就决定所涉及的问题，认真查找有关法律条款和政策规定，并广泛听取各方面意见。在此基础上，考虑作出的决定是否切合实际，能否妥善地解决实际问题。

（2）要做到观点鲜明。决定做出之后，要求下级部门正确执行，不得有误。因此，在决定中所提出的看法必须十分明确，这样才便于受文者理解和执行。

（3）要做到语言鲜明。切忌含混不清或使用有歧义和有可能引起别人误解的语句。

二、决定的写作范例

决定的写作范例如下：

◎公布性决定

××市人民政府关于公布清理政策性规范性文件结果的决定

×政发〔××××〕××号

各县、区人民政府，各中央、省属单位，市政府各直属单位：

为了深入贯彻《中华人民共和国行政许可法》，经××××年6月21日市政府第四次常务会议决定，对××××年前以市政府和市政府办公室名义发布的政策性、规范性文件废止106件、修改17件，现予公布。

××××年××月××日

◎部署性决定

××市人大通过关于加强食品安全监管的决定

（××××年×月×日××市第×届人民代表大会
常务委员会第26次会议通过）

××市第×届人民代表大会常务委员会第26次会议听取了市人民政府《关于××市食品安全工作情况的报告》。会议认为，食品安全关系到广大人民群众的身体健康和生命安全，关系到经济发展和社会稳定，做好食品安全工作意义十分重大，市人民政府的报告比较客观地反映了当前××市食品安全的总体形势、取得的成绩和存在的问题。会议要求，各级人民政府要坚持科学发展观，牢固树立以人为本、执政为民的思想，全面履行政府职责，切实把建立健全食品安全保障体系作为当前××市构建和谐社会的重要工作抓紧抓好；要创新工作方式，着力治本，建立健全食品安全监管制度和长效机制；要明确并落实部门责任，强化食品安全管理的综合监督与组织协调，努力提高食品安全综合监管工作水平。根据《国务院关于进一步加强食品安全工作的决定》，结合××市实际，特作如下决定：

一、食品安全监管遵循统一领导、分级负责、综合监督、依法监管、强化基础、信息公开的原则。

二、各级人民政府对本行政区域内食品安全工作负总责。

市、区县（自治县、市）人民政府应统一领导、协调本行政区域内食品安全监管工作。将食品安全工作纳入国民经济和社会发展中长期规划；逐年加大财政投入，保障食品安全工作的正常开展；建立和完善统一协调、权责明确的食品安全监管体系，切实加强食品安全监管机构和队伍建设。

市、区县（自治县、市）人民政府应建立食品安全监管责任制和责任追究制，将食品安全监管纳入政府目标管理绩效考核；理顺监管体制，明确部门职责，建立健全食品安全组织协调机制，加强对食品安全监管工作的协调、监督；加强食品检测技术装备建设，建立食品安全监测制度；建立食品安全信用体系和失信惩戒机制，引导企业诚信守法。

三、食品药品监管部门是市、区县（自治县、市）人民政府的食品安全综合监督部门，市人民政府应明确食品安全综合监督部门的职责，使食品安全综合监督部门能切实履行综合监督、组织协调、依法组织查处重大食品安全事故等职责。农业、质监、工商、卫生、商业等食品安全专项监管部门，依法履行食品安全监管职责。

食品安全综合监管部门和食品安全专项监管部门应当加强配合，共同做好全市食品安全监管工作。

四、乡镇人民政府（街道办事处）应根据市人民政府的规定，统一领导、协调本行政区域内食品安全监管工作，配合食品安全综合监督和专项监管部门，加强对食品安全事故易发环节的监督检查。

食品安全综合监督和专项监管部门应加强对乡镇（街道）食品安全监管工作的督促指导和人员培训。

五、各食品行业协会应充分发挥自我规范、自我管理、自我提高的作用，加强行业自律，督促各食品企业认真遵守国家法律法规，严格执行食品安全标准；积极配合政府及有关部门做好食品安全监管工作，及时向有关食品安全监管部门报送行业信息。

六、食品生产者、销售者和餐饮经营者是食品安全的第一责任人，应强化诚信守法意识，严格遵守食品安全的法律法规、强制性标准与技术规范，切实保证食品安全。

食品生产者、销售者和餐饮经营者对食品安全监管部门的监督检查活动应当予以配合，不得拒绝。

七、建立食品监督抽查制度。食品安全综合监督部门应会同质监、工商、卫生等食品安全专项监管部门，制订年度食品抽查检验计划，避免部门重复抽检。区县（自治县、市）食品抽查检验计划不得与市级食品抽查检验计划重复。

食品安全专项监管部门应当依照食品抽查检验计划开展食品抽查检验工作。在计划之外增加对相关食品抽查检验的，有关食品安全专项监管部门应当向食品安全综合监督部门通报。

八、市人民政府应建立食品安全信息制度。食品安全综合监督和专项监管部门应加强信息沟通，实现互联互通与信息资源共享，建立食品安全信息平台，定期公开发布食品安全监测信息。

九、各级人民政府及食品安全监管部门应加强食品安全知识与法律法规宣传，提高公众食品安全意识与自我保护能力。

新闻媒体应当开展食品安全知识与法律法规宣传教育与普及工作，充分发挥舆论监督作用，曝光、揭露食品安全违法犯罪行为。

鼓励和倡导企业、事业单位、社会团体及公民个人组织开展食品安全知识与法律法规宣传。

十、各级人民政府应当根据上级政府的食品安全事故应急预案，依法制定本行政区域内的食品安全事故应急预案，并报上一级人民政府备案。

发生食品安全事故时，各食品安全监管部门应在同级政府统一领导下，按食品安全事故应急预案立即开展食品安全事故应急救援与处置。

食品生产者、销售者和餐饮经营者应当制定本企业食品安全事故处置方案，定期检查各项安全防范措施的落实情况，及时消除事故隐患。发生食品安全事故时，事故单位负责人应当按照食品安全事故处置方案对事故予以处理，采取有效措施，防止事故扩大，同时按规定及时向当地相关食品安全监管部门报告。

十一、各级人民政府应定期对各食品安全监管部门和下一级人民政府的食品安全工作进行评议、考核，对失职、渎职的部门和责任人依法进行责任追究。

发生重大食品安全事故时，食品安全综合监督部门应当立即会同有关部门进行事故责任调查，向本级人民政府提出事故调查处理意见。

十二、市、区县（自治县、市）人大常委会应定期听取和审议政府食品安全专项工作报告，开展相关法律、法规的执法检查，加强食品安全工作监督和法律监督。

◎处置性决定

××行政处罚决定

×财采决〔××××〕×号

××建筑工程有限责任公司：

你公司在××市第×人民医院门诊住院大楼手术部装修工程项目（项目编号：××××××—××××）的竞争性谈判采购过程中，经评委评审确定为中标单位，在中标公告期间，××市第×人民医院就你公司提供的业绩合同到××市第×人民医院进行调查核实，发现你公司提供的业绩合同是虚假的，所附的工程施工合同也是伪造的。市政府集中采购中心对此问题也进行了核实，建议取消你公司的中标资格。我局就你公司在投标过程中提交的《××市第×人民医院××分院手术室装修工程合同》是否为虚假材料组成调查组进行了调查，经核实，你公司提交的《××市第×人民医院××分院手术室装修工程合同》为虚假材料，违反了《中华人民共和国政府采购法》第三条“政府采购应当遵循公开透明原则、公平竞争原则、公正原则和诚实信用原则”的规定。根据《中华人民共和国政府采购法》第七十七条“供应商有下列情形之一的，处以采购金额千分之五以上千分之十以下的罚款，列入不良行为记录名单，在一至三年内禁止参加政府采购活动，有违法所得的，并处没收违法所得，情节严重的，由工商行政管理机关吊销营业执照；构成犯罪的，依法追究刑事责任；（一）提供虚假材料谋取中标、成交的……供应商有前款第（一）至（五）项情形之一的，中标、成交无效”的规定，取消你公司该项目的中标资格，并做出如下处罚：

一、处以采购金额××××万元的千分之五罚款，即××万元。

二、列入不良行为记录名单，在行政处罚决定书下达之日起一年内禁止参加××市政府采购活动。

本处罚决定自送达之日起生效，请你公司从收到本决定书之日起15日内将罚款足额上缴国库（收款单位：××市财政局；预算级次：市级；收缴国库：国家金库××市支库；科目代码：××××××××；缴款科目：其他一般罚没收入）。

根据《中华人民共和国行政复议法》第九条和《中华人民共和国行政诉讼法》第三十九条的规定，你公司如不服本处罚决定，可以在收到本处罚决定书之日起60日内向××省财政厅和××市人民政府申请行政复议，也可以在收到本处罚决定书之日起三个月内向人民法院提起行政诉讼。复议或诉讼期间本决定照常执行。逾期不申请复议或不向人民法院起诉又不履行本处罚决定的，本局将依法强制执行。

××市财政局

××××年××月××日

◎决策性决定

关于实行十项扶农政策的决定

各党（总）支部，各部、委、办、局，企事业单位，村委会、村民小组，群团组织：

为贯彻以人为本，落实科学发展观，扩大公共财政覆盖农村，让人民群众普惠发展成果，体现“权为民所用、情为民所系、利为民所谋”，建设社会主义新农村，决定从××××年开始在××片区执行十项扶农政策：

一、对中、小学生实行学习成绩奖励

本地农村户口、在本地就学，高中毕业生参加高考被录取为一类本科的，每人一次性奖励5000元；参加高考被录取为二类本科的，每人一次性奖励2000元。初中毕业生参加升高中考试，成绩在校区前三名的，每人一次性奖励500元。小学毕业生参加升初中考试，成绩在校区前三名的，每人一次性奖励300元。

二、对拆除茅草房、竹片房、杈杈房，新建住房实行扶助

本地农村户口的农户，拆除居住主房为茅草房、竹片房、杈杈房新建主房面积达60平方米以上，除上级给予的扶助政策外，每户一次性扶助5000元。

三、对一户有两名及以上残疾成员的家庭实行生活扶助

本地农村户口，一户家庭有两名及以上残疾、智障成员的（持有残疾证），对残疾、智障成员每人每月给予50元的生活扶助。

四、对百岁老人实行生活扶助

本地农村户口，年龄达到或超过100周岁的，每人每月给予100元的生活

扶助。

五、对一年内亡故两名以上成员的家庭实行扶助

本地农村户口的家庭，一年内亡故（不含违法犯罪行为导致死亡）两名以上家庭成员的，每户一次性给予3000元的扶助。

六、对多胞胎生育实行扶助

本地农村户口的家庭，一胎生育两个（不含计划外生育）或以上孩子的，在孩子年满14周岁以前，每人每月给予50元的生活扶助。

七、对因灾住房完全毁坏的农户实行扶助

本地农村户口的家庭，因灾住房完全毁坏不能居住的，每户一次性给予5000元扶助。

八、对新建水冲式卫生厕所实行奖励

本地农村户口家庭，新建水冲式卫生厕所的，每户一次性给予800元的奖励。

九、对创建文明村实行奖励

村（组）创建文明村，通过国家级验收的，每个村（组）一次性给予5000元的奖励；通过省级验收的，每个村（组）一次性给予3000元的奖励；通过市级验收的，每个村（组）一次性给予2000元的奖励。

十、对创办托牛所实行扶助

在村庄外创办托牛所，对村庄洁净有贡献的，5～10户农户参托的，每年每所给予5000元扶助；11～29户农户参托的，每年每所给予10000元扶助；30户以上参托的，每年每所给予20000元扶助。

以上扶农政策的享受对象，由村民公决、村组公示、社会公认、农村发展局审核后执行。所需资金按“实支列报”方式纳入年度财政预算。

中共××市××区工作委员会

××市××区管理委员会

××××年××月××日

第三节　批复写作

一、批复的写作概述

1. 批复的概念

批复是答复性的下行文书，它是上级机关答复下级机关请示事项的指导性文件。批复必须以下级机关的请示或报告为存在的条件。没有请示，也就无所谓批

复。由此可见，批复与请示，是相互对应的两种公文。请示，是上行文；批复，是下行文。没有下级机关的请示，也就没有上级机关的批复。批复与请示，是正式行政公文中唯一一对相关联的文种。这一特点，决定了在批复的撰写中，应该充分体现出批复对于请示的针对性。因此，可以说批复是一种针对请示的批答公文。它是专门解决请示问题的专用公文，其行文受到请示机关和请示内容的制约，行文关系和行文内容都是特定的。

2. 批复的适用范围

下级机关用请示向上级机关行文，上级机关即须以批复作出相应的答复。以批复的形式答复的请示事项，一般是比较重要但涉及面不是很广的事项。除了批复之外，答复请示事项还可以考虑选用其他文种。例如，国家工商行政管理总局呈报国务院的《关于在全国逐步推行经济合同示范文本制度的请示》，所写事项意义重大，涉及面广，所以国务院没有以批复的形式单独回复来文机关，而是由办公厅制发通知，将国家工商行政管理总局的请示转发给有关机关、部门和单位，在要求执行的同时，也就表明了对请示事项的态度和意见。

3. 批复的特点

（1）专向性。批复专对请示行文，而不针对别的文种；批复的内容也针对着请示中的具体事项，与请示事项无关的内容则不涉及。这就是批复的专向性。

（2）针对性。上级机关批答下级机关的请求事项，往往是针对某一具体公文的具体问题作出的，一般不涉及其他问题。它是被动行文，不像指示是上级机关根据需要随时可以主动行文，且受文单位和内容具有广泛性。

（3）指令性。上级机关在批复里对政策所作的解释、提出的指导性意见以及表明的批准或不批准的态度，具有权威性和指令作用，下级机关必须遵照执行。

（4）政策性。批复对请示事项所作的答复，答复不答复，都要以党和国家的政策为依据，要坚持原则，照章办事。

（5）单一性。批复单一性的特点体现在两个方面：一是发文对象的单一性。批复是一对一的下行文，是专门回复下级机关请示的，所以其受文对象就是请示单位。二是发文内容的单一性。请示是“一文一事”，批复则是“一文一答”。

（6）结论性。上级机关在批复中，必须作出明确、结论性的意见，写明“同意”或“不同意”，而不能含糊其词，似是而非。下级机关收到批复，必须照此执行。

（7）时效性。上级机关收到下级机关的请示后，要及时答复，否则就会误时误事。有些机关采取的对“收到下级机关请示后一周内不予答复则可视为同意”的规定，就是强调时效性，以提高办事效率。

4. 批复的种类

（1）决定性批复

决定性批复，是批准下级机关的请示事项，作出行政决定的批复。

（2）指示性批复

指示性批复不但同意下级机关的请示，而且就请示事项的落实、执行或就事项的重要性、意义提出几点指示性意见，对下级的该项工作有指示作用。

（3）解答性批复

上级针对下级对政策、法律、规定、措施等的询问请示所做的批复，称为解答性批复。对有关政策、法律、法规的解答性批复，只能由被授权或有权解释的单位制发。本单位无权解释的可逐级往上请示，直到有权作出解释的单位。对下级机关询问性请示的解答，是一件很严肃的事情。因这种解答对下级具有指示性，是下级办事的凭据，所以解答不能想当然，而要有政策、法律或上级有关文件作为依据。这种解答性批复要及时。

5. 批复的写作格式

批复通常由标题和主送机关、正文、落款三部分构成。

（1）标题和主送机关

①标题。批复的标题一般为“发文机关 + 主要内容 + 文种”的形式。不同的是，批复往往在标题的主要内容一项中，明确表示对请求事件的意见和态度，而一般公文标题中的主要内容部分一般只点明文件指向的中心事件或问题，多数不明确表示态度和意见。

②主送机关。批复的主送机关只有一个，即发出请示的下级机关。

（2）正文

这部分内容由批复依据、批复事项、执行要求三部分组成。

①批复依据。批复依据主要涉及对方的请求和与请求事项有关的方针政策、上级规定。

对方的请求是批复最主要的论据，要完整引用请示的标题并加括号注明其请示的发文字号。

上级有关的文件和规定是答复请示的政策和理论依据。可表述为：根据 × × 关于 × × 的规定，现作如下答复。必要时，可标引文件名、文件编号和条款序号。如果下级请示的事项在上级文件和规定中找不到依据，上面所述的文字便不需出现了。

②批复事项。针对下级机关请示所发出的指示，作出的批准决定以及补充的有关内容，都属于批复事项。如果内容复杂，可分条表述，但必须坚持一文一批的原则，不得将若干请示合在一起用列条的方式分别给予答复。

③执行要求。对下级执行批复的要求可写在结尾处，文字要简约。

（3）落款

在正文后右下角写明制发批复的机关名称。如在标题中已写明发文机关，可不写落款。

6. 批复的写作要求

（1）要注意针对性。由于批复具有很强的专向性，因此，批复的内容应紧紧扣住来文中请示的问题，给予指示或表明态度。答复问题要全面，不能只对部分请示事项作答复，而对其他部分不作表态。也就是说，要注意其针对性。

（2）要有鲜明的态度。上级机关的批复，无论是解释政策，还是审批事项，是同意，是不同意，还是部分同意，或是暂时不议，都要旗帜鲜明地表明态度，以便于下级机关有所遵循，据此开展工作。

（3）要有充分的理由。批复，无论是对有关政策做出解释，还是对求批事项表明态度，都要有充分的理由。所谓充分的理由，既可以是现行的方针、政策、法律、法规，也可以是客观条件、现实状况。

（4）要及时行文。领导机关应急下属机关之所急，接到请示之后，就要及时研究，及时批复，做到及时行文。

7. 批复写作应注意的问题

（1）在批复的开头一定要完全引述来文字号和标题，因为批复是对请示作回复，所以不可以只引文号，或只引标题。

（2）要有正式的书面请示才能批复，不得将口头或电话请示作为批复的依据。

（3）批复一般只给来文请示的单位。如有普遍意义，也可以同时抄送所属各单位。

（4）写作批复要有理有据。下级请示事项是多方面的，有些可能是涉及具体政策性的重大问题。批复时一定要进行周密的调查了解，掌握有关情况，还要熟悉有关政策法令和办事准则，反复研究后再给予答复。尤其要寻找政策依据，同意的，根据什么；不同意的，又根据什么，有理有据，对工作及批复的执行才有利。切忌简单、草率地回复。即便是不予同意的，也要说明理由，不能生硬否决而不说明理由依据。

（5）行文简洁。批复的篇幅一般不宜过长，要求简洁、概括、集中，文字简短、精当，将领导决定的意见表达清楚即可，不必作具体的分析和详尽的阐述。

（6）坚持一请示一批复的原则。这个要求与请示的“一文一事”相对应。只有做到“一请示一批复”才能增强针对性。同时要注意，只能在职权范围内批准、答复问题，否则即是无效批复。

(7) 批复的意见要态度明朗。批复意见必须十分清楚、明白，态度明朗。同意或不同意或部分同意均要明确，措辞要恰当，语气必须肯定，用词必须准确，表述必须清楚。容易产生歧义的词不能用于批复的写作。另外，回复意见也要有针对性，围绕请示问题来谈，对请示问题要一一给予答复，既不能另找话题、说东道西，也不能只答复一部分而遗漏了一些内容。

(8) 批复对象要明确。在所有的下行文中，唯批复的主送机关只有一个。在一般情况下，不能多头主送，更不能变单头主送为普发文件。

二、批复的写作范例

批复的写作范例如下：

◎**指示性批复**

关于政府行政部门工作查档问题的批复

××市房地产档案馆：

你馆×房档〔××××〕第×号《关于政府行政部门工作查档问题的请示》已收到，现批复如下：

一、房产档案属于专业档案，专业性强且涉及公民财产隐私，目前仍属于未完全开放的档案，查询办法可按建设部、省建设厅《关于印发〈房屋权属登记信息查询暂行办法〉的通知》即建住房〔××××〕××号和×建房〔××××〕××号文的要求执行。

二、不属于建住房〔××××〕××号和×建房〔××××〕××号文规定查询范围的单位或个人（包括政府行政部门），需查询房产档案都应严格遵循国家有关档案管理的规定，对尚未向社会开放的档案，查询时允许查询与本单位或个人产权有关的房产档案，不允许要求筛查与本单位或个人无关的房产档案。查档时还应按规定缴纳相关费用。

此复。

××市档案局

××××年××月××日

◎**规定性批复**

关于××县出租车经营权的有关问题的批复

为规范××县城市客运管理工作，省建设厅、省物价局、省财政厅（×建城复〔××××〕137号）和省城市公共客运交通管理局（×城客复〔××××〕5号）作出批复，现予公示。

××县城市公共客运交通管理局

××××年××月××日

××省建设厅、省物价局、省财政厅
关于××县出租汽车经营权有关问题的批复

一、同意××县××××年通过招商方式行政审批给予××出租汽车有限公司的70辆出租汽车和××××年行政审批的10辆出租汽车纳入有偿有期限管理。这80辆出租汽车经营权有偿使用期限为10年。经营期限为××××年××月××日至××××年××月××日。

二、这80辆出租汽车经营权有偿使用费从××××年××月××日起计收，剩余经营权有偿使用费征收标准为10000元/辆，一次性收取。

三、同意××县××××年公开出让70辆出租汽车经营权指标，经营权有偿使用期限为8年，出让期届满，经营权终止，出让采用以服务质量作为主要竞标条件的邀请招标方式面向原××公司出租汽车承包人进行，根据《国务院办公厅关于进一步规范出租汽车行业管理有关问题的通知》（国办发〔××××〕81号）文件精神，为避免单纯追求提高经营权收益的行为，经营权有偿使用费征收标准为签约每车3.2万元/8年。

四、这150辆出租汽车可驻点经营的范围为××县城区、近郊区以及城市行政区域内因城市建设和发展需要实行规划控制的区域。

××××年××月××日

◎**政策性批复**

市政府关于留学人员工作有关问题处理意见的批复

××政函〔××××〕××号

市人事局：

你局《关于留学人员工作有关问题处理意见的请示》（××人专〔××××〕××号）收悉。经市政府研究，现就有关事项批复如下：

一、关于《××市留学回国人员工作证》发放范围问题。扩大《××市留学回国人员工作证》的发放范围，即由目前持有中国护照的留学人员扩大到合法取得外国国籍并在××市创业或从事科技、教育、管理的高层次留学人员。高层次留学人员的界定，按照《关于在留学人才引进工作中界定海外高层次留学人员的指导意见》（国人部发〔××××〕××号）的规定执行。留学人员凭《××市留学回国人员工作证》申请创业资助，并在购买商品房、子女入学、入住酒店等方面享受与市民相同待遇。

二、关于出入境管理问题。为取得外国国籍并在××市创业或从事科技、教育、管理的高层次留学人员提供出入境便利：对需多次临时出入境人员，可根据实际需要给予2~5年多次入境有效的“F”签证；对需在××常住人员，可办理2~5年有效的外国人居留许可。办理上述手续时，高层次留学人员须提供一类授权单位的公函等有关资料。

三、关于住房问题。放宽来××创业留学人员申购引进人才专项住房的准入条件，即持有中国护照，在国外学习并获得国外硕士以上学位或回国后取得副高级以上技术职称的在××落户的留学人员（含留学人员配偶是外国国籍的），申购引进人才专项住房的，对其收入不作限制、不予审查；同时放宽在××落户的时间限制，即在××工作落户并签订五年以上工作合同的上述留学人员均可申请。合法取得外国国籍并来××创业或从事科研、教育、管理的高层次留学人员凭《××市留学回国人员工作证》购买商品房，向房管部门办理产权证。

四、关于子女就学问题。持有《××市留学回国人员工作证》的留学人员，其子女就学按照市教育局、人事局、侨办、台办联合下发的《关于在××留学回国等人员子女入（转）××市区中小学有关事项的通知》（××教高中〔××××〕××号）规定办理。市教育局每年要向社会公布具有接受外国学生资格的中小学校名单。

五、关于家属落户问题。持有《××市留学回国人员工作证》的留学人员，其家属落户按照国内有关引进人才家属落户的规定办理：

（一）家属户口随迁。博士研究生在办理本人户口进××的同时，可随迁本人父母、配偶及未成年子女户口；硕士研究生在办理本人户口进××的同时，可随迁本人配偶及未成年子女户口；本科学历人员在××已落实工作单位并办理社会保险的，可随迁本人配偶及未成年子女户口。以上学历的留学人员在××已落实工作单位并办理社会保险，来××后身边无子女的，在办理本人户口进××的同时可随迁一名未婚成年子女户口。上述人员凭《××市留学回国人员工作证》及相关学历认证，到公安机关办理相关落户手续。

（二）家属户口投靠。留学回国人员本人已进××落户的，其家属子女的户口按有关科技人员亲属投靠户口规定办理，即持有《××市留学回国人员工作证》的博士研究生、硕士研究生，可以申请其外地配偶、未成年子女户口投靠迁××。上述人员凭《××市留学回国人员工作证》及相关学历认证，到公安机关办理相关落户手续。省属在××单位留学人员，参照此意见执行。

六、关于重点扶持政策问题。对海外高层次留学人才和留学人员创业团队以自有专利、专有技术、科研成果来××进行转化、创办企业的，按“一事一策”原则给予重点扶持。具体由市人事局会同市科技局、财政局和项目落户的区政府，组织专家对其项目进行评估，重点项目资助额最高可达100万元，优秀项目资助额最高可达50万元，启动项目资助额最高可达20万元。特别突出的项目资助额上不封顶，报市政府专题研究后给予特别资助。资助资金由市、区各承担50%，市承担部分从市留学人员创业资助资金和市重大科技创新专项中列支。××市、××区及五县（市）自行组织评审的辖区内项目，资助资金由市财政按区、县（市）财政实际资助额的25%给予配套。

××市人民政府

××××年××月××日

◎**转发性批复**

×××省人民政府关于建立××师范学院的批复

省教育厅：

你厅《关于在××高等专科学校的基础上建立××师范学院的请示》（×教发〔××××〕××号）收悉。根据《教育部关于同意在××高等专科学校的基础上建立××师范学院的通知》（×发函〔××××〕××号）精神，现就有关事项批复如下：

一、同意在××高等专科学校的基础上建立××师范学院（以下简称学院），同时撤销原××高等专科学校的建制。

二、学院系本科层次的普通高等学校，应逐步过渡到以实施本科教育为主。

三、学院的主管部门为××石油管理局，实行××市政府与××石油管理局共建，以××石油管理局为主的办学体制。学院的业务主管部门是省教育厅。

四、学院全日制在校生规模暂定为8000人。学院现有专业结构调整和新专业增设，按教育部和省教育厅有关规定办理。今年首批设置的本科专业应不超过6个。

五、学院要适时做好迎接教育部对学院办学情况复查工作。

你厅要督促××石油管理局切实加强对学院的领导，全面落实在申报本科学校时承诺投入的4000万元学校建设资金，不断改善办学条件，努力提高教学质量和办学效益，尽快把学院建成合格的本科院校，为我省和××市的经济建设和社会发展作出更大贡献。

×××省人民政府

××××年××月××日

第四节 意见写作

一、意见的写作概述

1. 意见的概念

意见，是上级机关或主管部门针对当前即将进行的主要工作和亟待解决的重大问题，提出原则性的要求和具体的处理办法，并直接发至下级机关或转发到有关部门遵照执行的一种公文。

2. 意见的适用范围

根据《党政机关公文处理工作条例》规定，意见“适用于对重要问题提出见解和处理办法”。

“意见”既可用于向上行文，又可用于向下行文；既有报请性，又有指挥性。意见作为上行文，类似于请示，可向上级汇报提出对某个重要问题的见解和处理意见，如上级机关认可，可批复下发贯彻执行，但适用范围没有请示广泛，只限于对重要问题提出见解和处理办法。意见作为下行公文，类似于指示，可对下级机关布置工作，明确处理问题的办法。但指示只提出原则和要求，具有方向性，而意见提出具体的处理办法，具有可操作性。意见的使用主要有三种情况：

①对重要事项提出指导性的见解。

②对一个阶段的工作提出原则性要求。

③对带有全局性的问题提出处理办法和政策性措施。

3. 意见的特点

（1）实施性

意见是上级机关对重大问题所持的观点、见解、看法、态度，应贯彻党的路线、方针、政策，有较强的实施性。

（2）指导性

意见作为正式公文，要求下级结合实际，遵照贯彻执行，它的最大特点是政策指导性较强。意见既要符合党的路线、方针、政策，又要结合具体实际情况，理论和实际相结合。意见正确、办法具体，才能发挥指导工作的作用。

（3）针对性

意见的制发往往针对工作中亟须解决的问题或必须克服的倾向，因此，其提出的问题，必须及时；提出的见解、办法，必须对症下药，并具有可操作性。

（4）明确性

不管何种意见都要非常明确，不能含糊其词。意见表述要严谨周全，不能有歧义，使人产生误解。

（5）具有可操作性

意见中提出的办法，应有法可依、有据可查、界限清楚，并且具有较强的可操作性。要求处置与办理的事项，必须遵照执行，不能模棱两可。

4. 意见的种类

（1）直发性意见

直发性意见，是指可以直接下发的意见。通常是上级机关对下属机关的工作提出要求和规定时使用的意见。

（2）请批性意见

请批性意见，是行文单位把对自己主管的工作提出的指导性意见先呈报给执行单位共同的上级机关，再由上级机关批转给有关单位执行的意见。

（3）建议性意见

建议性意见，是指下级机关对重大问题提出建议，要求上级机关予以批转的一种上行公文。

（4）指导性意见

指导性意见，是用于上级机关或有关主管部门阐述和说明开展某项工作的基本思想、原则、要求，并对工作提出原则性指导意见的一种公文。

（5）规划性意见

规划性意见，是用于上级机关或业务主管部门制定开展某项工作的部署、要求、安排、具体措施，并带有工作计划特点的一种公文。

5. 意见的写作格式

（1）标题。意见的标题，通常有两种写法：一是“发文机关 + 事由 + 文种”的形式。二是“事由 + 文种”的形式。

（2）主送机关。直接下发的意见，要标注主送机关。如果主送机关已标注在批转通知中，则不再标注主送机关。

（3）开头。意见的开头，主要写明发布意见的背景、根据、目的、意义等内容。文字根据具体情况可长可短，最后以“现提出以下意见”、“特制定本实施意见”等语句承上启下，引入正文。

（4）主体。这部分内容是意见的主要内容，要把对重要问题的见解或处理办法一一写明。如果是规划性意见，内容繁多，可列出小标题作为各大层次的标志，小标题下再分条表述；如果是内容较单纯集中的工作意见，主体部分直接列条即可，不必再设小标题。

（5）结尾。篇幅较长的意见通常以提出号召、希望、督察要求为结尾。局部性意见大多都没有专设的结尾，而是自然结束正文。

（6）落款。即署名和标注成文日期。直发性意见，一般都在文后署名和标注成文日期；转发性意见，通常不在文后落款，而将发文机关名称置于标题之下。

6. 写作意见应注意的问题

（1）观点要鲜明

因为意见既可以用于正式公文，也可以用于日常工作沟通。所以，在正式公文中，撰写意见要有针对性、可行性，文字表述要明确具体。要能反映有关机关或部门对问题的看法和认识，主张做什么、不主张做什么，要清清楚楚、一目了然。

（2）措施要切实可行

意见一般要写明解决问题、处理工作的要求和措施，各项要求和措施都应写得实实在在、条分缕析、切实可行。

（3）行文要庄重

意见在正式公文中，主要用于对平行机关和下级机关，对上级机关应慎重使用。对上级机关行文，多用“请示”、“报告”等文种。

二、意见的写作范例

意见的写作范例如下：

◎直发性意见

××省人民政府关于做好增收节支工作的意见

×政发〔××××〕××号

受国际金融危机的影响，我省经济遭受改革开放以来前所未有的困难和挑战。面对国际经济环境出现的不少新情况、新问题，面对国内重大自然灾害和经济运行中的一些突出矛盾，中央及时调整宏观经济政策，相继出台了一系列保持经济平稳较快发展的政策措施。但是，由于宏观经济政策效应具有的一定滞后性，我省经济下行趋势可能会持续一段时间，加上增值税转型和出口退税政策调整等因素影响，全省财政收入增长将明显放缓，而财政支出呈刚性态势，支出规模居高不下，今后一个时期我省财税经济运行将面临较大的压力。为保持经济平稳较快发展和社会和谐稳定，现就进一步做好全省增收节支工作提出如下意见：

一、优化税收征管服务，增强地方财政实力

各地、各部门要按照《××省人民政府关于完善省对市县财政体制的通知》（×政发〔××××〕××号）的要求，深化省对市县财政体制改革。认真贯彻落实《××省人民政府关于进一步加快发展服务业的实施意见》（×政发〔××××〕××号），充分发挥财政的导向和杠杆作用，大力发展服务业，加大工业企业主辅分离力度，推进产业结构调整和经济转型升级，以经济结构优化带动税收收入结构优化，增强地方财政实力。积极推进税收管理创新，进一步优化税收征管服务，发挥税收政策资源的最大效应。加强税收征管，提高科学化、专业化和精细化水平，促进依法治税。强化税收分析预测，坚持定性与定量分析结合，短期和长期分析并重，科学预测税源变化趋势，认真研究经济、征管、政策等因素对税收收入的影响，及时做好组织收入的应对预案，保持税收收入持续稳定增长。完善政府非税收入征收范围和征收渠道，推行社会保险费“五费合征”征缴管理，确保财税收入均衡入库、持续增长和结构优化，增强财政调控能力。

二、大力压缩一般性开支，确保重点支出需要

各地、各部门要厉行节约，勤俭办事，进一步压缩一般性财政支出，把财政资源更多地用于提供公共服务和保障民生，用于抗灾救灾和灾后恢复重建，用于促进经济社会协调可持续发展。进一步加大财政支出结构调整力度，严格控制行政开支，减少会议、接待、差旅和公车使用等日常支出，压缩出国团组，降低行政成本。加强行政事业单位国有资产管理，严格控制公车购置，暂停审批党政机关办公楼项目。强化预算控制，年内原则上不再追加部门和单位的支出预算。各级党政机关今年的公用经费支出一律比预算减少5%，用于支持抗震救灾。承担对口支援任务的地方，要按照省委、省政府的统一部署，积极筹措资金支持灾区恢复重建。

三、密切关注财政经济运行，全面完成××××年预算

各地、各部门要密切关注宏观经济形势发展变化，认真分析年度财政预算执行中出现的新情况、新问题，跟踪房地产税收调控政策、出口退税和加工贸易税收政策调整等实施效果，特别要关注影响财政收支的不确定因素，分析财政收入增减变化的原因，及早预测全年财政收支情况。完成年度财政预算收入任务有困难的地区，要相应压缩预算支出，确保当年预算收支平衡。预计有超收收入的地区，要认真分析超收原因，不得将超常规、一次性等因素增加的收入用于安排经常性支出。当年预算执行中如有超收，除按法律、法规和财政体制规定增加的有关支出，以及用于支持抗灾救灾和灾后恢复重建等必要的支出外，原则上作为财政结余转入下一年使用。

四、牢固树立勤俭意识，科学合理安排××××年预算

各地、各部门要以科学发展观为指导，及早准备，科学合理地做好××××年财政预算编制工作。××××年预算编制必须遵循“量入为出、量力而行、收支平衡”的原则，适当下调预算收支指标，使财政预算安排与经济运行更加吻合。严格控制行政成本，××××年预算安排实行公用经费“零增长”，专项经费“零增长”，会议费、接待费、公务用车购置及用车费、出国费等“零增长”。同时，除中央和省委、省政府确定的增支项目外，各地、各部门不得新开口子，集中财力保障民生、拉动内需、促进经济增长。

深化“收入一个笼子、预算一个盘子、支出一个口子”的财政管理体制改革，进一步加强预算管理，改革和完善事业单位财政供给方式，推进政府购买服务，建立健全预算定额和支出标准体系，切实提高预算编制的科学性、规范性和完整性。整合财政专项资金，清理结转结余资金，加强财政资金的监督管理和绩效评价，切实提高财政资金使用效益。

各地、各部门要站在全局和战略的高度，坚决贯彻落实中央宏观调控政策和省委、省政府的决策部署，坚持“依法治税、为民理财、务实创新、廉洁高效”的财税工作理念，加强领导，精心组织，统筹协调，着力抓好增收节支各项工作，确保财政预算任务的圆满完成。

××省人民政府

××××年××月××日

◎**指导性意见**

关于××××年全乡干部教育培训工作的安排意见

根据县委文件精神，现就进一步落实大规模培训干部、提高干部素质的任务，对××××年我乡干部培训工作作出如下安排意见。

一、指导思想

××××年全乡干部培训工作的指导思想为：深入学习贯彻党的十七大精神，以科学发展观为统领，以制度建设为保证，以改革创新为动力，围绕干部素质和能力建设，突出重点，统筹兼顾，着力增强干部教育培训工作的针对性和实效性，大规模培训干部，大幅度提高干部素质，为全乡经济又好又快发展提供思想政治保证和人才智力支持。

二、加强领导，强化管理

(1) 大力提升对培训工作的重视程度。各村党支部、乡属各单位要把干部的教育培训作为一项重要工作来抓，积极配合省市县乡有关部门组织的培训活动，动员鼓励和支持干部参加培训，提高个人素质和技能。正确处理培训与工作的关系，为大规模培训干部提供支撑。

(2) 切实加强对培训工作的管理力度。严格培训制度，切实做到年初有审报、培训有安排、办班有总结，加强教学、参训、考核等方面的管理，将举办培训的情况、参加培训的情况纳入年终考核，从制度上保证培训工作的顺利开展。

三、创新方式，丰富内容

(1) 要不断创新培训的方式方法，切实提高教育培训的实效性。继续探索和完善课堂集中培训、专题辅导讲座、基地现场教学、组织专题研讨、赴外考察学习“五位一体”的干部教育培训模式，鼓励全乡干部报考自学考试，增强业务水平和指导实践的能力。

(2) 要不断丰富培训内容，充分调动起干部学习的兴趣和积极性。要转变以往干部在学习培训当中的被动消极心态，通过培训内容的丰富、更新和联系实际，引导广大干部进行自行单独学习，培养干部学习的自觉性。在内容上要把理论学习和实际充分结合，使广大干部对党的理论成果认识更加深刻，把握更加全面，运用更加灵活。

(3) 要在培训中突出能力培训。对党政领导干部培训要重点突出提高科学判断形势，驾驭市场经济、应对复杂局面、依法行政和总览全局的能力。对各站所的技术人员要重点突出新理论、新技能、新方法的培训，努力提高科学素养和创新能力；对村组干部、包村干部要注重提高执行政策、加快发展，服务群众、依法办事和解决自身问题的能力，引导广大干部把理论上的创新与实践操作有效紧密结合起来。

中共××县××乡委员会

××××年××月××日

◎规划性意见

国土资源部关于做好第二次全国土地调查工作的若干意见

国土资发〔××××〕××号

各省、自治区、直辖市国土资源厅（国土环境资源厅、国土资源局、国土资源和房屋管理局、规划和国土资源管理局），新疆生产建设兵团国土资源局：

第二次全国土地调查是国务院部署的重大国情国力的调查，是加强土地管理和调控的一项重要基础工作。自 2007 年 7 月 1 日全面部署启动以来，各地认真组织，扎实推进，调查工作总体进展顺利。但还存在工作进展不平衡、少数地区调查工作进展滞后、对上报土地调查数据有顾虑等问题。上述问题不解决，将直接影响下一步工作的进度和质量。为按时、保质完成第二次全国土地调查工作，现提出如下意见：

一、采取综合措施，整体推进工作

各地要按照第二次土地调查总体方案和实施方案的总体要求，认真总结××××年工作，以按照时限、全面完成、保证质量为重点，制订××××年具体工作计划和安排。要针对工作中的薄弱环节，采取综合措施，突出重点，整体推动工作。部建立动态通报制度，根据各地确定的工作时限，定期通报地方外业调查、数据库建设、成果核查等各项工作完成情况。对工作进度缓慢的地区，部将进行重点督导和检查。

对于地方在土地调查中遇到的重大问题，应及时上报，部将组织力量，及时进行实地会商解决。对于经通报和督导后，整改措施不到位、组织不力、工作进度仍然滞后的，部领导约谈省（区、市）国土资源管理部门主要负责人；对约谈后改进仍不明显的，国家土地总督察约谈该省（区、市）第二次土地调查领导小组组长。

二、统筹协调，按要求分步骤完成任务

《国务院关于开展第二次全国土地调查的通知》（国发〔××××〕38 号）对第二次全国土地调查目标任务作出了明确规定。各地在全面推进第二次土地调查的基础上，统筹协调，重点抓好农村土地调查、基本农田调查以及城镇各类专项用地面积统计，保证部 2009 年年底前汇总全国土地利用数据，按时向国务院上报汇总结果。对城镇内部土地调查，各地要按照统一部署，分步实施，有计划地推进。

三、明确政策，据实上报土地调查数据

各地要严格执行土地利用分类标准，依据土地利用现状进行地类认定。对使用耕地开垦费实施土地整理复垦开发增加、已经在耕种且没有用于占补平衡的耕地，必须依法作为耕地如实调查统计，可以按照耕地指标储备管理的要求，用于今后的耕地占补平衡。第二次土地调查结果显示耕地增加或减少较多的省（区、市），部在确定省级耕地保护目标时，不增加或减少耕地保有量、基本农田保护面积、建设用地总规模等指标数量。国家向各省（区、市）下拨新增建设用地有偿使用费数额，依照经部确认的该省（区、市）第二次土地调查耕地数据计算。

四、主动服务，加强土地调查成果应用

各地要按照“边调查、边应用”原则，主动服务，及时将经审核确认的第二次土地调查成果，应用到国土资源管理各项工作中。各地要将新一轮土地利用总体规划修编和第二次土地调查工作统筹考虑，提高修编工作的科学性。县（市）级土地利用总体规划修编，要以经国家确定的第二次土地调查成果及政策为依据，校核规划修编基数。省（区、市）报批省级土地利用总体规划时，要承诺该省份确保完成第二次土地调查各项任务的时限。

2010 年 1 月 1 日起，土地管理各项工作必须以第二次土地调查结果及政策为依据。各级建设用地报批、土地整理复垦开发项目立项等工作，必须以国家确认的第二次土地调查成果及政策为基础依据。

五、严肃法纪，坚决纠正和查处在土地调查工作中的弄虚作假行为

各地要按照《土地调查条例》要求，对本行政区域的土地调查成果质量负

起责任。要加强对土地调查的日常检查，对耕地等要进行重点检查、核查。对于发现的土地调查成果质量问题，要坚决予以整改和纠正。

各地要严肃土地调查法纪，及时查处非法干预土地调查工作、篡改和瞒报土地调查结果的行为。根据违法情节，提请纪检、监察部门予以严肃处理，直至追究有关人员的法律责任，确保土地调查数据真实、准确。

中华人民共和国国土资源部

××××年××月××日

第二章　行政机关知照性公文写作

第一节　通报写作

一、通报的写作概念

1. 通报的含义和特点

通报是党政机关和社会团体把工作情况、经验教训、典型事例以及具有典范、指导、教育、警诫意义的事件通知所属下级单位的公文文种。

通报具有以下几个特点：

（1）典型性。

（2）普发性和限制性。

（3）教育性和指导性。

2. 通报的作用

（1）互通情况，沟通信息，使有关单位或组织了解工作进程，安排好自己的工作。

（2）学习先进的典型经验，指导和推进工作。

（3）吸取他人教训，警惕类似问题发生。

3. 通报的种类

（1）事故通报。事故通报常用于报道重大事故，对事故的来龙去脉和前因后果作综合分析，着重于找出原因，讲清危害，使更多的单位或个人引以为戒，防止此类事件的再次发生。

（2）情况通报。情况通报是一种常用的通报形式，其作用在于及时通报工作的重要情况。

（3）表彰通报。表彰通报是用于对先进人物、先进事迹进行表扬，推广其经验，树立学习榜样，激励人们的工作热情和积极性的一种下行公文。

（4）批评通报。批评通报是党政机关为批评某种严重错误或带有普遍性的不良风气与行为而使用的一种公文。比如对某项重大责任事故作出处理、对违纪案件作出处分等，都基本采用这一公文种类。

4. 通报的写作格式

（1）标题

有规范的完整标题，也有不完整的、由事由加文种的标题，如“关于纠正省政府机关建房分房中不正之风的情况通报”。有时也可以只写“通报”二字。

（2）主送单位

一般通报都有主送单位，少数普发性通报可以不写此项。

（3）正文

一般由四部分组成：

一是引言部分，主要是概括通报的内容、性质、作用和要求。

二是事实部分，表扬性通报写先进事迹；批评性通报写错误事实。写作时应注意的问题是：既要把主要事实写清楚，又要写得概括精练。

三是分析及处理部分。对先进事迹的先进性或错误事实的本质，进行恰如其分的分析，有的还写出先进事迹或犯错误的原因，并且提出处理意见；表扬性通报写出给予精神或物质奖励的决定；批评性通报写出处分决定。

四是号召或要求部分。根据通报的精神要求如何去做，或者号召为实现什么目标而奋斗。

（4）结尾

此处写发文单位和日期。如果发文单位在标题前已加上去，此处可以只写日期。

下发或张贴的通报要加盖公章。

5. 通报写作要求

（1）事例要典型。通报所选择的事件、问题、经验等，一定要具有普遍的教育意义和指导作用，也就是一定要注意典型性，避免一般化。

通报所据应当是真人真事，不能有半点虚假，否则不但影响教育效果，还会有损发文单位的声誉。因此，写通报前，一般要调查、核对事实，做到准确无误。

此外，还应注意事例的典型性。无论表彰或批评，其事例应让人感到确实值得学习或引以为戒。如果某人犯了一点小错误，就将其通报批评，这就会给人以小题大做的印象。

（2）材料要真实。对通报的事实一定要核对清楚，实事求是，措辞、判断要准确、恰当。要注重说理的准确性。通报以叙述为主，用事实说话，但要分析原因，有叙有议，分析情况应观点鲜明，评价要恰如其分。

（3）行文要及时。通报的时间性极强，写作要及时迅速，以指导当前工作，否则，就不能起到很好的教育作用。

（4）详略要得当。通报的事例是写作重点，固然要多用笔墨，但要注意详略得当。若过于简单，变成抽象的概念，人们难以受到教育，产生不了爱憎之情。若过于详细，将“通报”写成近似“通讯”或“报告文学”，又会让人难以把握要领。

（5）要突出教育性，注意掌握政策。通报与决定不同，它不是一种行政命令，其最主要的特点是教育性，在写作中要注意突出这一特点。在写通报中的处理意见时，必须注意政策，掌握好分寸，使处理决定与事实、政策相一致，做到合情合理，否则，既对当事人不利，又难以服众。

二、通报的写作范例

通报的写作范例如下：

◎情况通报

××××年展会活动情况通报

为了进一步宣传我市名牌产品和优势企业，扩大其知名度和市场占有率，达到开拓市场、提升城市形象的目的，××××年我委将按照“走出去、请进来”的发展战略，结合全市工业经济和企业的实际情况及发展需要，拟重点组织开展以下展会活动：

一、举办××名特产品展销会

为促进××经济更好更快地发展，进一步实施××企业和产品走出去的发展战略，继成功举办“××展”、“××展”、“××展”、“××展”和“××展”后，我委将在××××年继续举办××名特产品展销会。结合企业愿望和前期考察情况，××××年××名特产品展拟在××××举办，会期初步定为6月23～25日，预计规模为×××个展位。展会期间，将组织举办××名特产品展示展销会，汽车、摩托车、轻纺、食品等生产企业与客商对接洽谈会、签约仪式、××汽车巡游及文艺演出等活动。

二、举办中国××第×届国际服装节

第×届国际服装文化节拟于9月举办。本届服装节将以“打造时尚之都·引领服饰潮流”为主题，拟在展会期间举办“服装嘉年华·时尚总动员”、亚洲服装流行趋势发布、服装设计大赛、“时尚西部”开幕晚会、时装模特大赛、中国××产业发展高端论坛及对接洽谈等活动，力争将“××节”打造成为中国西部地区服装行业的代表节会，以促进××服装企业的成长、增强××服装产业的整体实力、提升××服装业的整体形象。目前，我们正积极开展前期筹备工作。

三、举办××××中国××国际汽车工业展览会暨零部件专业采购会

该展会拟于5月20～24日在××国际会议展览中心举办，本次车展以“促

进国际合作，推动产业进步”为主题，整车展出面积达到近×万平方米。展会期间，将举办××××中国××高峰论坛、××××中国××“汽车改变人们生活”影像艺术节、小排量汽车性能现场测试推荐活动、国际零部件采购商产品转包及贸易对接洽谈会、国际知名零部件采购企业采购信息专题发布会、知名零部件生产企业产品说明会（推介会）、“汽车与物流”高峰论坛、××××中国西部××洽谈会、××汽车零部件行业全新物流模式说明会等活动，以达到培育××汽车市场、降低零部件采购成本、扩大零部件生产、促成西部物流资源优化配置、推动××汽车产业发展的目的。

四、举办××××中国国际工业转包展览会

该展会将于10月在××展览中心举行，同期还将举办第××届中国国际工业装备展览会，展会规模预计××个展位。××××中国国际工业转包展览会以工业转包订单发布为主旨，主要帮助××企业建立与国际国内先进工业企业长期协作配套关系；中国国际工业装备展览会以“技术与贸易并重”为原则，为工业装备生产企业提供切实的帮助。实现展示中国机械制造企业创新技术、创新产品的窗口作用和我国机械制造行业与海外重要国际机构及国际转包商加强合作与交流的桥梁作用，进一步促进我市工业企业参与国内、国际竞争的能力。

五、举办××××第×届××机械机床工模具新技术新设备展览会

该展会将于4月11~14日在××国际会议展览中心举行。展会以机床、机械基础零部件、工模具、自动化等作为重点主题，主要展出压力铸造设备、加工中心、数控车床、数控铣床、特种加工设备、刀具和测量设备仪等，预计规模约为××个展位。展会期间，将举办多场先进技术交流讲座。目前，该展会的招商工作已接近尾声，重点已转向专业买家的组织和后期展会服务工作。

六、举办第×届××冶金、铸、锻、热暨塑胶工业展览会

该展会已于××××年3月9~11日在××国际会议展览中心举行。展会以“新技术、新设备、新产品”为主题，重点展出铸造、锻压、热处理、工业炉、粉末冶金、塑胶原料、塑胶机械等产品及设备，规模为××余个展位。展会期间，举办了打造中国××模具发展论坛、××热处理技术交流会、××市铸造学会/协会年会及交流大会、××锻造行业协会年会及厂长经理技术交流会、××塑料行业厂长经理经验交流会等活动。

七、根据市领导的指示和市政府的安排，组织举办和参加有关展会活动。

××市经济委员会
××××年××月××日

◎**表彰通报**

关于表彰××××年度依法纳税大户的通报

×政发〔××××〕××号

各县（市、区）人民政府，市政府直属各单位：

××××年，全市广大企业面对国际金融危机的严重冲击，面对国内宏观环境变化带来的种种压力，坚定信心，积极应对，锐意进取，取得了显著成绩，并涌现出一大批守法经营、主动纳税、对社会作出积极贡献的纳税大户和先进典型。为表彰纳税大户的突出贡献，鼓励诚信纳税，激发创业热情，市人民政府决定，授予××正泰电器股份有限公司等100家企业“××××年度××市纳税百强”称号，授予××××电器股份有限公司等50家企业“××××年度××市制造业纳税五十强”称号，授予××集团股份有限公司等10家企业“××××年度××市企业集团纳税十强”称号（名单附后），并予以通报表彰。

希望受表彰的纳税大户珍惜荣誉，再接再厉，积极应对危机，奋力克难攻坚，努力创造更好的效益，取得更大的发展，为我市经济社会又好又快发展作出更大的贡献。

××市地税局

××××年××月××日

◎**批评通报**

××县人民政府关于对××××年畜禽养殖小区建设落后乡镇进行批评的通报

×政文〔××××〕××号

各乡、镇人民政府，县政府各部门：

××××年，我县紧紧抓住国家和省、市出台的一系列优惠政策，扶持畜牧业发展的历史机遇，强力推进畜禽养殖小区建设，县政府《关于进一步加快畜牧业发展的意见》（×政文〔××××〕××号）明确要求，各乡镇每年至少建成一个标准化养殖小区，重点乡镇建成两个以上，以此促进畜牧业发展上规模、上水平。一部分乡镇对此项工作高度重视，真抓实干，全县××××年新建各类畜禽养殖小区25个，实现了畜牧业发展的新突破。

但也有一部分乡镇对畜禽养殖小区建设认识不足、重视不够、措施不力，致使该项工作被动落后，没有完成既定的任务。特别是××、××、××、××、

××、××等12个乡镇没有建成一个标准化养殖小区。为此，经县政府研究，特对上述乡镇提出批评。

希望受到批评的乡镇要认真反思，查找问题，吸取教训，在××××年的畜牧工作中，要以实施“双百工程”（建成标准化养殖小区总数达到100个，新建规模养殖场100个）为契机，狠抓标准化养殖小区建设，努力完成目标任务，为我县争创全省生猪调出大县和畜牧大县作出应有的贡献。同时希望其他乡镇和单位，要以受到批评的乡镇为戒，对县政府部署的各项工作任务，都要采取切实有效的措施，认真抓好落实，努力推动各项工作再上新台阶，确保实现县委提出的“三年跨入全市先进行列”的目标。

××县人民政府办公室

××××年××月××日

第二节 通知写作

一、通知的写作概述

1. 通知的概念

通知是用于批示下级机关的公文、转发上级机关和不相隶属机关的公文、发布规章、传达要求下级机关办理和有关单位需要周知或共同执行的事项、任免和聘用干部的一种公文。

2. 通知的特点

（1）功能的多样性。通知是党政机关公文中功能最多的文种，它可以用来发布法规规章、传达指示、布置工作、批转转发文件、晓谕事项、任免人员等。

（2）内容的综合性。大小内容、专题性或综合性内容，都可以发通知，而且篇幅可长可短，通知内容既可以说明一个问题或事项，也可以说明几个问题或事项。

（3）指导性。通知虽然可能用于同级或不相隶属机关的往来，但大多数是下行文，不能用于上行文（需要送往上级机关时可采用抄送的形式），而且有些不适宜用命令、指示形式安排、布置工作的，多采用通知，因而通知具有一定的指导性。

（4）权威性。大多数通知总是有所要求，有所晓谕，使被通知者了解以至执行，因而也有一定的权威性。

（5）时间性。通知有更明显的时间要求，只能在一定的时间内产生效力。与其他公文相比，通知制发快捷、灵便，它对知办事项的时限要求最具体，也最严格，不能提前或拖后。受文机关对需要办理或执行的事项，必须在规定时间内予以完成。一些需要特别强调的事情，还可用“紧急通知”，以增强紧迫感和重要性。

（6）应用的广泛性。与别的下行文相比，通知应用范围更广，特别是能够用于向平级或不相隶属机关行文。有时由于工作需要，两个以上机关还可以联合向各自的下属单位发“联合通知”；有些事项紧急而重大，需要广而告之，还可经过批准，在报纸、电视、广播、互联网上发布，可以不用文件形式下发。

通知在党政机关公文中是一种使用频率最高、适用范围最广的文种，它的广泛性体现在如下四点：

①通知的适用范围广泛，不受发文机关级别的限制，任何机关、部门都可以使用通知。

②通知的内容涉及面广，既可以是国家大事，也可以是具体的工作事项。

③通知的作用也很广泛，既可以布置工作、发布指示、传达有关事项，又可以用来批转下级机关的公文或转发上级机关或不相隶属机关的公文。

④通知使用频率很高，占各级行政机关下行文总数量的一半以上。

（7）发布形式的灵活性。通知发布形式不受限制，既可以用文件形式印发，也可以载于报纸或通过电台、电视台播发。

3. 通知的写作格式

通知的写作格式如下：

（1）标题

通常有三种形式，一是由发文机关名称、事由和文种构成。二是由事由和文种构成。三是由文种“通知”做标题。

（2）正文

由开头、主体和结尾三部分组成。

开头主要交代通知缘由、根据、主体说明通知事项、结尾提出执行要求。在写正文之前，要在标题之下、正文之上顶格写出被通知对象的名称，在名称后加冒号，或将名称以“抄送”形式写于最后一页的最下方。

（3）落款

写出发文机关名称和发文时间。如已在标题中写了机关名称和时间，这里可以省略不写。

4. 通知写作要求

（1）明确行文的目的。首先要明确为什么写这个通知，通知的主要内容是什么，然后确定怎么写。其次要确定写作的范围和对象，针对什么问题，解决什么问题。

（2）提出的措施切实可行。通知主要是向下级机关发布的下行文，因而要体现对下级机关的领导与指导。既要讲任务、要求，又要讲方法、步骤、措施，语言不能空泛，以免下级机关难以理解执行。

(3) 结构严谨、层次清晰。通知的结构或采用自然段形式，或采用条文式，都须条文清晰，排列有序，段落与条文之间应杜绝出现内容交叉、重复现象。

二、通知的写作范例

通知的写作范例如下：

◎**发布性通知**

关于印发××县职工生育保险实施意见的通知

各乡、镇人民政府，×××管理区，县人民政府各部门：

《××县职工生育保险实施意见》已经县人民政府研究同意，现印发给你们，请结合实际，认真贯彻落实。

××县人民政府

××××年××月××日

◎**知照性通知**

关于组织推荐第一批成长型好的中小企业的通知

各市科技局，高新技术产业开发区（园）管委会：

为了贯彻落实党的十八大关于提高自主创新能力、建设创新型国家以及“以企业为主体、市场为导向、产学研结合的技术创新体系”，根据自治区人民政府的工作部署，××××年12月我厅分别与××家金融部门（银行）签订了“关于推进我区企业自主创新合作框架协议”，明确了“自治区科技厅会同有关单位，每年不定期地遴选一批需要贷款扶持的企业和项目清单向相关银行提供信息”的要求，为了推进这项工作，现将有关事项通知如下：

一、推荐企业的条件

(1) 企业有愿望需要银行支持的。

(2) 必须是国家或自治区认定的高新技术企业。

(3) 企业研发的产品必须是符合国家产业发展政策。

(4) 企业在自主创新、研发投入、管理水平、产品的技术水平及市场潜力等状况良好。

(5) 企业具有良好经济效益增幅率，在总产值、新增产值、新增利税等方面，每年增幅率要在两位数以上。

二、推荐要求及时间

所推荐的企业，请按《成长型好的中小企业推荐表》的内容，认真填写。推荐单位要认真审核，签署意见并加盖公章。请于××××年4月15日前将《成长型好的中小企业推荐表》（同时以电子邮件发送）报送我厅高新技术发展与产业化处。

三、其他

（1）我厅收到推荐表后，组织相关专家开展企业遴选，并报送自治区相应的金融部门（银行）。

（2）请你们收到通知后，及时组织企业申报，并做好审查把关工作。

附件：成长型好的中小企业推荐表（略）

××自治区科学技术厅

××××年××月××日

◎事项性通知

关于加强奥运会期间市场价格监测预警的通知

各市价格监测中心（处）：

第29届奥林匹克运动会将于8月8日至24日在我国举办，9月6日至17日，还将举办残奥会。举办奥运会是中华民族的百年期盼，是一件世界瞩目的大事。各地要以高度的政治责任感，切实做好奥运会期间的市场价格监测预警工作。根据省局领导的要求，现就有关事项通知如下：

一、密切监测市场价格动态。要按照《××省市场价格监测预警管理办法》（省政府第39号令）的规定，认真履行市场价格监测预警职责，进一步加强与人民群众生活密切相关的主副食品等重要商品和服务价格监测，继续严格执行主副食品周报等应急监测制度，关注钢材、煤炭、成品油等价格及供求变动情况。坚持实地采价，认真审核，健全市场价格实时监测体系，确保价格监测数据的真实性、准确性和及时性。

二、及时报告市场价格异动的苗头性、倾向性问题。要进一步加强市场价格监测分析，重点分析主副食品价格走势和能源原材料价格上涨的连锁反应，科学预测价格变动趋势，及时提出稳定市场价格的政策建议。健全市场价格动态快速反应机制，加大市场价格巡视力度，一旦发现争购、抢购、脱销断档等价格异动征兆，或者价格突发性上涨、非理性上涨等异常现象，要立即报告，并实施跟踪监测，随时报告市场价格警情。

三、加强市场价格监测预警值班。根据《××省价格异动预警和应急监测工作实施细则》的要求，各级价格监测机构应进入预警工作状态，保证足够的监测力量在岗，固定预警值班电话8小时畅通，移动预警值班电话24小时有人接听，以及时、高效应对可能的突发事件。

××市人民政府
××××年××月××日

◎任免性通知

国土资源部关于×××等××人职务任免的通知

国土资任〔××××〕××号

各省、自治区、直辖市国土资源厅（国土环境资源厅、国土资源局、国土资源和房屋管理局、规划和国土资源管理局），副省级城市国土资源行政主管部门，国家海洋局，国家测绘局，解放军土地管理局，新疆生产建设兵团国土资源局，各派驻地方的国家土地督察局，中国地质调查局及部其他直属单位，部机关各司局：

部党组××××年××月××日决定：

×××任国家土地督察××局专员（试用期一年）；

×××任国家土地督察××局巡视员，免去其国土资源部办公厅副主任职务；

×××任国家土地督察××局副局长（试用期一年）；

×××任国家土地督察××局副专员（试用期一年）；

×××任国家土地督察××局副专员（试用期一年）；

……

中华人民共和国国土资源部
××××年××月××日

◎指示性通知

国务院办公厅关于废止食品质量免检制度的通知

各省、自治区、直辖市人民政府，国务院各部委、各直属机构：

为了保证食品质量安全，维护人民群众身体健康，国务院决定废止1999年12月5日发布的《国务院关于进一步加强产品质量工作若干问题的决定》（国发〔1999〕24号）中有关食品质量免检制度的内容。

各地区、各部门一定要切实加强领导，狠抓落实，严格履行职责，按照有关食品质量安全的法律、法规加强对食品质量安全的检验和监督检查，确保食品质量安全。

国务院办公厅

××××年××月××日

◎批转性通知

市人民政府批转市科委《关于加快我市软件产业发展的实施意见》的通知

各区、县人民政府，各委、局，各直属单位：

市人民政府同意市科委《关于加快我市软件产业发展的实施意见》，现转发给你们，望遵照执行。

××市人民政府

××××年××月××日

◎颁发性通知

关于印发《××经济技术开发区奥运会期间安全生产事故和突发事件应急救援预案》的通知

各有关部门、单位，××大学城管委会，各生产经营单位：

为切实提高奥运会期间安全生产事故以及突发事件的应急处置能力，及时有效地实施应急救援工作，最大限度地减少事故灾难造成的人员伤亡、财产损失和社会影响，现将《××经济技术开发区奥运会期间安全生产事故和突发事件应急救援预案》印发给你们，请认真组织实施。

××经济技术开发区管理委员会

××××年××月××日

◎转发性通知

关于转发《××公共事件应急预案体系建设》的通知

各县市（区）民营经济发展局：

根据市里统一安排，要求上报民营企业××××年应急预案演练情况，现将有关文件及调查表转发给你们，望认真落实并于××××年××月××日12点前上报市民营经济发展局。

××市民营经济发展局

××××年××月××日

◎**会议性通知**

会议通知

区属各中小学、幼儿园：

本周五（26日）下午三点，将在教育局召开教职工运动会颁奖仪式，请各校派校领导或工会主席参会（各学校单项获奖运动员一并参加）。

××区教育局

××××年××月××日

第三节　通告写作

一、通告的写作概述

1. 通告的概念

通告是在一定范围内公布应当遵守或者周知的事项时使用的公文。它的使用者可以是各级各类机关，它的内容又往往涉及社会的方方面面，因此，无论其使用主体还是其内容都具有相当的广泛性。行文关系既可以是下行文，也可以是平行文。

2. 通告的特点

通告具有广泛性、法规性及强制性。

（1）广泛性。这是就通告的使用而言，一方面，通告的使用频率大大超过公告和布告；另一方面，通告的使用单位相当广泛，各级党政机关、社会团体和企事业单位都可以使用。

通告的内容既可涉及国家的法令、政策，也可用来公布社会生活中的一些具体事务，如更换自行车牌照、施工封锁交通等。

（2）法规性。通告一般是国家行政机关和企事业单位根据自己的职权范围发布，具有一定的法规性和行政约束力。它所通告的事项，有关单位或人员必须严格遵守或者周知。

（3）强制性。有些通告所公布的事项要求普遍遵守，比如法规政策的通告，这些通告就具有法规、法令的强制性、约束性。

3. 通告的写作格式

（1）标题

通告的标题样式较多，如：国家行政机关以及比较大的单位一般都冠以发布单位，并体现出内容，格式为“×××关于××××的通告”，如“国家教委关于维护中小学正常教学秩序的通告”、“水利电力部、公安部关于严禁在农村安装电网的通告”等，这样的标题使人一看便知通告的内容。有的标题只有发布单位，而不体现内容，如“×××市通告”、“×××市公安局通告”等。标题只写“通告”两字的情况也比较常见。

（2）正文

一般写明通告的缘由、通告事项、执行通告事项的要求等内容。

（3）落款

标题有发布单位的，后面则无落款；标题没有发布单位的，落款时注明发布单位。发布通告的时间，既可写在标题之后、内容之前，也可写在落款的后面。

4. 通告写作要求

通告的撰稿者，要有政策观念，确保其不与现行政策抵触，不搞违反法律程序的“土政策”。

因为通告可以用来处理涉及一定行业的公务，所以，写此类通告难免使用一些术语，但要注意尽量选择大多数人熟悉的行业用语，同时也要求撰稿者有一定的行业知识。

通告内容一定要突出，给人以深刻的印象。通告的要求一定要具体，关键之处务必准确无疑，这样才能使受文者得要领。

通告一般可以张贴、见报，也可以以文件形式下达。

总之，写通告要“一文一事”，中心明确，符合党和国家的政策，不得与党纪国法相悖。“缘由”要有理有据，“事项”要能阐明中心。

全文结构要严密，层次要清楚，有逻辑性，文字要明白、确切，语气要肯定、庄重，尽量少用专门术语，以便受文者理解或遵守。

二、通告的写作范例

通告的写作范例如下：

◎事项性通告

××市人民政府
关于规范市中心城区市场税费征管的通告

根据《中华人民共和国税收征收管理法》及相关法律法规的规定，为进一步规范市中心城区市场税费征管秩序，现将有关事项通告如下：

一、规范目的：依法缴纳税费，公平税费负担，建立良好的税费收缴秩序，强化市场管理，保护合法经营，规范税费征收，促进市场健康发展。

二、时间安排：××××年8月5日~9月25日进行全面动员和调查摸底；××××年9月26日~10月30日集中时间开展规范工作。

三、规范范围：市中心城区各类市场。

四、规范内容：市中心城区各类市场税费征管，包括依法办理营业执照、税务登记等相关证照，依法、及时缴纳税费；清理不符合法律法规的优惠政策；规范收费项目和标准。

五、规范方式：由市人民政府统一领导指挥，××区人民政府、××经济开发区管委会、南湖风景区管委会组织，市、区财政、国税、地税、工商、公安、卫生等职能部门具体实施，实行税费分离，联合执法。

(1) 税收管理：依据《××市人民政府办公室转发市国税局市地税局〈关于加强集贸市场税收征管的意见〉的通知》(×政办发〔××××〕××号) 精神，由国税、地税部门统一办理税务登记，统一核定税基，实行联合定税，分别入库，每季度将市场经营户的纳税情况予以公示，公示期不少于30天。

(2) 收费管理：各相关职能部门规定的收费在市中心城区市场统一实行"一费制"，严禁乱收费。

六、在规范市中心城区市场税费征管工作中，各相关职能部门工作人员要文明执法。市中心城区各类市场经营户要密切配合，自觉缴纳税费。对违法、违规拒缴税费的，要依法依规严肃查处。

七、各相关职能部门要简化程序，实行"首问负责、一窗办结、限时办结"等便民措施，为市中心城区广大市场经营户提供文明、方便、快捷的服务。

××市人民政府

××××年××月××日

◎**周知性通告**

关于公开招录财务总监的通告

××县财务总监管理中心，为全额拨款事业单位。现因工作需要，面向全市公开招录财务总监4名，其中男性3名，女性1名。招录计划数和报名人数的比例不足1∶3的，按比例核减招录计划。

一、报名条件、范围、对象

（一）坚持四项基本原则，热爱本职工作，遵纪守法，廉洁奉公，原则性强，具有良好的职业道德和敬业精神，社会信誉和工作业绩良好；具有财会专业知识和现代企业管理知识，熟悉国家财经法律、法规和制度，有较高的政策水平和较强的组织协调能力。

（二）身体健康，年龄为40周岁以下（××××年×月×日后出生），本市户籍人员。

（三）具有大专以上学历和会计或审计中级以上专业技术任职资格，并符合下述条件之一的：

1. 担任过企业总会计师、财务会计机构负责人1年以上。

2. 具有财经类研究生毕业学历，并从事企业管理或财务会计管理工作2年以上。

3. 从事会计或审计工作3年以上。

（四）对于符合上述条件并具有注册会计师、高级会计师资格的可免笔试直接进入面试。

二、招录办法

按照公开、平等、竞争、择优的原则，采取公开报名、统一考试、严格考核、择优录用的方式进行。

（一）报名

1. 报名时间：××××年4月3日。

2. 报名地点：县财政局国资科。

3. 报名材料：本人身份证、户籍证明、职称证书、学历证书、注册会计师全科合格证书的原件及复印件、工作经历证明以及近期免冠一寸照片2张。

4. 经资格审查合格者发给准考证。

（二）考试

1. 笔试：笔试内容为专业知识（考试范围：财务会计、国有资产管理、基本建设、经济法规等相关知识），满分100分。笔试成绩不计入总成绩，仅作为进入面试资格的依据。具体笔试时间、地点见准考证。

2. 面试：参加笔试人员按笔试成绩从高分到低分取男性前6名，女性前2名进入面试；具有注册会计师、高级会计师资格人员直接进入面试。面试成绩满分100分。面试时间、地点另定。

（三）体检、考核、录用

面试后，按面试成绩从高分到低分按1：1.5比例确定体检对象。体检标准参照《××省国家公务员录用体检标准》，体检合格者组织全面考察后从高分到低分择优录用。

（四）本通告未尽事宜，由××县财政局负责解释。

咨询电话：××××××××

××县人事劳动和社会保障局

××县财政局

××××年××月××日

◎法规性通告

关于加强奥运会期间受理公民和组织举报
危害国家安全可疑情况的通告

《中华人民共和国国家安全法》及其实施细则明确规定：中华人民共和国公民有维护国家安全、荣誉和利益的义务。公民发现危害国家安全的行为，应当直接或者通过所在组织及时向国家安全机关或者公安机关报告。

为了确保北京奥运会安全成功举办，公民和组织如发现干扰破坏北京奥运会、危害国家安全和社会政治稳定等可疑情况，请及时拨打举报电话：××××××××。

国家安全机关将对作出重大贡献者给予奖励。

××市国家安全局

××××年××月××日

第四节　公告写作

一、公告的写作概述

1. 公告的概念

公告是上至国家最高权力机关、行政机关向国内外宣布重要事项或法定事项，下至各种机关部门、人民团体、企事业单位向有关方面或人民群众宣布重要事项的知照性公文。

公告的发布者一般是国家立法机关或行政机关，具有较强的权威性，有些还有强制性。公告的受文者十分广泛而笼统，行文关系不十分明确，原则上可以称为下行文。

2. 公告的特点

（1）发文机关级别较高

由于公告有向国内外宣布的功能，发文机关多为较高级的国家行政机关或权力机关及其授权机关。如新华社就经常受权发布一些重大事项的公告。

（2）发布内容特别重要

公告多用于事关全局或在国内外能产生重大影响的重要或法定事项。例如，公布宪法，公布全国人大代表人数，公布选举结果等，并非事无大小都使用公告。

（3）发布内容公开

公告面向社会发布，告知对象包括国内和国外，影响极其广泛深远。公告一般在报纸上公布，也可通过电台、电视台广播发布。

（4）发布范围广泛

公告的广泛性表现为如下两个方面：

①公告发布范围最为广泛，有的向全国或某一地区发布，有的向全世界发布，其内容会产生广泛的影响。

②公告所告知的对象也很广泛，主要是面向社会公众，发布公告的机关和被告知对象之间一般无直接的隶属关系。

3. 公告的写作格式

（1）标题

一是由发文机关的名称加上文种组成，如“全国人民代表大会公告”。二是只写公文文种“公告”二字，而将发文机关的名称置于正文之后。三是事由加文种。

（2）正文

公告内容单一，篇幅不长，一般采取一段式写法，由公告的依据和公告事项两部分组成。先写公告事项的依据，再写公告事项的内容，最后以“现予公告”、“特此公告”等惯用语结尾。

（3）签署

在正文的下方，居右写上发布公告机关的全名，若以个人名义发布，在姓名前要写上职务。

（4）日期

在签署下面排齐写上年、月、日并带上发布公告的地点。

（5）编号

公告在标题下往往要单独编出顺序号，如“第一号”、“第二号”等。

4. 公告的写作要求

（1）文字严谨，语气庄重。因为发布公告是代表国家党政机关和部门。对象又是国内外的人民群众和有关机构，所以行文要缜密严谨，做到庄重严肃。

（2）公告宣布的必须是重大事件，不能将通告的内容用公告的形式发布。

（3）公告的文风，一般是客观叙述，少加议论。要简明扼要，言简意赅。

公告不必过多地陈述意义和细节，不要说一些俏皮话，更忌讳夸张、比喻等修辞手法。

二、公告的写作范例

公告的写作范例如下：

◎发布性公告

××市人民代表大会公告

（第×号）

第×届××市人民代表大会第×次会议，于××××年××月××日选出：××市人民政府市长×××。

现予公告。

××市第×届人民代表
大会第×次会议主席团
××××年××月××日

◎知照性公告

关于举办首届×××生态旅游文化月的公告

我县将于××××年8月18日至9月16日在×××乡×××生态旅游区举办首届×××生态旅游文化月，并于8月18日举行开幕式，旅游文化月期间还将由××电视台《走进大戏台》节目组组织演员进行专场演出，以及我县民俗、民情、民风展示，地方名吃、土特产、名品展销等活动。届时请广大干部群众参加。

××县人民政府
××××年××月××日

◎事项性公告

××××年度全国职称外语等级考试公告

根据人事部办公厅人办发〔××××〕××号、人事部考试中心人考中心函〔××××〕××号文件通知，××××年度全国职称外语等级考试将于

××××年4月进行，现将有关事项公告如下：

一、考试共分A、B、C三个级别，开设英语、日语、俄语、德语、法语、西班牙语六个语种和古汉语、医古文。英语的专业类别由综合与人文、理工、财经、卫生调整为综合、理工、卫生三个类别，原财经类的内容合并到综合类中。

英语、日语、俄语、德语、法语、西班牙语各级别和类别的试卷全部由客观题组成，全部在答题卡上作答。

二、考试时间为××××年4月14日上午9：00~11：00。

三、报名时间和办法。

××地区报名时间为××××年10月15日至11月10日（周六、周日照常办理），报名地点为省人才交流服务中心培训部（××市××中路××商业步行街）、××市人才交流服务中心考试部（××市××路60号）。

其他地州市的报名工作由各地政府人事考试管理部门组织，报名起始时间由各地自行确定，截止时间为11月18日，具体事宜各地考生可向当地政府人事局考试管理部门咨询。

考生报名时需带身份证、学历证、职称证（原件）和两张一寸免冠照片。

考生在报名时即可预订教材，同时亦可报名参加培训。

××省人事厅

××××年××月××日

◎**强制性公告**

关于对部分农机产品实施强制性产品认证的公告

根据《中华人民共和国产品质量法》《中华人民共和国标准化法》《中华人民共和国进出口商品检验法》《中华人民共和国认证认可条例》《强制性产品认证管理规定》，现决定对部分农机产品实施强制性产品认证（目录见附件）。

自××××年5月1日起，凡列入本强制性产品认证目录内的农机产品，未获得强制性产品认证证书和未加施中国强制性认证标志，不得出厂、销售、进口或在其他经营活动中使用。自××××年12月1日起，委托人可以向指定认证机构提出认证产品的认证委托。

特此公告。

附件：农机产品强制性认证目录及对应HS编码（略）

国家认证认可监督管理委员会

××××年××月××日

第五节 函的写作

一、函的写作概述

1. 函的概念

函是不相隶属机关之间商洽工作，询问和答复问题，请求批准和答复审批事项时所用到的公文。函的答复功能仅仅适用于不相隶属的机关之间。

在公文的应用中，函的用途比较广泛。不相隶属机关之间商谈公务、接洽工作，询问事情、征求意见，答复问题、请求帮助及告知情况、催办事务等，都可以使用函。向归口管理部门请求对某一事项予以批准，也可以使用函。函既可以在平行机关及不相隶属机关之间使用，也可以在上下级机关之间使用。

2. 函的写作格式

（1）标题

通常要求写明发文机关、内容与文种，如“××××关于联系临时借房问题的函”。如属于回复问题的函，则多在“函”字前加“复”字。如“关于建设单位为动迁户建房问题的复函”。

（2）发文字号

函要有正规的发文字号，写法与一般公文相同，由机关代字、年号、顺序号组成。大机关的函，可以在发文字号中显示“函”字。

（3）主送机关

函的行文对象一般情况下是明确、单一的，所以多数函的主送机关只有一个。但有时内容涉及部门较多，也有排列多个主送机关的情况。

（4）正文

正文需要写明下述三部分内容。

①制发函的根据与理由。如“根据国务院国发〔××××〕××号文件关于凡新建（包括统建和自建）、扩建宿舍，都应把必需的生活服务设施包括进去，商业服务网点应占新建扩建面积的7%左右的规定，请你局……”。

②商洽或询问（答复）以及请求批准的具体事项。要求中心明确、内容具体，方便对方办理或答复。

③结尾。通常适宜使用致意性的词语，如“致以敬礼”、“谨致谢忱”，或以“特此函告”、“特此申请”、“为盼”、“为荷”等专用语结束上文。

3. 函的写作要求

①以简要的文字，将需要商洽、询问（答复）、申请、知照的事项（问题）明确具体地交代清楚。

②用语谦和，讲究分寸。函应用于平行机关之间相互协商、配合与互通信息。因此，用语要讲究礼节，不能使用告诫、命令性的词语，语气应委婉得体。涉外公函或不相隶属机关之间的公函，必要时还要使用尊称与致意性词语。但公函与私人信件之间有严格区别，机关之间的函诚恳致意是必要的，但不要形成客套；尊重对方是应当的，但不可过分。用语应当适度，掌握分寸。

③函主要用于说明有关事项与提出要求。

④函是正式公文的文种，必须行文郑重。必须具备正式公文的规范格式，使用印有发文机关名称的信纸，拟定标题，编制发文字号，结构要完整。

4. 函的写作形式

(1) 告知函

告知函主要用于把某些具体事项告知有关单位，仅让对方知道或协助办理，而无须回复的主动函。

(2) 请求函

请求批准的函，主要用于向平行或不相隶属的主管机关请求批准有关经费、物资、人员编制、机构设置、调配干部、税收、营业执照、招生、专业增减等事项，属于平行文。

撰写这种公函，要求理由充分，请求批准的事项明确清楚。一文一事，即一份公函集中请求批准一件事情；用语简明得体，力求征得对方的支持。在结尾还应进一步明确行文目的。表明“请予批准”、“请予回复”或“请予协调解决”的具体要求。

(3) 答复函

答复问题的函，要求针对来函内容给予确切答复，首先应表明是否同意的意见，然后说明理由或提出具体的处理办法，切忌发表无针对性的空说议论。答复函要求用语准确、对策明确可行。结尾处，可以写“特此复函”或“此复”。

(4) 审批函

审批函是指主管部门对来文请批的事项审批后所作出答复的函。

二、函的写作范例

函的写作范例如下：

◎**告知函**

关于执行新收费标准的告知函

各特种设备安装、使用单位：

由省物价局、省财政厅制定的“关于印发《××省特种设备检验检测收费管理办法（试行）》及收费标准的通知”（×价费〔××××〕××号）自××××年8月1日起执行。原省物价局、省财政厅×价费〔××××〕××号文件《关于印发劳动系统行政事业性收费项目及标准的通知》中电梯、起重机械等特种设备安全监察、检验收费标准同时废止。

我所自即日起对相关特种设备检验收费按照新的收费标准执行。

特此告知

××市特种设备监督检验所

××××年××月××日

◎请求函

××省人民政府办公厅关于申请拨款维修省府机关办公室的函

省财政厅：

省府机关办公室多是20世纪五六十年代修建的，不少门窗破烂，漏水严重，急需维修。为保证省府机关正常办公，请拨给房屋修缮费10万元。

××省人民政府办公厅

××××年××月××日

◎答复函

关于同意成立××市劳动力市场工会分市场的复函

××市总工会：

你会《关于申请成立××市劳动力市场工会分市场的函》（×工函〔××××〕81号）已收悉。经研究，现就有关问题答复如下：

一、同意你会成立××市劳动力市场工会分市场。请根据《××市劳动力市场管理条例》有关规定，办理申领《公益性劳动力中介服务许可证》的相关手续，为社会提供公共就业服务。

二、××市劳动力市场工会分市场须按照《××市劳动力市场建设指引》设计布局。

三、成立××市劳动力市场工会分市场所需经费请自行解决。

××市劳动和社会保障局

××××年××月××日

◎审批函

关于批准录用×××等××名同志为国家公务员的函

省安全厅：

你厅《关于拟录用第××届大、中专毕业生的函》（国家政〔××××〕××号）收悉。

根据中共××省委组织部、××省人事厅《关于部分省级机关从××××年应届高校、中专毕业生中考试录用国家公务员和机关工作人员的通知》的规定，经考试、考核合格，批准录用××名同志为国家公务员。

特此复函

附：录用人员名单（略）

××省人事厅

××××年××月××日

第六节　会议纪要写作

一、会议纪要的写作概述

1. 会议纪要的概念

会议纪要，是各级机关用来记载和传达会议情况与议定事项所使用的一种公文文种。

2. 会议纪要的特点

（1）具有纪实性

会议纪要是根据会议的宗旨、议程、决议等整理而成的公文，它是对会议基本情况的纪实。会议纪要的撰写者不能更改会议议定的事项，更不能随意改动会议上达成的共识和形成的决定。

（2）具有概括性

会议纪要要在“要”字上下功夫，不是把会议的所有内容都原原本本地记录下来，它要有所综合、有所概括、有所选择、有所强调。会议纪要需要在会议后期甚至会议结束之后，对整个会议的各种材料和观点，经过分析、研究、综合整理，将主要精神、主要议决事项、主要观点，按一定逻辑顺序撰写出来，而不像会议记录那样随会议的进行自然而然地产生。

(3) 具有指导性

即会议纪要对工作有一定的指导作用，它要传达情况、会议精神，要求与会单位相关部门以此为依据开展工作。

3. 会议纪要的分类

会议纪要大致有两种类型：

(1) 办公会议纪要。又称日常行政工作会议纪要。主要用来反映党政机关、人民团体、企事业单位的领导机关开会研究的问题、部署工作的情况，其作用是为机关单位工作的开展提供实在的指导和具体的依据。

(2) 专项会议纪要。各种各样的交流会、座谈会、研讨会的会议纪要，多属于这一类。这类会议纪要常常是对涉及有关工作的重要方针、政策和理论原则问题的交流、讨论情况的纪实，给人们以深刻的启发，给工作以宏观的指导。但是它如果未经领导机关批转就不具有像办公会议纪要那样的行政约束力。

4. 会议纪要的写作格式

会议纪要一般由标题、开头、正文、结尾四部分组成。

(1) 标题

会议纪要的标题有以下四种写法：

①由会议名称、纪要内容、文种三部分组成。如“××学会第×届理事会第×次会议决议事项纪要”。

②由发文单位名称、会议名称、文种组成。如“×市日用杂品公司进一步做好黑砂锅市场供应工作会议纪要”。

③由会议名称和文种组成。如“××学会第×届年会纪要”。

④“正题+副题”的形式。正题阐述会议的主旨、意义，副题交代会议名称、文种。如：

维护财政制度　加强经济管理

——在××部召开的《××法》座谈会上的发言纪要

会议纪要的标题必须写得明确、具体，绝不能单以“会议纪要”为题。

(2) 开头

简要介绍会议的基本情况，叙述召开会议的根据、目的，会议的起止时间、地点，参加会议的人员，会议的基本议程、主要活动和会议的结果。

(3) 正文

会议纪要的正文主要有如下三种写法：

①条项式写法

条项式写法，就是把讨论的问题和决定的事项，分条分项写出。会议讨论了几个问题，纪要就以几个问题各自成一点写出。工作会议纪要大都用这种写法。这种写法，条条项项井然有序，便于理解、记忆、执行。

②综合式写法

综合式写法，就是把会议内容，按性质综合为若干部分，然后逐一写出。工作经验交流会纪要、学术问题研讨会纪要，一般都采用这种写法。这种写法有一定的难度，但有利于概括丰富的内容，有利于从原则高度上把问题说深讲透。

③摘录式写法

摘录式写法，就是摘要记录会上发言内容，按发言顺序或内容性质归类写出。这种写法，通过摘录发言人的话，反映发言人的观点，使人觉得客观、真实。先写发言者的姓名，然后再记录其发言。记录发言者的第一次发言时，在姓名后可注明单位、职务。要注意不要用全文或原话尽录，要摘其要点。

（4）结尾

一些会议纪要不单独写结尾，主体部分的最后一个问题写完即结束全文。有些会议纪要要单独写一段结尾，或是写会议主持人或其他领导人的总结讲话；或是对会议作出一些基本估价，发出号召，提出希望。

5. 会议纪要的写作要求

会议纪要中所叙述的问题，必须准确反映会议的实际情况，绝不能随意发挥，要把重点放在经过会议讨论并通过了的决议上。凡是会议没有研究讨论的问题一律不能写入会议纪要。总之，会议纪要阐述要清楚，交代要具体，观点要鲜明，是非要分明，实事求是，突出要点，语言要简练、准确，条理要清晰，概括要完整，只有这样才能写好会议纪要。

二、会议纪要的写作范例

会议纪要的写作范例如下：

◎工作会议纪要

××××年度安全工作会议纪要

××××年度安全工作专题会议于1月9日下午在食堂三层学院会议室召开。会议纪要如下：

一、会议由×××副院长主持。

二、参会人员有：×××副院长，院党政办、教务处、学工处、团委、继续教育中心、图书馆、后勤处、财务处、保卫处、外语系、国贸系、工商系、物流系和网络中心的有关人员。基建办、人事处、招生就业办、人文系和军体部没有派代表参加。

三、会议传达了省五部门印发的《××省高等学校校园及周边秩序管理若干规定》。

四、保卫处在会上做了××××年度安全工作总结。

五、保卫处向与会人员通报了期末安全检查的情况并就寒假安全工作进行了部署。

六、会议通知各部门根据各自的具体情况重新设置安全员。

七、会议宣布了××××年度创建"平安校园"工作领导小组的成员名单。

八、会议就《校园安全工作考核评分标准（试行)》进行了讨论。

九、在会上各部门负责人与法人代表签订了××××年度校园安全工作责任书。

××对外经济贸易职业技术学院

××××年××月××日

◎**座谈会议纪要**

××县脱贫致富座谈会议纪要

（××××年××月××日）

××月××日，县委、县政府召开脱贫致富座谈会，参加会议的有××个乡的乡长，××个收入较低村的党支部书记，以及有关的局、公司、厂的负责同志。

县委书记××同志作了题为《振奋精神，发挥优势，努力工作，尽快脱贫致富》的报告。××、×××、×××、××、×××五个村队介绍了脱贫致富的经验，与会者参观了××、××两个村，观看了反映我县乡镇企业发展的录像，进行了热烈的讨论和大会发言。会上，帮助村队致富的有关单位负责同志都同挂钩大队的党支部书记见了面，进行了初步研究。县长××同志作了会议总结，县委副书记×××同志讲了话。

这次会议目的，是为了更好地落实中央一号文件精神，交流经验，分析、制定措施，克服困难，充分发挥内部潜力，利用本地资源优势，艰苦奋斗，发展生产，千方百计搞活经济，同时动员各方力量给予必要的扶持，达到尽快脱贫致富的目的。

会议指出，××××年××月××日，县召开扶贫致富会以来，通过广大干部和群众的积极努力，我县经济有了较大发展。但是，有些村的人均收入水平仍然是偏低的，需要继续努力。

与会同志一致认为，为了尽快地实现脱贫致富，首先要有脱贫志气。既要看到不利条件，又要看到自己的潜力和优势，规划出远景。要自力更生，艰苦奋斗，发挥优势，挖掘潜力，改变生产条件，搞活经济，打开致富的大门。

其次要落实具体措施：

一、……

二、……

三、……

各部门要通力协作，共同扶贫致富。

民政部门……

水利部门……

◎专题会议纪要

食品药品安全工作会议纪要

××××年9月15日上午9点，市政府在行政办公大楼会议室召开全乡食品药品安全工作会议，会议由市委书记、市人大党委会主任××同志主持，市人民政府市长××同志出席会议并做重要讲话，市政府有关领导出席了会议。

会上，市人民政府副市长××同志传达了市、县会议精神。

市长××同志做了重要讲话，×市长充分肯定了近期全市食品药品安全工作所取得的成绩。他强调指出，食品药品安全是政府关心、百姓关注、社会关切的热点问题，是老百姓最直接、最现实、最根本的利益所在。各级各有关部门一定要牢记使命，居安思危，站在政治和全局的高度，深刻认识新形势下做好食品药品安全工作的重要政治意义和经济意义，深刻认识当前食品药品安全监管工作的新任务、新要求，增强忧患意识，居安思危，加大力度，确保我市食品药品安全工作再上新台阶。

关于××××年后期全市食品药品安全工作，××市长指出，各级各有关部门要紧紧围绕确保食品药品安全这一根本目标，全面提高食品安全监管水平，深入推进药品安全科学监管，突出抓好农村食品药品安全监管，进一步提高食品药品监管保障水平，全力做好创建“县级食品安全示范乡”工作，构建食品药品监管长效机制，坚决防止重大食品药品安全事件发生。他要求，各区食品药品安全委员会要在市委政府的正确领导下，严格落实责任，强化措施，加强配合，形成合力，确保食品药品安全工作的各项目标任务落到实处，为保障全市人民群众饮食用药安全有效，促进全市社会经济又好又快发展作出新的更大的贡献。

××市人民政府

××××年××月××日

◎指示性会议纪要

关于协调解决××大街××号首层房屋使用权问题的会议纪要

××××年××月××日上午，市政府办公厅×××主任主持召开会议，协调解决××大街××号首层房屋使用权问题。参加会议的有省政府办公厅交际处、××宾馆、市国土房管局、二商局、市××供应公司等有关部门的负责同志。

会议认为，××大街××号首层房屋使用权的问题，是在过去计划经济和行政决定下形成的历史遗留问题。早几年曾多次协调，虽有进展，但未有结果。最近，按照省、市领导同志“向前看”、“了却这笔历史旧账”的批示精神，在办公厅的协调下，双方本着尊重历史、面对现实、互谅互让的原则，合情合理地提出解决这宗矛盾的方案。

经过协商、讨论，双方达成了一致的认识。会议决定如下事项：

一、市××供应公司应将××大街××号房屋的使用权交给××宾馆。

二、考虑到市××供应公司在××号经营了30多年，已投入了不少资金，退出后，办公地方暂时难以解决，决定给予其商品损耗费、固定资产投资和搬迁费等一次性补偿费用共××万元。其中省政府办公厅和××宾馆负责××万元，另××万元由××市政府支持补助。

三、省政府办公厅和××宾馆的补偿款于××××年××月××日前划拨给市××供应公司。市政府的补助款于3月5日左右划拨，市××供应公司应于2月15日开始搬迁，2月20日前搬迁完毕并移交钥匙。

四、市××供应公司原搭建的楼阁按房管部门规定不能拆迁。空调和电话等2月20日前搬迁不了的，由××宾馆协助做好善后工作。

会议强调，双方在房屋使用权移交中要各自做好本单位干部群众的工作，团结协作，增进友谊，保证移交工作顺利进行。

××市人民政府办公厅

××××年××月××日

◎决议性会议纪要

××大学校长办公会议纪要

××××年10月16日上午，××校长主持召开第××次校长办公会。

出席会议的有：

××校长，××副校长、×××副校长、×××副校长，校办×××，监审处×××，财务处×××。

列席会议的有：

人事处×××，“211”办××，教务处×××，实验室管理处×××，理学院×××。

会议议题和主要内容如下：

一、关于启动“211工程”二期建设有关项目的经费问题。会议研究决定，由财务处安排×××万元资金借给有关部门和单位，其中，借给实验室管理处××万元，用于支付基础电子线路实验室、基础化学实验室建设所形成的超预算外开支；借给图书馆××万元，用于支付图书馆自动化集成系统建设和共享资源检索设备购置的经费；借给现代教育技术中心（网管中心）××万元，用于支付北校区光纤建设费；借给教务处××万元，用于9个重点专业和第七、八、九批课程的建设投入；借给研究生部××万元，用于××××年新增学位点的建设和申报准备工作。前两项投入（实验室、图书馆）不足部分计×万元从“211工程”一期建设结余资金中支付。以上项目资金均以借款方式由财务处对各执行单位办理借支手续，待“211工程”二期建设资金到位后，从各相关单位的相关项目经费中扣还。

二、会议研究了关于××省地理研究所并入我校的有关事宜，讨论了《关于请求将××省地理研究所划转并入××大学的报告》（以下简称《报告》）的内容，责成理学院在认真听取学校领导和省科技厅的意见后进一步修改完善《报告》，待校领导最后修改定稿后，由校办尽快制成文件上报省教育厅并呈省政府。

三、听取了信息中心关于承办教育部“教育技术西部行”（××、××站）活动各项筹备工作的汇报，会议对有关事宜决定如下：

（1）成立“教育技术西部行”活动组委会。组委会由副校长×××任主任，×××、×××任副主任，×××、×××、×××任委员；组委会下设办公室，具体负责筹备和开展“教育技术西部行”（××、××站）活动的各项工作。

（2）活动举办期间（11月10～15日）所需要的报告厅、机房等场地和设施，请有关单位无偿提供使用。

（3）同意在我校成立“××省现代教育技术培训中心”，由×××副校长牵头拟文上报省教育厅批准。

四、关于原培训部的资产问题，会议责成监审处牵头，先对原培训部资产进行审计和清理，待审计清理结果出来后再进行研究其归属。

五、鉴于××学院的特殊情况，会议同意××学院适当调整学生上课时间：上午上课时间往后推延15分钟，下午上课时间提前10分钟，课间休息时间及每节课时长和校本部一致。

此外，会议还就学校加强财务管理、严格经费审批制度的有关问题、《×××数学杂志》经费和办公用房问题、近期人事调配的有关问题等进行了研究。

××大学

××××年××月××日

第三章　行政机关报请性公文写作

第一节　报告写作

一、报告的写作概述

1. 报告的概念

报告，是下级机关或部门、企事业单位向上级机关或部门汇报工作，反映情况，答复上级机关的询问时使用的一种公文文种。它是党政机关和企事业单位、团体组织广泛采用的重要上行文。

2. 报告的适用范围

根据《党政机关公文处理工作条例》规定："报告适用于向上级机关汇报工作，反映情况，答复上级机关的询问。"报告是下级机关呈送上级机关的上行文种，中下级机关特别是基层单位和部门常会用到这一文种。

3. 报告的分类

报告通常分为：综合报告、会议报告、工作报告、情况报告、建议报告、答复报告、呈送报告、述职报告等。

（1）综合报告。是为使上级机关全面了解工作状况或有关情况而制发的报告。内容全面，带有工作总结的某些特征，是这类报告的特点。

（2）会议报告。是会议上陈述工作情况、提出问题和意见时使用的一种含有建议会议通过或报送上级机关参考的上行公文。

（3）工作报告。是在向上级机关汇报例行工作或临时性工作情况时使用的上行公文。

（4）情况报告。是在向上级机关汇报工作中发生或发现某些情况和问题时使用的上行公文。

（5）建议报告。是下级机关就工作中的重大问题和事项，专门向上级机关提出建议时使用的一种上行公文。

（6）答复报告。是对上级机关的询问而汇报有关情况的一种上行公文。

（7）呈送报告。是向上级机关报送文件时加在前面的一种上行公文。

（8）述职报告。是领导干部依据自己的职务要求，就一定时期内的任职目标，向选举或任命机构、上级领导机关、主管部门以及本单位的干部群众，汇报自己履行岗位责任情况的书面报告。

4. 报告的写作格式

报告由标题、主送机关、正文、落款和日期等部分构成。

（1）标题

报告的标题，通常只写事由和文种。也有的标题包括发文机关、事由和公文三部分。有的报告内容紧急，则在标题中的“报告”前冠以“紧急”字样。

（2）主送机关

在标题下正文前顶格书写受文对象，一般是上级机关或业务主管部门。

（3）正文

各种报告的正文写法有所不同，但一般都由报告目的、报告内容和结尾三部分组成。开头说明报告的目的，用“现将有关情况报告如下”之类的惯用语过渡到下文。报告内容包括主要情况、存在问题。结束语的写法，呈报性报告用“特此报告”，“以上报告当否，请指示”等，呈转性报告用“以上报告如无不妥，请批转有关部门执行”等。

（4）落款和日期

在正文后写上发文机关和日期。

5. 报告的写作要求

（1）要总结出有规律的东西。写报告要用正确的立场、观点、方法对事实进行分析，从中总结出一些带有规律性的东西。这些规律性的东西，无论是成功的经验，还是失败的教训，对今后的工作都具有重要的指导意义。

（2）注意个体材料和整体材料的配合使用。报告的容量大，涉及的材料众多，在写作时一定要注意个体材料和整体材料的配合使用。尤其是综合报告，涉及的方面多，内容复杂，更要注意个体材料和整体材料的配合使用。有个体材料没有整体材料，会使报告零碎，缺乏整体印象；反之，有整体材料没有个体材料，则会使报告内容空泛，缺乏力度和深度。

（3）报告所反映的情况要真实、具体。报告的用途是帮助上级机关了解下情，从而作出正确的决策。写报告要做到如实地反映情况。如果报告反映的情况失实，就有可能影响上级机关决策的准确性和科学性。真实性是对公文写作的普遍要求，但鉴于目前有些报告存在着弄虚作假的现象，所以特别需要引起重视。起草报告的人员，要深入调查研究，尽可能亲自调查了解，掌握第一手材料，然后进行分析归纳，去伪存真。材料要具体，既要有概括性的材料，也要有典型的具体事例。

（4）写作报告的立意要新。提炼主题，应该在占有大量材料的基础上进行分析研究，归纳出新颖的观点，从而形成主题。主题，即报告的主旨。在提炼主题和观点的过程中，要有敏锐的眼光，发现新的有价值的材料，从新的角度、新的立足点去分析取舍材料，这样才能提炼出立意新的主题，反映出本质的、带有规律性的问题。

（5）写作报告的重点要突出。报告的内容要根据主题的要求来安排，分清主次轻重，重点的、主要方面的内容，要安排在前面，详细写；非重点的、次要方面的内容，简略写；可写可不写的内容，就不写。同时，要注意处理好点和面的关系，比如有典型的事例，既要有点上的具体情况，也要有面上的综合性的情况，做到点面结合、眉目清楚、说服力强。

（6）报告中不得夹带请示事项。上级机关对报告不负答复责任，报告中夹带请示事项会影响事项的处理。如有请示事项，宜另用请示文种行文。

（7）尽量把报告写短些。要想将报告写得简短，就要做到以下几点：

①应突出重点。

②要毫不犹豫地舍弃那些不能说明问题实质的一般材料。

③要善于综合归纳，从宏观着眼，总体上把握，把问题表述清楚。

④语言表达要做到简洁、凝练。

二、报告的写作范例

报告的写作范例如下：

◎情况报告

××县交通局关于“十件实事”县通镇公路工程建设的情况报告

一、县养51.2公里建设的情况

1. 建设里程共51.2公里。其中：X178线××段7公里，205国道至××镇府0.8公里；X174线××段10公里、××段8.5公里，××大桥一座；S339线××段3公里；××旅游专用公路8.1公里，××大桥一座；X176线××至××4.5公里；X180线××至××9.3公里。

2. 工程建设投资预算。地养公路计划总投资为8095万元。已招投标工程投资为3976.65万元。其中：××旅游专用公路投资为952.22万元（一标328.53万元，二标331.05万元，三标292.64万元）；X174线××段投资为938.49万元，××段投资为666.02万元，××中学接××公路1公里投资98.5万元；X180线××至××投资为550.42万元；X173线××段投资为451万元（A标275万元，B标176万元）；X176线××段投资为320万元。（S339线××3公里二级路未招标，××大桥及引线未招标，205国道至××镇府0.8公里未招标投标。）

3. 工程进展及完成投资。截至7月23日，地养县通镇公路建设完成工程量：

建好路基28公里，占应建设的54.6%；完成路面9公里，占任务的17.5%；完成建设投资1350万元，占已投标工程投资33.9%。

4. 工程投资款拨付情况。7月29日止累计拨付工程进度款1186万元。其中：X173线附城段190万元；X174线××段364万元，××段225万元；X176线××段203万元；X180线××至××段70万元；××线119万元。

二、省养71.5公里建设情况

1. ××线：40.1公里，路基工程全面完成，已完成水泥路面6公里。

2. ××线：12.7公里，路基工程全面完成，已完成水泥路面6.7公里。

3. ××线：18.7公里，已全面竣工。

三、当前地养县通镇公路建设存在的困难和问题

1. 工程进度缓慢，实际完成工程建设投资仅占33.9%，达不到预期的目标和效果。施工工期远远超过工程招投标合同规定的时间要求。如X173线××段，A、B两标施工期限为6个月，而两标段施工单位从××××年10月中旬进场施工至现在已有9个月时间，A标段4公里已铺设水泥路面3.5公里（双边），仍有0.5公里未铺路面；B标段2.9公里仅完成路基，中桥一座未动工。××公路三标段基本完成路基3公里，第一标段仍未进场。按预定在今年12月底完成80%县通镇公路建设任务差距较大。

2. 征地拆迁难度大，影响工程进度。如××旅游专用公路设三个标段，全长8.1公里，途经××镇4.76公里、××镇2.472公里、××镇0.85公里，征地拆迁工作除××镇0.85公里已完成外，其余镇未完成。第三标段3公里施工单位虽然基本完成路基工程，目前仍然步履维艰，直接影响施工的弃土场地征用，个别钉子户的土地征用仍未解决和征用。第二标段工程队“两进两出”因征地拆迁问题现已停工，成为直接影响工程进展的障碍。第一标段虽然经招/投标签订了合同，目前施工队还是无法进场施工建设。

3. 解决建设资金缺口部分，途径少、目标渺茫、建设业主心中无数。根据调查了解，地养县通镇公路除X173线、X180线、X176线××段建设资金上级补助部分（每公里80万元）基本上能满足建设外，其他各线都存在建设资金的缺口，而且缺口资金较大，如X174线、××旅游公路等。各业主对如何解决建设的缺口资金心中无数，缺少筹资的渠道和措施，甚至个别业主把建设工程上级补助款当成是公路建设的一切费用开支的资金来源，工程建设使用上级补助、征地用上级补助、质量监理用上级补助等，很难做到专款专用。筹集建设缺口资金单纯依靠上级解决，业主心中无数。

××县交通局
××××年××月××日

◎**工作总结报告**

我市采取有效措施切实做好环境优美乡镇创建工作的总结报告

创建环境优美乡镇是贯彻科学发展观在农村环保工作中的具体体现，也是我市建设生态市的重要基础和构建和谐社会的细胞工程。建设生态市的必要条件之一是80%乡镇建成环境优美乡镇，为了落实这一工作任务，全力推进生态市建设，全市生态市建设工作会议以来，全市各级党委、政府，各级环保部门采取有效措施，扎实做好环境优美乡镇创建工作。

一是加强对创建工作的组织领导。为抓好创建工作，市环保局领导亲自研究部署，组织各镇积极开展省级和国家级环境优美乡镇申报工作。各镇成立了领导小组，完善工作机制，建立目标责任制，积极落实创建工作任务。

二是加大对创建工作的宣传和指导。市环保局加大对全市各镇的广泛宣传力度，提高了基层镇党委、政府对创建工作的重视和认识。为推动创建工作，市环保局先后多次向国家环保总局及省环保局汇报我市创建环境优美乡镇情况。同时深入基层，认真组织、指导编制申报材料，开展创建工作。

三是精心组织、认真实施，全力做好创建工作。按照创建工作标准和要求，各镇以《小城镇规划编制导则》为指导，加快镇村环境基础设施建设，开展镇村环境综合整治，精心编制乡镇环境规划、工作报告、技术报告，认真做好申报验收的各项准备工作。截至目前，全市共有××镇、××镇、××镇、××镇申报了省级国家级环境优美乡镇。

××市人民政府

××××年××月××日

第二节　请示写作

一、请示的写作概述

1. 请示的概念

请示是下级机关向上级机关或业务主管机关请示某项工作中的问题，明确某项政策界限，请求审核批准某事项时使用的请求性的上行公文。

2. 请示的特点

请示与报告有反映情况、提出建议的共同性。但两者比较，请示有如下特点：

（1）请求性。从行文的目的看，请示写作是带有迫切性并需要上级机关批示、批准的事项，要求上级机关给予批复；报告只着眼于汇报工作、反映情况，以达到下情上达的目的，一般不要求批复。只有呈转性报告才要求上级机关“批转”有关部门执行。

(2) 单一性。请示一般一文一事，即内容要单一，不可将多项内容放在同一个文中请示。

(3) 预先性。从行文的时间看，请示必须在事前行文，不允许“先斩后奏”；报告则在事前、工作进程中和事后均可行文。

(4) 定向性。请示是一种上行文，只在向上行文时使用，是请而示之。对不是上级领导机关的业务主管机关或其他不相隶属单位，一般不使用请示文种。

3. 请示的适用范围

急需办某件事，需上级批准后才可办的，要写请示。

工作中发生了比较重大的问题，本机关无权解决，先提出处理意见，请求批示。

对上级颁发的法律、法令、方针、政策、规定和上级指示精神有不了解与有疑问的问题，需要上级机关解释和进一步明确时，要用请示。

上级有文件规定不经请示不允许办的事情而本单位又不得不办，此时要写请示。

上级虽有统一规定，由于本单位情况特殊难以执行，需要灵活掌握或变通处理，此时需要写请示。

4. 请示的种类

请求上级领导解决本单位、部门的某些困难和某个问题的请示。这种请示，一般不涉及本单位本地区的平行机关和下级机关。

对上级制定的方针、政策、法律、条例、规章制度或对上级的某个指示有不同理解，希望上级明确解释。

某一部门在实际工作中遇到一些新情况、新问题，经过认真研究，提出了解决的措施和办法，希望上级审核肯定，并批转有关单位照办。

5. 请示的写作格式

(1) 标题。请示标题大致有两种：一是写明请示事项和文种。二是写明请示机关、请示事项和文种，如“林业部关于审定国家级森林和野生动物类型自然保护区的请示”。标题制作尤其注意事由（请示事项）要写得明确简要，文种不能写成“请示报告”。

(2) 正文。正文通常包括三个部分：

①请示原由。请示开头首先写明请示的原因或理由。有的请示还需要用稍多一点的篇幅来陈述理由，把原因说清楚，特别是请求具体帮助的请示，有些请求核准、审批的请示，原由可以写得很简单甚至不写。

②请示事项。一项内容有时篇幅不长，但必须注意写得明确、具体。有时请示事项只有一句话，如一份请求拨给会议经费的“请示”：“请拨给会议经费3000元。”

③结束语，通常用套语结束，如例文的“当否，请批示”。常用的请示结束语有“妥否，请批复”、“以上请示，请予审批”、“以上请示，请予批准”等。结束语要写得谦和得体，不宜用“请即从速批复”、“请尽快拨款，以解燃眉之急”这类的结束语。

6. 请示的写作要求

（1）标题不要写成“请示报告”。

（2）不要在“报告”等非请示公文中夹带请示事项（报告中写“以上报告当否请指示”不在此列）。

（3）必须事先请示，不能“先斩后奏”，像个总结报告。

（4）必须坚持一事一请示，不能将许多事搅在一起，像个综合报告。这是一个基本的原则要求。

（5）要向主管部门请示，不要越级请示，也不要多方请示，如系受双重领导的单位或者牵涉到几个单位或领导，要写明主送机关和抄送机关，由主送机关负责解决或答复，而抄送有关机关、领导。

（6）请示在未获批准前，不得对下属单位发送。向上级机关的请示，未获批示（或批准）前，就向其他机关或下级机关抄送或下发，这也是撰写请示的一大忌讳。

（7）如需向两个上级单位同时请示，只能采取一个主送和一个抄送的办法（请示公文的主送单位只能是一个），不可多头报送，以免造成误会而贻误工作。

（8）请示事项涉及其他部门业务范围时，应当经协商取得一致意见后上报，未能取得一致意见时，应在“请示”中写明。

（9）严禁越级请示。

（10）请示语言既要简明扼要，还要注重行文语气，选用语句要谦敬，把握好分寸。

（11）请示类公文，必须注明联系部门及联系人姓名和电话。该联系人一般为公文起草部门的负责人。

二、请示的写作范例

请示的写作范例如下：

◎请求性请示

××市农业局关于参照公务员法管理的请示

××市人事局：

根据《××省参照〈中华人民共和国公务员法〉管理的单位审批办法》（×

发〔××××〕××号）和《××省事业单位参照公务员法管理和人员登记工作细则》精神，结合我局实际，经研究，确定我局下属事业单位植保植检站、园艺工作站、种子管理站、农村合作经济经营管理站、农村能源环境保护管理站、农业技术推广中心、××省农业广播电视学校××市分校，申请参照公务员法管理。特此请示。

妥否，请批示。

××市农业局人事处

××××年××月××日

◎**申述性请示**

关于要求建立××市××区外国语实验学校的请示

×教〔××××〕××号　签发人：×××

区编委：

地处××市××区××××小区内的配套学校已竣工，为保证今年秋季如期开学，要求在小区内建立××市××区外国语实验学校。新建的××区外国语实验学校是一所集学前教育和小学教育于一体的公立学校，其中小学教育部30个班，学前教育部6个班，按规定可配教职工96人。

当否，请批复。

××市××区教委

××××年××月××日

◎**安排性请示**

某市市级粮食储备库关于组织部分人员到××市进行培训的请示

市粮食局：

自××××年开展仓储管理年以来，在经历了标准化、规范化等几个阶段以后，我库仓储管理水平明显提高，仓储面貌发生了根本性的变化。但在硬件建设达到一流的同时，存在着软件与硬件建设发展不相配套的问题。为切实提高我库仓储职工的业务技术素质，全面解决软硬件建设不相配套的问题，经库党委研究，我库拟组织选派部分人员到××市粮食管理学院进行培训。现将有关事宜请示如下：

一、培训人员及费用

拟从库全体职工中选拔仓储业务骨干20人参加培训学习。培训费用为1000元/人。

二、时间安排

培训时间初步定于××××年7月6~20日。

三、拟培训内容

(一)国内外储粮新技术的应用。

(二)储粮害虫防治。

(三)储粮四项新技术的应用。

(四)粮食物流方面的业务知识。

(五)储粮生态系统知识。

四、其他相关问题

为切实组织好此次培训，我库准备安排库副主任×××同志带队参加培训，全面负责解决培训过程的问题。

当否，请批复。

××粮食储备库

××××年××月××日

◎**解答性请示**

关于“总会计师”是行政职务还是技术职称的请示

财政部：

国务院颁发的《会计人员职权条例》(以下简称《条例》)规定，会计人员技术职称分为总会计师、会计师、助理会计师、会计员四种，其中“总会计师”既是行政职务，又作为技术职称。在执行中，工厂总会计师按《条例》规定，负责全工厂的财务会计事宜。可是每个工厂，尤其大工厂，授予总会计师职称的人员有四五人，究竟由哪一位负责全厂的财务会计事宜，执行总会计师的职责与权限呢？我们认为应将行政职务与技术职称分开。总会计师为行政职务，不再作为技术职称。比照国务院颁发的《工程技术干部技术职称暂行规定》，应将《条例》第五章规定的会计人员职称中的“总会计师”改为“高级会计师”。

以上认识是否妥当，请指示。

××省财政厅

××××年××月××日

◎批转性请示

关于要求批转《服务创业推进创新的若干意见》的请示（节选）

×工商综〔××××〕××号

市政府：

为了贯彻落实市委、市政府“××××”工作要求，推动“××××”战略的深入实施，现就发挥工商行政管理职能，服务创业推进创新提出如下意见：

一、放宽注册登记限制，降低创业门槛

1. 放宽准入领域限制。按照“非禁即入”的原则，凡可以进入的行业和领域，一律向各类创业主体平等开放。进一步放宽服务领域市场准入，凡法律、行政法规及国务院决定未明确作为企业登记前置审批项目的，可直接向工商行政管理机关申办营业执照。

2. 放宽经营范围限制。对一般经营许可的经营项目，可根据创业者申请，按照国民经济行业分类，自主选择经营项目，开展经营活动。

3. 放宽注册资金限制。除法律、行政法规和依法设立的行政许可另有规定的外，一律降低到3万元人民币；允许用货币、实物、工业产权、著作权、非专利技术、土地使用权、股权等财产及其他可用货币估价的资产依法向公司出资；允许公司非货币出资比例最高达注册资本的70%；允许通过股权出资形式，组建企业集团、股份有限公司；除一人有限责任公司外，公司制企业均可实行注册资本分期到位；对设立个人独资企业、农民专业合作社的，无须再提交验资报告。

4. 放宽经营场所限制。企业、个体户将住宅改变为经营性用房的，在符合国家法律法规的前提下，除从事餐饮、歌舞娱乐、互联网上网服务、生产加工和制造、经营危险化学品等涉及国家安全、存在严重安全隐患、影响人体健康安全、污染环境的生产经营项目外，在征得利害关系邻里的同意，并经社区居（村、业主）委会或相关部门确认后，允许予以登记注册。

二、实施创业优惠政策，减轻创业负担。（略）

三、优化政务环境，强化创业服务。（略）

四、深化品牌建设，提高企业自主创新能力。（略）

五、挖掘市场潜力，推动商品市场持续繁荣。（略）

六、推动订单农业规范发展，力促农村特色经济发展。（略）

七、加强执法监管，维护创业创新市场秩序。（略）

以上意见如无不妥，请批转下发。

××市工商行政管理局

××××年××月××日

第三节　议案写作

一、议案的写作概述

1. 议案的概念

行政机关议案是列入行政公文中的新文件。它是指国务院和地方各级人民政府，按照法律程序规定，向同级人民代表大会或者人民代表大会常务委员会提请审议属于该人民代表大会及其常务委员会职权范围内有关事项的公务文书。

2. 议案的适用范围

根据《党政机关公文处理工作条例》规定：议案适用于各级人民政府按照法律程序向同级人民代表大会或人民代表大会常务委员会提请审议事项。议案有其独具的特色，是公文中的重要成员。权力机关、行政机关、其他国家机关，都可以提出议案。

作为行政机关公文的一个文种，议案的发文机关为各级人民政府等，受文机关为同级人民代表大会或人民代表大会常务委员会，功用为提出审议事项和审议请求。

3. 议案的特点

（1）权威性

凡规定重大行政措施的议案，或发布行政法规的议案，或采取重大强制性行政措施的议案，都具有类似法规的权威性。凡经人代会审议通过的议案，任何人、组织和个人都不能推翻，有异议也只能在下次人代会上提出并通过会议有关法定程序进行修改。

（2）特定性

议案内容的特定性，是指不能超越本级人代会的法定监督权、任免权和重要事项的决定权。

（3）指导性

议案所定的事项或所涉及的要求往往比较明确，措施具体，因而能有效地指导下级机关开展工作。

（4）公开性

每个公文议案的形成、颁发都必须经由人代会或人大常委会的法定程序——确定、审议、质询、表决和通过等，因此说议案具有公开性。

4. 议案的种类

（1）立法性议案。立法性议案主要在两种情况下使用：一是政府机构制定了某项法律或法规之后提请人民代表大会审议通过时；二是建议、请求某行政机构制定某项法规时。

（2）决策性议案。关于财政预算决算、城乡发展规划、重大工程上马，以及政治、经济、文化、教育、科技、卫生等领域中的重大事项的决策，需要提请人民代表大会审议批准时使用的议案，就属于重大事项的决策性议案。

（3）机构设立议案。机构设立议案是各级人民政府针对重要机构的增设、撤销或合并，须用议案向同级人民代表大会或人民代表大会常务委员会提请审议时使用的一种例行公文。

（4）建议性议案。以行政部门的身份向权力部门提出建议，也可以使用议案。这种议案有些像建议报告，供人民代表大会审议、采纳。

（5）任免性议案。行政机关向权力机关提请任命、免去或撤销行政机关工作人员职务，请求人民代表大会审议批准的议案，就是任免性议案。

（6）批准条约议案。批准条约议案，是国务院提请全国人民代表大会常务委员会批准草签的国际条约，或提请批准加入某国际公约（条约）而使用的议案。

5. 议案的写作格式

议案的结构分标题、发文字号、主送机关、正文、结语、落款六个部分。

（1）标题。议案标题的写法有两种：

①由“发文机关＋案由＋文种”组成，如“国务院关于提请审议批准《中华人民共和国和乌克兰关于民事和刑事司法协助的条约》的议案”。

②由“案由＋文种”组成，如“关于提请审议修改后的国务院机构改革方案的议案”，用这种省去发文机关名称的不完全式标题比较简洁。

议案标题一般不能采用发文机关加文种或者只有文种的写法。

（2）发文字号。在标题右下方按函字号书写，如“国函〔××××〕××号”等。

（3）主送机关。在标题之下，正文之前左起顶格书写主送机关全称或规范化简称，加冒号。如“四川省人民代表大会常务委员会”。

（4）正文。这部分内容是议案的主体。如果是提请审议已制定的法律法规的，解决问题的方案就在法律法规之中，这部分只需写明提请审议的法律法规的名称即可，但要把法律或法规的文本作为附件。如果是任免性议案，要将被任免人的姓名和拟担任的职务写明。如果是提请审议重大决策事项的，要把决策的内容一一列出，供大会审议。如果是建议采取行政手段解决某方面问题的，要把实施这一行政手段的方案详细列出，以便于审议。不能只指出问题，而没有解决问题的方案。

（5）结语。结语是议案的结尾部分，是指正文部分结束时所用的祈使性词语，主要用于提出审议请求。一般都采用模式化写法，言简意赅。如“现提请审议”、“请审议决定”、“请审议”、“请审议批准”等。

（6）落款。落款包括签署和时间两项内容。议案通常由政府行政首长签署并盖公章。国务院提交给全国人大的议案，要由总理签署；各省、市、自治区提交给同级人民代表大会的议案，要由省长、市长或自治区主席签署。日期格式与一般行政公文相同。

议案的主送机关，只能是同级人民代表大会及其常务委员会，不能有其他并列机关。要采用全称或规范化简称，不得随意简化。

6. 议案的写作要求

（1）一定要深入调研，在广泛调研的基础上形成符合实际需要的切实可行的科学规范的议案。

（2）认真研读党和国家的路线、方针、政策，绝不违反法规。

（3）正文应简洁明快，一般只交代所提事宜，而不发表议论，其余的则由附加材料详细说明。

（4）语气恳切妥帖，庄严凝练。

（5）符合文种所要求的行文规范。

二、议案的写作范例

议案的写作范例如下：

◎事项性议案

关于加强我市人民调解工作的议案

（议案转建议第××××××××号）

××××年以来，我市各级人民调解组织积极开展各项矛盾纠纷排查和专项治理活动，共调处各类民间纠纷×××××多宗，制止群体事件×××多件，为解决社会矛盾纠纷、维护社会稳定和保障我市经济发展作出了应有的贡献。随着改革开放的不断深入和社会主义市场经济的快速发展，社会经济成分、利益关系和分配方式等日益多样化，社会矛盾纠纷呈多发性、多样性、复杂性等特点，有些矛盾纠纷甚至激化为刑事案件和群体性事件，影响了社会稳定。为此，我们建议：

一、各级党委、政府要把人民调解工作纳入重要议事日程，要按照国务院颁布的《人民调解委员会组织条例》和司法部颁布的《人民调解工作若干规定》，切实加强对人民调解工作的领导和支持，全力维护基层社会稳定。

二、各级人民法院和司法行政机关要齐抓共管，加强对人民调解工作的指导，将法院委派人民调解指导员形成制度，提高人民调解组织的社会公信力和调解纠纷的质量。

三、坚持“调防结合、以防为主”的工作方针，构建矛盾纠纷防范控制体系，坚持“抓早、抓小、抓苗头”，严防民间纠纷激化，将纠纷解决在萌芽状态。

四、进一步加强人民调解规范化建设。社区人民调解委员会要有相对固定的工作场所、有街牌印章、有统计台账、调解文书制作要规范；人民调解要做到组织落实、制度落实、工作落实、报酬落实；社区人民调解委员会规范化建设应当列入社区建设统一规划，房地产开发商、物业管理部门应当为社区人民调解庭的建设预置办公用房。

五、进一步加强政府职能部门参与调解社会矛盾纠纷的责任，将人民调解列入社会治安综合治理工作考核目标，实行“一票否决权”制，积极探索建立人民调解解决社会矛盾纠纷的更为有效的运行机制。

六、将各级人民法院和司法行政机关及街道、社区人民调解工作经费按照司法部和财政部《关于司法业务费开支范围的规定》（司发计字〔××××〕第384号）、《人民调解委员会组织条例》（国务院第37号令）、《人民调解工作若干规定》（司法部第75号令）列入财政预算，尽可能解决人民调解员工作补助，努力为人民调解工作创造良好的工作条件和环境。

××市司法局、民政局
××××年××月××日

◎任免性议案

×县人民政府关于提请×××等四位同志职务任免的议案

×政文〔××××〕××号

县人大常委会：

根据《中华人民共和国地方各级人民代表大会和地方各级人民政府组织法》之规定和中共×县县委×政文〔××××〕××号、××号、××号文件，现提请：

×××同志任县民族宗教局局长。

×××同志任县司法局局长。

×××同志任县教育体育局局长。

免去×××同志县教育体育局局长职务。

以上事宜，请审议。

附件：

1. ×××同志工作简历及主要表现
2. ×××同志工作简历及主要表现
3. ×××同志工作简历及主要表现
4. ×××同志工作简历

县长　×××

××××年××月××日

◎**建议性议案**

关于加快建设城市公共交通枢纽场站的议案

城市公交是城市重要的公益性基础设施，随着我市经济的繁荣和城镇化进程的加快，与人民群众生活息息相关的公交发展却跟不上城市建设的步伐，满足不了市民的基本出行需求。

一、主要表现：一是乘车拥挤。人民群众出行对公交的依赖越来越大。据了解，每天平均乘坐公交车出行的人次达25万人左右，雨雪天气、节假日最高达34万人次，有时公交车非常拥挤。二是乘车不便。新区（公务员小区）、开发区（××花园、××花园、××花园及未来的××花园）、××工业园区、大学园区和西部区域及周边村镇人民群众要求开通多方向公交车的呼声越来越高。三是速度不快。公交车运行速度平均10公里/小时，低于规定的20公里/小时。

二、主要原因：一是我市至今没有一座功能齐全的公交枢纽场站（火车站仅为临时枢纽），远远落后于我省其他城市（如××、××、××），在新区、开发区整体规划建设中，没有科学地设置公共交通枢纽场站，使公交发展出现"瓶颈"。二是线网布局不合理。由于缺乏枢纽场站作为基点，公交公司无法科学编制各区域间的公交线路，致使我市公交线路呈火车站向外辐射状，无法形成网络，如新区至开发区，××工业园区、××区、西部及大学园区、开发区等多方向线路均难以开发。三是没有枢纽场站，公交车的各项后勤保障无法进行，基本的工作条件不具备。

三、建议：一是加大对公交枢纽场站建设的力度，尽快在新区政府办公大楼（机专新校区西侧）附近、开发区××附近、西干道环宇立交桥（原税校）附近、××路西段西环路口附近、××路××果品批发市场附近、××路××花园附近、××路××生态园附近、××工业园（北环与环宇路口）附近等地科学地筛选出枢纽站的位置，合理确定用地规模，抓紧建设，尽快投入使用。二是公交公司要在枢纽场站建设的基础上，调整完善线网布局，形成科学、合理、规范的线网结构，最大限度地满足市民的出行需求，降低公交运营成本，有效地利用交通资源。三是按照国务院有关规定，切实实施优先发展公交战略，保证公益设施建议资金，使公交枢纽场站早日提高社会效益和经济效益。

××市××交通局

××××年××月××日

第四章　行政机关规章性公文写作

第一节　制度写作

一、制度的写作概述

1. 制度的概念和作用

制度是党政机关常用的规范性文体之一，它是有关人员遵守和执行机关对某项工作和某方面的活动规定的要求。它应用广泛，各方面的工作都有它，如办公制度、财务制度、文书工作制度等。

其作用主要表现在：制度是工作措施中的重要环节，是完成任务的重要手段；制度是鞭策激励人们遵守纪律，努力学习和工作的行为准则。

2. 制度的特点

（1）规定性。即制度按照所涉及事物的性质、范围，限定人们可以做什么，不可以做什么，可以怎样做，不可以怎样做，用以规范人们的行为。

（2）程序性。即要求人们做某种事情时，必须按照一定的规则程序、方法进行。

3. 制度的写作格式

制度一般由标题和正文构成。

（1）标题及题下标示。制度的标题为“发文机关 + 发文事项 + 文种类别（制度）”的形式，但有的将标题中的发文机关（或称适用范围）省去，写为“事由 + 文种”的形式。适用范围、发布机关、发布日期用标题下括号标示法标明。

（2）正文。制度的正文，一般分如下三部分来写：

第一部分要写明制发制度的缘由，用“特制定本制度”这一过渡句，引起下文；

第二部分分条写明各项具体条文；

第三部分写实施范围、生效日期、修订权、解释权等内容。是否分章写，要根据内容多少而定。

上述第一部分、第三部分要简明扼要，第二部分要具体切实。

制度的文字要通俗易懂，具体准确，防止重复和无用的语句出现。

(3) 制发单位和日期。如有必要，可在标题下方正中加括号注明制发单位名称和日期，其位置也可以在正文之下，相当于公文落款的地方。

4. 制度的写作要求

制度的写作，要注意以下两点：

(1) 行文要规范。

(2) 语言要通俗、易懂。

二、制度的写作范例

制度的写作范例如下：

◎信访工作制度

××市信访工作制度

一、交办、转办制度

上级机关或领导同志批示查处的信访问题，信访人员应按归口办理的原则，将材料交送有关单位查处，并要求按期报告处理结果，此类工作属于交办范围。

本单位接到的信访材料，如与其他单位有关，除本单位直接查处外，还应将有关材料转递有关单位查处。

属于揭发、控告性质的有关材料，只能转送给被揭发、被控告单位或个人的上一级组织查处，并注明密级，加盖戳记，绝不能转送给被揭发、被控告的单位和个人。

不论是交办或转办的材料，均须办理收发登记手续，明确责任，杜绝丢失。

二、催办制度

催办在信访问题查处的过程中，具有重要作用。建立催办制度，有利于信访问题的按期处理。

信访材料在交办或转办有关部门之后，中转单位要经常催促承办单位或部门，了解该问题的查处进度、新发现的情况和问题等。每次催办的时间、次数、被催办单位、承办人姓名、案情的查处情况和进度等，均须具体写入催办单。

催办形式，可视具体情况确定。一般多采用电话或函件催办。对于久拖不办的重要信访问题和欠报积案较多的部门或单位，可派专人催办，了解问题的症结所在，帮助其排除困难，尽快结案。对于已经采用多种形式催办而仍无效果者，中转信访部门报经领导同意后，可采取“会议催办”的形式，或称“欠账汇报会”，会前要正式通知欠账单位，让其携带有关的信访材料到会。会议由领导同志亲自主持，认真听取该案查处中的困难和问题，研究解决的办法，提出明确、具体的要求。

三、回告制度

对于上级机关或领导同志交办的信访问题，承办单位一般要在三个月以内处理结案，并上报结果。承办单位若到期难以结案，需延长时间，应提前向上级说明原因。

四、结案制度

承办单位应将信访问题的结案材料写成报告，上报交办单位。结案报告必须做到事实清楚，证据确凿，定性准确，处理意见符合政策，手续完备。原交办单位收到结案报告后，要逐项认真审查，并正式行文批复能否结案。对不能结案的问题，批复时要提出进一步查处的意见。

五、复信制度

信访问题处理后，受理单位应给信访者复函，将处理结果告诉对方。对于建议性的信访材料，应说明情况，并表示感谢。

××市人民政府群众来访接待室

××××年××月××日

◎档案管理制度

××局档案管理制度

1. 局档案工作机构

成立局档案工作鉴定小组，由办公室（处）行政处、计财处有关人员组成。

局的档案工作机构为现行局的综合档案室，档案室对局机关档案实行综合管理。其日常工作由办公室领导，业务上受国家、省、市档案局监督和指导。

2. 综合档案室的职责

（1）按照上级关于档案工作的规定，组织具体实施工作。

（2）拟定局档案工作计划和工作制度。

（3）负责组织每年文书立卷、归档工作。

（4）统一管理局各种门类和载体的档案，做好收集、整理、鉴定、保管、统计、利用和编研工作。

（5）按规定向市档案馆移交应进馆的档案，接收局直属撤销单位的档案。

（6）负责收集与局业务有关的资料。

（7）办理领导交办的其他有关档案业务工作。

（8）协同有关处室对基层单位的档案工作进行业务指导和督促检查。

3. 档案综合管理范围

凡属局各处室和党政工团组织形成的文书档案、基建档案（包括房改工作档案)、设备档案、声像档案、已故人员档案（人事部门存三年后再移交）均由档案室管理。人事档案由人事处管理。业务档案由各业务处按处归档要求收集、整理、装订成册、编好目录，将档案交综合档案室管理。会计档案由计财处、办公室财务组、基金会按归档的要求收集，整理，装订成册交综合档案室管理。

4. 材料归档

（1）本局在工作活动中直接形成的具有保存价值的各种文件材料（包括文字、图表、照片、录音、录像带和各种专业性文件）必须及时立卷归档，以保存局的历史面貌。

（2）归档的基本要求

①归档的文件材料必须准确地反映局工作活动的真实历史面貌。

②归档的文件材料必须进行立卷管理，要符合立卷的原则和要求。

（3）归档时间

①党政工团的文书立卷和各业务处室的业务档案，应于翌年第二季度归档完毕。

②基建文件材料归档应与该基建工程建设同步进行，工程竣工验收后三个月内向档案室移交。

③设备文件材料应于设备开箱时验收登记，待设备安装调试或投入使用后三个月内向档案室归档。

④会计档案由财务部门整理立卷后，按××××年7月1日实施的《会计法》规定，在财务部门保管一年后移交综合档案室。

⑤已故干部职工档案，按市委组织部、市档案局〔××××〕6号文规定，干部职工死亡后，其档案在人事部门保存三年后向档案室移交。

⑥声像档案自形成一个月内向档案室归档，凡归档的照片（连图片）、录音带必须有文字说明［包括时间、地点、人物（职务）、内容、拍摄（录制）者姓名］，录像带还应有解说词。

（4）归档份数，党政文件一般归档两份，一份连底稿作档案保存，另一份作文件汇编。其他门类的文件，一般归档一份，比较重要的可适当增加归档份数。

5. 档案的管理

（1）局的全部档案为一个全宗，全宗内档案，按门类进行分类，根据同级和上级档案行政部门的要求，编制分类方案，例如分类和编号的方法要便于保管和使用。

（2）建立和健全档案工作各项制度，把档案工作列入机关工作和活动计划、基建工作计划，列入有关部门和人员的职责范围和岗位责任制。

6. 档案的保护

加强档案的保护工作，改善档案保管条件，并定期对档案保管的状况进行检查，发现问题向领导汇报，及时采取措施，保护档案的安全。

（1）根据国家和同级档案行政管理机关的规定，拟定档案保管期限表，为文书立卷和档案鉴定提供依据。

（2）档案的鉴定工作，由局办公室牵头组织有关业务处室组成鉴定小组，负责提出鉴定意见。

（3）销毁失去保存价值的档案，必须登记造册，经局分管领导批准，指定两人监销，并在销毁清册上签字。

（4）档案的移交按国家有关规定，将永久、长期保存的档案，向市档案馆移交并办好移交统计表。

7. 档案的统计

建立档案统计工作制度，档案收进、移交都应登记入册，并按上级要求，报送档案工作情况统计表。

8. 档案的利用

积极配合机关工作中心任务，及时做好档案提供利用，并根据使用的需要，编制检索工具和参考资料。

××市档案馆

××××年××月××日

第二节　规则写作

一、规则的写作概述

1. 规则的概念

规则是各级行政机关、人民团体和企事业单位使用的一种规范性公文。它是各种组织为保证某项活动或工作能够顺利开展，或达到某种目标，对人们的行为方式、方法规定出的必须共同遵循的准则。

2. 规则的特点

（1）局部性

规则所规定的范围比其他规章性公文要窄，适用于对局部范围的人员、活动和场所作具体的要求和规定。

（2）时效性

规则一般为内部行文，在一定范围甚至一定时间内起作用。

（3）单一性

因为规则具有局部性，所以它的内容比其他任何规章性公文要简单，规定的对象比较集中、单一，只是局部范围内的特定对象，无须超越这个范围，无须涉及其他。

（4）具体性

规则所规定的内容是具体的，而且以事务性的工作居多，细致入微，具有规范化、程序化、定型化的特性。

3. 规则的写作格式

规则的结构由标题和日期、正文、签署三部分组成。

（1）标题和日期

①标题。标题通常包括发文机关、事由和文种类别（规则）三要素。但很多规则的标题中省略发文机关。

②日期。一般将制发的时间和依据加括号标注于标题之下正中位置。如果是随正式公文发布的规则，可以不单独注明日期，以发布规则的那篇公文的发文时间为准。

（2）正文。规则的正文首先写发文缘由。然后写具体内容，包括具体方法、措施、处罚手段等。最后写生效日期、解释权等方面的说明。

通常，规则的正文有如下三种写法：

①通篇分条式。内容比较简单的规则，一般都用通篇分条式写法。

②分章列条式。内容复杂的规则，分为总则、分则、附则三大部分，总则为第一章，分则有若干章，附则为最后一章。各章分若干条。

③引言加条款式。同通篇分条式写法比较相似，只是前面有一段没有列入条款的引言，一般用来交代根据、目的、意义。

（3）签署。签署发文机关、日期。但有时采用括号内注明时间、单位及形式，国家高级机关发布的规则多采用这种写法。

4. 规则的写作要求

（1）制定规则前要充分调查了解所属范围内的群众需求和意见。

规则是为维护劳动纪律、公共利益，保证学习、工作、生活等活动正常而有序地进行所制定的行为准则，一旦制定，就对该范围内的群众有较大的约束力，不考虑群众正当要求、合理意见，不问客观实际，想当然地主观拟定，即使定出“霸王律”，也会事与愿违。因此，写作前的调查研究，是不可缺少的程序。

（2）规则条文内容须直指特定对象，具体而详细。

规则是从事某项活动或工作的有关人员必须遵守的规定，其内容必须有很强的针对性，紧紧围绕特定对象，针对某一类人或针对某一项活动提出具体详尽的规范化要求。

（3）态度要明朗、措辞要准确、语气要肯定。

规则是人们行动的准则，有较大的约束力。它要求用准确的词句，明确地表达出倡导、允许、禁止、限制的内容，写明违犯规则的处理办法，其语气要坚决。

二、规则的写作范例

规则的写作范例如下：

◎一般条款式规则

阅览规则

一、凡入室阅览者，一律凭本人身份证领取座位号对号入座，离室时，须交回座位号，如有遗失赔偿0.5元。

二、本室期刊、报纸分开架和闭架借阅两种方式。开架报刊，读者可自由取阅，每次只准取一册，阅读后必须按排架号放回原处，不得乱扔乱放。

三、开架报纸每月换一次，凡下架散报不再借阅。

四、报纸合订本及内部资料，一律凭单位介绍信借阅，介绍信须写明查阅目的、要查找的报纸及内容。

五、本室闭架期刊和合订本期刊一律凭单位介绍信和本人工作证对口借阅。

××市图书馆

××××年××月××日

第三节　守则写作

一、守则的写作概述

1. 守则的概念

守则是国家机关、社会团体、企事业单位为维护公共利益和工作秩序，向所属成员发布的行为准则和道德规范。守则是根据本单位具体情况制定的，有的还是工作中的具体操作规范，有特定的适用范围和较强的针对性。

守则的制定有三个依据：一是党和国家的方针、政策。二是有关法律、法规。三是全社会共同遵守的道德规范。因此，遵守守则，实际上也就是遵纪守法，就是讲文明、讲道德。

2. 守则的特点

(1) 概括性。守则篇幅短小，写作时要用简明概括的语言行文，不能写得太繁杂。

（2）针对性。要根据党的路线、方针、政策，结合本地区、本系统、本单位的实际情况，有针对性地拟定具体条文。

（3）准确性。在文字表述上，提倡什么，反对什么，应该准确、明白，不能模棱两可，含混不清。

（4）可行性。所规定的条文和提出的要求，应该实事求是，切实可行，通过努力可以做到，防止要求过高，变成一纸空文。

（5）通俗性。语言应明白、流畅、通俗易懂，防止长句和专业术语的大量运用。

3. 守则的写作格式

守则一般由标题、正文和签署三部分构成。

（1）标题。守则的标题由发文机关、事由和文种类别（守则）组成，有时可省去发文机关和事由，只写“××人员守则”或“守则”。

（2）正文。守则的篇幅一般比较短小，多采用通篇分条式写法。如果内容复杂，为了更有条理性，也可采用章条式写法，由总则、分则、附则三部分组成，下面再分章，章下再分条。

在正文的写作中，条与条之间的划分是否符合逻辑规律，能不能做到条理清晰，层次分明，是写作守则成败的关键。另外还要注意语言表达的简练、质朴、准确。

（3）签署发文机关和日期。如标题中已标明发文机关，或标题下标明了发布日期，这部分内容可以省略。

4. 守则的写作要求

（1）条款应明确、具体、通俗，要充分考虑条文内容的可行性和语言的通俗性。

（2）守则是单位成员自我教育的一种形式，要通过群众酝酿讨论。

（3）条文不可多、不可长，以便于记忆和检查。

二、守则的写作范例

守则的写作范例如下：

◎行业性守则

××市第一人民医院机关工作人员守则

一、坚持正确的政治方向，自觉与党中央保持高度一致。

二、努力学习马克思主义、毛泽东思想、邓小平理论、“三个代表”重要思想、科学发展观。结合医院实际，学习政策和有关业务知识，努力提高政策理论水平和工作能力。

三、遵守宪法、法律、法规和机关的各项规章制度。

四、作风正派、办事公道、一切言行都要符合国家和人民的利益及医院的利益。

五、爱岗敬业、勤奋工作、服从命令。

六、公正廉洁、克己奉公。严于律己、宽以待人。

七、尊重领导、团结同志、礼貌待人、文明办公。

八、树立整体观念和大局意识，工作相互支持、密切配合，维护机关工作的协调性。

九、深入调查研究、认真听取职工的意见和要求，努力帮助他们排忧解难。

十、保守国家秘密和工作秘密。

××××年××月××日

◎原则性守则

干部守则

一、学习理论掌握政策，基本路线时刻牢记。
二、振奋精神开拓进取，两个文明共同抓好。
三、扶正祛邪树立形象，三讲四自牢固根基。
四、调查研究深入实际，群众路线铭记在心。
五、民主集中两相结合，班子之间团结协作。
六、贯彻政策重在落实，不折不挠勇往直前。
七、处理问题有章可循，勤政为民全心全意。
八、待人接客有礼有节，答复问题有据有理。
九、上班值班遵守时间，工作环境保持整洁。
十、虚心谨慎接受监督，知错即改严于律己。

中共××市××区委员会
××××年××月××日

◎完整性守则

机关工作人员守则

一、加强学习，坚定信念。认真学习马克思主义、毛泽东思想、邓小平理论、“三个代表”重要思想、科学发展观，坚持党的基本理论、基本纲领和基本路线，树立坚定的共产主义理想信念，坚定不移地贯彻执行党和国家的路线、方针、政策，在思想上、政治上和行动上与党中央保持高度一致。

二、依法行政，秉公办事。自觉遵守国家法律、法规和规章，按照职责权限和法定程序认真履行职责，严格依法行政，秉公办理公务，做学法、守法、用法和维护法律法规尊严的模范。

三、恪尽职守，勤奋敬业。爱岗敬业，忠于职守，勤奋工作，甘于奉献，坚持高标准、严要求，以对党和人民的事业高度负责的精神，认真扎实做好本职工作。大力改进工作作风，讲究工作方法，改善服务态度，加快工作节奏，不断提高行政效率和工作质量，充分发挥参谋助手作用。

四、牢记宗旨，执政为民。时刻牢记全心全意为人民服务的根本宗旨，进一步强化为基层和群众服务的意识，密切联系群众，深入调查研究，体察社情民意，倾听群众呼声，关心群众疾苦，维护群众利益，自觉接受群众批评监督。

五、求真务实，开拓创新。坚持解放思想、实事求是，倡导说实话、报实情、办实事、求实效，一切从实际出发，按客观规律办事，力戒形式主义、官僚主义，反对弄虚作假、虚报浮夸。勤于思考，勇于创新，与时俱进，锐意进取，大胆开拓，创造性地开展工作，努力争创一流工作业绩。

六、顾全大局，团结协作。严守党的政治纪律和组织纪律，认真执行上级的决定和指示，确保政令畅通。服从大局，密切协作，相互支持，齐心协力做好各项工作。敢于坚持真理，勇于改正错误，开展积极的批评与自我批评，努力营造心齐风正、团结奋进的良好氛围。

七、艰苦奋斗，廉洁自律。自觉贯彻执行中央关于党风廉政建设各项规定，清正廉洁，不谋私利，奉公守法，不搞特殊，艰苦奋斗，不求名利，节俭朴素，不图享受。

八、增强党性，崇尚公德。自觉加强党性锻炼和思想道德修养，模范遵守职业道德和社会公德，光明磊落，忠诚守信，言行一致，谦虚谨慎，与人为善，乐于奉献，遵章守纪，行为规范，仪表整洁，举止端庄，文明礼貌，服务热情。保守国家秘密和工作秘密，严守外事工作纪律，自觉维护国家的安全、荣誉和利益。

××市人民政府办公厅

××××年××月××日

第四节　细则写作

一、细则的写作概述

1. 细则的概念

细则，是为已颁布的法令、条例、规定作出具体说明和阐释的文体，一般是为贯彻执行有关条例和制度而制定的。

2. 细则的特点

细则具有附属性和周密性的特点。

（1）附属性。细则是对法令、条例和规定等行政法规的某些原则性条文作具体的说明、解释和补充，因此，它总是处于附属地位，不能成为独立的文件，是其他法令的一部分。

（2）周密性。细则要对法令、条例和规定等文件的某项（或部分）条文作出说明、解释、补充，使之具体且便于操作，周密详尽是它的根本特点。

3. 细则的写作格式

（1）标题。细则的标题通常被写为“事由＋文种类别（细则）”的形式，发文机关和发布日期在标题标出，如果属会议批准或通过的，要用括号在标题下另加注说明“××××年××月××日×会议批准（通过或修订）”。

（2）正文。一般由总则、分则和附则三部分构成。多用列章分条的形式表述。总则要写明细则制定是依据什么法律、法规以及哪一章哪一条，同时说明制定的目的。分则主要是针对细则所依附的法律法规中不具体、不完备、不够明确之处、易产生歧义之处进行解释补充和具体化，尽可能做到详尽明确、周密细致、界限清楚并保持条文的完整。附则要写清生效日期、解释权、修改权。细则一般同依附的法律、法规同时生效，但也可以适当滞后。

一般情况下，细则的正文有两种写法，一种是条款式写法，另一种是章条式写法。

①条款式写法。条款式写法不分章，直接列条，适用于内容较简单、篇幅较短的细则。制定的根据、目的、基本原则、指导思想等内容，写入前几条；解释、补充和规定，写在中间，条款最多；执行要求写在最后。

②章条式写法。章条式写法适用于内容较多的细则。全文分为总则、分则、附则三大部分。

总则是开头部分，主要用来说明制定细则的根据、目的、指导思想、基本原则、实施机关等。总则一般排为第一章，分若干条。

分则是细则的主体部分，分若干章，每章再分若干条。分则用来对原法律、法规进行解释补充，作出细致周密、切实可行的规定。

附则是细则的结尾部分，主要用来提出执行要求。

4. 细则的写作要求

（1）制定细则不仅要有依据，还必须结合实际，把国家的法律、法规与实际情况结合起来，才能真正起到制定细则的作用。

（2）制定细则要尽量减少与国家法律法规重复的条款。为了使细则与法律、法规相衔接，便于执行，适当地重复一些条款是难免的，但不能照抄或基本照搬。

（3）可有可无的内容要适当进行取舍，特别是那些纯事务性的细节和业务部门内部的工作关系，可以不在细则中规定。

二、细则的写作范例

细则的写作范例如下：

◎**管理性细则**

对外国驻华机构及其人员的外汇管理实施细则

（××××年××月××日国家外汇管理局公布）

一、为贯彻执行《中华人民共和国外汇管理暂行条例》第二十条、第二十一条的规定，特制定本细则。

二、各国驻华外交代表机构、领事机构、驻华的国际组织机构和民间机构（以下统称驻华机构），外交官、领事官以及各驻华机构所属常驻人员，由外国或者港澳等地区汇入或者携入的自由外汇和人民币外汇票证，可以自行保存，可以卖给或存入中国银行，也可以汇出境外，如果携带出境，应当按照《对外汇、贵金属和外汇票证等进出口国境的管理实施细则》办理。

三、凡与我国订有支付协定的国家，其驻华机构或人员汇入的记账外汇，只限提取人民币。

四、各国驻华外交代表机构、办事机构，收取中国公民以人民币交付的签证费、认证费，如果要求兑成外汇，须向所在地国家外汇管理总局或者分局提出书面申请，按照批准的意见办理。

五、驻华机构及其人员由外国或者港澳等地区携入的或者在中国境内购买的各种物品、设备、用具等，如果出售，所得人民币款项，中国银行不予供汇。

六、本细则由国家外汇管理总局公布实施。

◎说明性细则

《劳动合同法》实施细则

一、《劳动合同法》第二条中的“等组织”不仅是指中华人民共和国境内的企业、个体经济组织、民办非企业单位，还包括会计师事务所、律师事务所、基金会等其他依法登记注册成立的单位。

二、在工商行政部门登记取得营业执照的分公司，经用人单位授权或同意，可以依法与劳动者订立劳动合同。当分公司不能履行对劳动者的义务时，由用人单位承担责任。

三、国家机关、社会团体招用除公务员和参照公务员管理人员以外的劳动者，即与其建立了劳动关系，应当依法订立劳动合同。

四、劳动合同法所指的劳动者，应当年满 16 周岁，且尚未享受基本养老保险待遇或退休金。

五、公务员和参照公务员管理的人员、农村劳动者（乡镇企业职工和进城务工、经商的农民除外）、现役军人、家庭直接雇用的保姆以及已享受基本养老保险待遇或领取退休金的人员等不适用劳动合同法。

六、用人单位招用与外单位保持全日制劳动关系的劳动者，应当依法订立劳动合同。

七、用人单位招用自主择业转业退伍军人，应当依法订立劳动合同。

八、用人单位招用外国人，应当办理外国人就业证，并依法订立劳动合同。

九、用人单位招用港、澳、台地区的人员，应当办理港、澳、台人员就业证，并依法订立劳动合同。

十、外国企业驻华办事机构、外国使领馆、国际组织驻华机构招用劳动者，按照现行有关法律、法规规定办理。

中华人民共和国劳动和社会保障部

××××年××月××日

第五节　办法写作

一、办法的写作概述

1. 办法的概念

办法，是行政机关为贯彻某一法令或者做好某方面工作而制定的法规性文书。

2. 办法的适用范围

事情无论大小，都要有法可依。办法的应用范围广泛，使用率高，特别是在我们国家法制建设一步步前进，人们的法制观念一步步强化的时候，自觉守法已逐步成为人们行动的准则。办法可以用于指导实施国家的某一法律、条例，也可以对某项工作作出具体规定。

3. 办法的写作格式

办法的写作结构包括标题、正文两部分。

（1）标题及题下标示。办法的标题应为“发文机关 + 事由 + 文种类别（办法）”的形式，也有省略发文机关，写为“事由 + 文种类别（办法）”的形式。办法如属“试行”、“暂行”的，要在标题中标明。属会议通过或需标明发布日期的，可在标题下加括号注明。也有的在题下标示中同时标明发文机关，但这时不能再在标题或落款中有发文机关重复出现。

（2）正文。正文有直接分条式写法和总则、分则、附则式写法。

①直接分条式写法。内容简单的办法，直接分条即可。前若干条写目的、依据、宗旨等，中间较多的条款写方法、步骤、措施等，最后一两条写补充规定和实施要求。

②总则、分则、附则式写法。内容复杂的办法，可采用总则、分则、附则式写法。

总则写明制定办法的目的、依据、意义、适用范围、实施部门等。

分则列出具体的方法、步骤、措施、要求等，可分若干章展开。

附则用来写特殊规定，补充规定和生效时间。

4. 办法的写作要求

（1）办法的制定依据是上级机关的法令、条例等，写作时应保证内容具体、明确，实践性鲜明，确保切实可行。

（2）应侧重在行政约束力和具体指导上。条款要详细、具体，用语要恰当、严密。

（3）办法的法规性与约束力较之于条例、规定相对弱些。在实际执行中，还可视情况补充、修改，因此“办法”一般要给予“暂行”的限制。

（4）内容庞杂的办法可分章叙写，章断条连。一般的办法分条叙写即可。

二、办法的写作范例

办法的写作范例如下：

◎**管理办法**

药品召回管理办法（节选）

第一条　为加强药品安全监管，保障公众用药安全，根据《中华人民共和国药品管理法》《中华人民共和国药品管理法实施条例》《国务院关于加强食品等产品安全监督管理的特别规定》，制定本办法。

第二条　在中华人民共和国境内销售的药品的召回及其监督管理，适用本办法。

第三条　本办法所称药品召回，是指药品生产企业（包括进口药品的境外制药厂商，下同）按照规定的程序收回已上市销售的存在安全隐患的药品。

第四条　本办法所称安全隐患，是指由于研发、生产等原因可能使药品具有的危及人体健康和生命安全的不合理危险。

第五条　药品生产企业应当按照本办法的规定建立和完善药品召回制度，收集药品安全的相关信息，对可能具有安全隐患的药品进行调查、评估，召回存在安全隐患的药品。

药品经营企业、使用单位应当协助药品生产企业履行召回义务，按照召回计划的要求及时传达、反馈药品召回信息，控制和收回存在安全隐患的药品。

第六条　药品经营企业、使用单位发现其经营、使用的药品存在安全隐患的，应当立即停止销售或者使用该药品，通知药品生产企业或者供货商，并向药品监督管理部门报告。

第七条　药品生产企业、经营企业和使用单位应当建立和保存完整的购销记录，保证销售药品的可溯源性。

第八条　召回药品的生产企业所在地省、自治区、直辖市药品监督管理部门负责药品召回的监督管理工作，其他省、自治区、直辖市药品监督管理部门应当配合并协助做好药品召回的有关工作。

国家食品药品监督管理局监督全国药品召回的管理工作。

第九条　国家食品药品监督管理局和省、自治区、直辖市药品监督管理部门应当建立药品召回信息公开制度，采用有效途径向社会公布存在安全隐患的药品信息和药品召回的情况。

（下略）

国家食品药品监督管理局

××××年××月××日

◎实施办法

机关事业单位工作人员带薪年休假实施办法

第一条 为了规范机关、事业单位实施带薪年休假（以下简称年休假）制度，根据《职工带薪年休假条例》（以下简称《条例》）及国家有关规定，制定本办法。

第二条 《条例》第二条中所称“连续工作”的时间和第三条、第四条中所称“累计工作”的时间，机关、事业单位工作人员（以下简称工作人员）均按工作年限计算。工作人员工作年限满1年、满10年、满20年后，从下月起享受相应的年休假天数。

第三条 国家规定的探亲假、婚丧假、产假的假期，不计入年休假的假期。

第四条 工作人员已享受当年的年休假，年内又出现《条例》第四条第（二）、（三）、（四）、（五）项规定的情形之一的，不享受下一年的年休假。

第五条 依法应享受寒暑假的工作人员，因工作需要未休寒暑假的，所在单位应当安排其休年休假；因工作需要休寒暑假天数少于年休假天数的，所在单位应当安排补足其年休假天数。

第六条 工作人员因承担野外地质勘查、野外测绘、远洋科学考察、极地科学考察以及其他特殊工作任务，所在单位不能在本年度安排其休年休假的，可以跨1个年度安排。

第七条 机关、事业单位因工作需要不安排工作人员休年休假，应当征求工作人员本人的意见。

机关、事业单位应当根据工作人员应休未休的年休假天数，对其支付年休假工资报酬。年休假工资报酬的支付标准是：每应休未休1天，按照本人应休年休假当年日工资收入的300%支付，其中包含工作人员正常工作期间的工资收入。

工作人员年休假工资报酬中，除正常工作期间工资收入外，其余部分应当由所在单位在下一年第一季度一次性支付，所需经费按现行经费渠道解决。实行工资统发的单位，应当纳入工资统发。

第八条 工作人员应休年休假当年日工资收入的计算办法是：本人全年工资收入除以全年计薪天数（261天）。

机关工作人员的全年工资收入，为本人全年应发的基本工资、国家规定的津贴补贴、年终一次性奖金之和；事业单位工作人员的全年工资收入，为本人全年应发的基本工资、国家规定的津贴补贴、绩效工资之和。其中，国家规定的津贴补贴不含根据住房、用车等制度改革向工作人员直接发放的货币补贴。

第九条 机关、事业单位已安排年休假，工作人员未休且有下列情形之一的，只享受正常工作期间的工资收入：

（一）因个人原因不休年休假的；

（二）请事假累计已超过本人应休年休假天数，但不足20天的。

第十条　机关、事业单位根据工作的具体情况，并考虑工作人员本人意愿，统筹安排，保证工作人员享受年休假。机关、事业单位应当加强年休假管理，严格考勤制度。

县级以上地方人民政府人事行政部门应当依据职权，主动对机关、事业单位执行年休假的情况进行监督检查。

第十一条　机关、事业单位不安排工作人员休年休假又不按本办法规定支付年休假工资报酬的，由县级以上地方人民政府人事行政部门责令限期改正。对逾期不改正的，除责令该单位支付年休假工资报酬外，单位还应当按照年休假工资报酬的数额向工作人员加付赔偿金。

对拒不支付年休假工资报酬、赔偿金的，属于机关和参照公务员法管理的事业单位的，应当按照干部管理权限，对直接负责的主管人员以及其他直接责任人员依法给予处分，并责令支付；属于其他事业单位的，应当按照干部管理权限，对直接负责的主管人员以及其他直接责任人员依法给予处分，并由同级人事行政部门或工作人员本人申请人民法院强制执行。

第十二条　工作人员与所在单位因年休假发生的争议，依照国家有关公务员申诉控告和人事争议处理的规定处理。

第十三条　驻外使领馆工作人员、驻港澳地区内派人员以及机关、事业单位驻外非外交人员的年休假，按照《条例》和本办法的规定执行。

按照国家规定经批准执行机关、事业单位工资收入分配制度的其他单位工作人员的年休假，参照《条例》和本办法的规定执行。

第十四条　本办法自发布之日起施行。

中华人民共和国劳动和社会保障部

××××年××月××日

第六节　公约写作

一、公约的写作概述

1. 公约的概念

公约是社会组织或团体为了维护公共利益，通过讨论、协商所制定，约定大家共同遵守的规则。

2. 公约的分类

公约有两种，一种是广义的公约，是指国家间关于经济、技术或法律等方面专门问题的多边条约；另一种公约是指人民群众为了维护劳动纪律或公共秩序，或为了公共利益，更好地贯彻党的方针政策或有关指示，保证学习、生产、工作任务的顺利完成，经集体讨论，把约定要做的事情或不应当做的事情，应该宣传的事情或必须反对的事情，明确地写成条文，以便共同遵守的狭义公约，或称单边公约。

公约是参与制定的单位和个人共同信守的行为规范，它对于维护社会秩序、促进安定团结、加强社会主义精神文明建设有着不可低估的作用。

3. 公约的特点

公约是在大家共同的思想认识和一致要求的基础上制定的，它一经订立，便发生作用。公约虽然不像法律、法令等文件那样带有强制性，但是对有关单位和群众都具有一定的约束力，要求大家一致遵守，使大家明确该这样做，不该那样做。公约是群众进行自我教育的很好的一种形式，对工作、生活和学习能起到一定的督促和指导作用。

4. 公约的写作格式

公约格式由以下三个部分组成。

（1）标题。标明公约的名称，说明公约的性质，也可以加上地区或单位名称，如“北京市各界人民拥军优属公约”等。

（2）正文。公约的正文由引言、主体和结尾组成。

①引言。引言主要用来说明制定公约的目的、意义，常套用“为了……特制定本公约”的固定格式。

②主体。条款式写法，是将具体内容一一列出。这部分最重要，一定要做到系统完整，层次清楚，言简意赅，朴实畅通。

③结尾。用来写执行要求、生效日期等。如无必要，可免除这一部分。

（3）署名与日期。在右下方写上订立公约的单位名称与日期。如标题上已写单位名称的，只需写清日期。

5. 公约的写作要求

公约有以下写作要求：

（1）公约内容既要符合党的方针、政策、法令，又要切合本单位的生产、工作或学习的实际需要。

（2）事前做好宣传工作，使大家明确订立公约的意义。订立公约时，要充分发动群众认真讨论，出主意，提建议，根据群众意见写成草稿，然后再交群众讨论定稿，内容力求切实可行。要避免由个别人或少数人包办代替。

（3）公约的条文，要写得具体明白，语气肯定，文字要简洁，便于记忆，便于执行、督促和检查。

（4）公约订好后，要抄写清楚，贴在大家容易看到的地方，以便相互督促，共同遵守，真正落实。

（5）在执行公约的过程中，随着形势或情况的发展与变化，应及时修改补充。

二、公约的写作范例

公约的写作范例如下：

◎干部公约

农村干部公约

一、一心一意为村民服务，不贪图吃喝。

二、吃苦耐劳，大公无私，办事公正。

三、讲究民主，不乱打乱罚。

四、班子团结，互相学习，不护己，不徇情。

……

××县××乡×××村委会

××××年××月××日

◎行业公约

文艺工作者公约

一、热爱祖国，坚持四项基本原则，全心全意为人民服务，为社会主义服务，正确地贯彻“百花齐放、百家争鸣”的方针，为建设社会主义精神文明做贡献。

二、认真学习马克思主义、毛泽东思想，深入新时期人民群众的斗争生活，不断提高思想觉悟和社会责任感，和广大的人民群众相结合。

三、加强艺术修养，磨炼艺术技巧，批判地学习中外文化遗产，用人类创造的知识成果丰富自己的头脑，不断提高自身的专业水平。

四、解放思想，实事求是，勇于探索，勇于创新，精心地从事艺术创作；努力用具有高度思想艺术和鲜明民族特色的精神食粮满足人民日益增长的文化需要。

五、正确对待文艺批评，虚心听取群众意见，要敢于坚持真理，也要勇于修正错误。

六、注意职业道德，端正思想作风。提倡谦虚谨慎，反对骄傲自满。自觉抵制资产阶级思想、封建残余思想和各种不正之风的侵蚀，做一个有理想、讲道德、守纪律、勤恳朴实、高尚的工作者。

七、加强文艺队伍的团结。积极开展批评和自我批评。开阔胸襟，顾全大局。反对极端个人主义，反对自由主义，反对派性，反对门户之见。提倡文人相亲，反对文人相轻。老中青三代人都要互相尊重、互相爱护、互相学习、互相帮助。

八、扶植新生力量，鼓励后来者居上，做壮大和发展社会主义文艺队伍的促进派。

××省作家协会

××××年××月××日

第五章　工作计划写作

第一节　工作计划写作概述

一、工作计划的含义

计划是安排、打算、部署、谋划、筹划进行任何一种工作，完成任何一项任务时先通盘考虑、周密安排的一种说明文体。写计划要对该项工作完成的具体任务、质量、数量的要求，完成的时间，进行的步骤，采取的措施以及内部、外部的保证条件等都要缜密考虑、研究成熟之后形成书面材料。

二、工作计划的作用

1. 工作计划是做好工作的基础，完成任务的保证

在进行一种工作，实施一项工程之前要作出具体的计划。工程越大、越复杂，工作计划也就要越周密详细。计划中必须列出需要完成的所有任务，提出指标、质量要求，制订出工作步骤和措施，明确制订出人、财、物的组织，任务的分解……使全体员工看得见、摸得着、办得到，人人都明白自己该做什么，在一个阶段内做完什么工作，各司其职，各尽其责，使人力、物力、财力得到最大限度的利用。

2. 具有指导作用和激励作用

工作计划中的目标、任务、要求、措施是对全体成员集中意志和统一行动的根本要求。在总的目标下，还有任务分解，将各部分任务落实到科、组、人。在总的措施下还有细则，明确每个科、组、人在一个阶段要完成什么任务。这些目标任务一经制定后就带有约束力，就要求每个领导、全体职工全力以赴地在各自的岗位上工作，任何人都不得随意更改。一个科学的计划是全体员工在工作中配合、协调的指南，是顺利完成任务的基础。

一个完整的计划，必定有调动人们积极性的因素，或有激发员工工作热情的措施，如扎实有效的政治思想工作，科学合理的奖惩制度，合理合法的分配制度等。涉及个人的切身利益、思想情绪等方面的措施，计划制定得好，执行到位，就能使广大职工信服，就能最大限度调动广大职工的积极性、创造性，开创新局面，取得好成效。

3. 具有调节控制的作用

计划不但要考虑计划范畴以内方方面面的问题，还要考虑计划范畴以外相关联的问题。计划的制订者及计划的执行者必须根据错综复杂的实际情况，诸如市场的变化、工作的进程等进行必要的调控。

三、工作计划的写作格式

工作计划这一文体结构通常由标题、正文、落款三部分构成。

1. 标题

工作计划的标题应包括制文单位、时间限断语、事由和文种类别（计划）四部分，一般四者要齐全。时间限断语是计划适用的时限范围。事由要标明是“工作计划”，还是“生产计划”或其他计划。但有时因制订者认为计划的执行范围仅在本单位，已很明显，在标题中将其省略，比较规范的计划仍要标明制文单位。

2. 正文

工作计划的正文，一般首先是扼要说明制订该计划的缘由、根据，对完成任务的主客观条件作些分析，说明完成该计划的必要性与可能性。其次是工作计划的具体内容，即在多长时间完成哪些任务，并设计完成任务的步骤和方法等。最后是结尾语，提出重点或强调有关事项，做出简短号召。

3. 落款

高级机关制定的计划，也有在正文后不另署制文单位和制文日期的，此时制文单位名称应于标题中标明，制文日期往往在标题下括号内注明。工作计划的正文通常采用分条列述式，结尾语视情况决定其长短与去留。事先认真调查研究，具体内容切实可行是计划写作的主要之点。

四、工作计划的特点

1. 全面性

制订工作计划要全面、具体、周密地把各项工作都安排进去，防止片面性和局限性，做到统筹兼顾、瞻前顾后。

2. 预见性

一切计划都是事先制定的，它的目的是完成、实现具体的任务。因此，它不但要对完成任务的多少、好坏、快慢作出预测，还要对可能出现的问题（内外部的条件）作出判断。只有在正确总结过去的经验的基础上才能制定出切实可行的计划。所谓“预见”，也只有在总结过去、综观当前的同时才能作出。

3. 时限性

时限性是工作计划的一个鲜明特色。做任何工作都必须有一个时限。计划中所规定的各项具体任务、目标都指定在一定的时限内完成和达到，两者密不可分、浑然一体。

五、工作计划制订时应遵循的原则

1. 政策性原则

无论作什么计划，都要有明确的指导思想，就是要坚持党和国家的路线、方针、政策。任何工作计划都必须符合这个大政方针。

2. 群众性原则

任何计划的制订与实施，没有人民群众的广泛参与都是不可能完成的，因而相信群众、发动群众、团结群众、依靠群众，充分调动和发挥群众积极性与创造精神是制订计划的重要原则。

3. 可操作性原则

制订计划的目的不是应付上级检查，而是为了提高效率，顺利完成任务。因此计划中的任务要明确，措施要得力可行、具有可操作性。任务要明确，就是本阶段究竟要完成一些什么样的具体任务、数量多少、质量要求达到什么标准、经济效益如何等，要实事求是地提出任务、目标。要完成任务，达到计划规定的目标，需配备些什么措施，由哪些具体的部门协同配合，怎么样密切配合，这就叫可操作性。

六、写好工作计划的方法

写好工作计划是公文写作中比较难的事。因为这不仅仅是个文字表达上的事，还是个涉及具体工作业务的组织和安排问题，需要有长远眼光和领导魄力，这种写作是一个人综合能力的表现。但是在写作上也有一些章法。首先，写作者必须分清这个计划的内容属于哪一类，适合用哪一个具体的计划种类来表达，从而确定具体文种，即是规划、设想、计划、要点、方案、安排中的哪一种。然后，再根据具体内容和文种写作要求进行写作。如果是时间较长、范围较广的计划，就要用“规划”。因为规划不必也不能写得太细，只要能起到明确方向、鼓舞人心、激发热情的作用就可以了。当然这并不是说规划就可以写得不切实际，而是规划的切合实际问题的确只是个大致的切合。如果是初步的、不太成熟的计划，就要用“设想”。因为设想是为计划做准备的，也不必写得很细，只要能把大致的“思路”或想法写出来就够了。但这也不是说设想就可以写得没条理，而只是说它更注重“想”，即要有突破和创新。如果计划内容是某一项工作，一般则用“方案”或“安排”，工作项目较复杂者用“方案”，较简单者用“安排”。因为方案和安排都必须写得很细（或很全面，或很具体），否则工作就没法开展。当然，若考虑到要给下级执行中留有余地，这个方案可变成“实施意见”，这个安排也可变成“安排意见”。如果计划内容既不是单项工作，又不是很宏大的，就该用真正的“计划”了。因为狭义的计划是广义计划中最适中的一种。当然，若只想把这个计划摘要加以公布，则可用“要点”来写。

七、工作计划写作注意事项

不论哪种计划，写作中都必须注意把握以下五条原则：

第一，对上负责的原则。要坚决贯彻执行党和国家的有关路线、方针、政策和上级的指示精神，反对本位主义。

第二，切实可行的原则。要从实际情况出发定目标、定任务、定标准，既不要因循守旧，也不要盲目冒进。即使是做规划和设想，也应当保证可行，能基本做到，其目标要明确，其措施要可行，其要求要可以达到。

第三，集思广益的原则。要深入调查研究，广泛听取群众意见，博采众长，反对主观主义。

第四，突出重点的原则。要分清轻重缓急，突出重点，以点带面，不能眉毛胡子一把抓。

第五，防患于未然的原则。要预先想到实行中可能发生的偏差、可能出现的故障，有必要的防范措施或补充办法。

第二节 工作计划写作范例

◎一般工作计划

××市建设健康城市领导小组××××年度工作计划

（××××年××月××日）

为贯彻落实市政府《关于印发××市××××年度健康城市工作计划的通知》精神，更好地促进健康城市的建设工作，根据建设健康城市健康服务组工作职责、任务，特制定本计划。

一、指导思想

以党的××大和××届×中全会精神为指导，围绕建设健康城市总体目标，推进公平可及、完善优质的健康服务体系建设，提高健康服务水平，改善市民的生活、生命质量，营造建设健康城市的良好氛围。

二、主要目标

1. 人口平均预期寿命达77.4岁；

2. 公共卫生经费占卫生事业费比例25%；

3. 医疗保险覆盖率达到基本覆盖；

4. 加强疾病预防控制体系建设，实现××××年目标；

5. 加强卫生执法监督体系建设，中心镇设立卫生监督分所；

6. 加强全市妇幼保健工作，婴儿死亡率、孕产妇死亡率、婴儿出生缺陷率控制在指标内；

7. 院前急救规范达标率60%；

8. 人均社区公共卫生服务经费达6元，社区卫生服务站规范化管理率达30%，社区卫生服务机构覆盖率95%；

9. 传染性结核病控制任务完成率90%以上；

10. 从事有害作业人员职业健康监护率45%。

三、主要任务

1. 完善疾病预防控制体系。按《××市疾病预防控制体系建设规划》及配套标准的要求，市疾控中心在人员、设备仪器、房屋、车辆、经费等方面达到规划目标。加强全市疾病预防控制信息网络建设，提高突发公共卫生事件应急处置能力。

2. 加强传染病防治工作。儿童计划免疫“五苗”覆盖率达99%。重点抓好流动儿童计划免疫工作，提高接种率。加强重点传染病防治工作，力争完成年初下达的结核病防治工作目标任务。

3. 加强妇幼保健机构建设。配齐市妇保所专业技术人员，完成新区医院保健部科室设置、环境布置、功能定位，构建妇幼保健服务平台。

4. 根据《××市卫生监督执法体系建设规划》及配套标准的要求，市卫生监督所在人员、设备仪器、房屋、车辆、经费等方面实现规划目标。在中心镇设立卫生监督分所。

5. 院前急救规范达标。人员、设备配备到位，实行24小时值班，车辆满足急救需求，经费有保障，工作有制度。××××年建1~2所医疗急救分站。

6. 大力发展社区卫生服务，提高社区卫生服务内涵质量。社区卫生服务机构的覆盖率达到95%。为65岁以上老人建立健康档案，35岁以上人员首诊测量血压率30%，推进社区慢性病综合防治工作，开展健康教育，提高社区居民的健康知识知晓率及健康行为形成率。

7. 健全对低保对象大病、重病、精神病等特殊病种及其他弱势人群的医疗救助机制，制定《××市医疗救助实施办法》，调整扩大救助对象范围和救助额度。

8. 建立、完善政府对社区卫生机构提供的公共卫生产品评估购买机制。

四、工作制度

1. 责任单位负责定期组织本组成员单位活动，根据本组的职责和任务，制订本组工作计划，了解成员单位工作进展情况，督促工作计划的落实，参加领导小组办公室工作例会，通报本组工作情况。

2. 本组成员单位各确定一名联络员，定期或不定期召开联络员会议，通报和交流工作进展情况。联络员负责本系统的信息采集工作，与领导小组办公室和本组保持密切联系，每月及时沟通、交流信息，负责向本单位领导传达信息，督促本系统有关工作的落实。

◎年度工作计划

××族自治县人民政府××××年工作计划（节选）

（××××年××月××日）

××族自治县人民政府××××年工作的总体要求是：以党的十八大为指导，遵循市委、市人民政府发展经济的“一轴、两带、三区、四片”战略部署，坚持以人为本，树立全面、协调、可持续发展观，按照深化改革、扩大开放、把握全局、化解矛盾、统筹兼顾、协调发展的思路，做好各项工作，努力实现农业发展、企业增效、财政增长、农民和干部职工收入增加的目标。初步拟定各项经济指标为：国内生产总值比上年增长10%，工业总产值比上年增长10%，农业总产值比上年增长5%，财政收入比上年增长10%，农民现金收入比上年增长5%，固定资产投资增长20%，直接利用外资增长20%。

一、巩固和加强农业的基础地位不动摇，围绕农民增收抓好三农工作

（一）更新观念，重点突出特色抓农业。更新农业发展观念，以产业化的思维和工业化的理念抓农业结构调整和农业的发展，跳出种养抓农业，抓好为种养服务的观光旅游业、饮食服务业等其他经济产业，实现农业发展的“1+1等于3、5或10”模式，即不但考虑一斤农产品销售的价值，而且应该考虑通过这一斤产品拉动其他产业的发展问题。

（二）构建×××百里水产养殖长廊。一是渔业精养方面要取得突破。二是渔业产业结构调整要有新的突破。

（三）稳定粮食生产，确保粮食安全。

（四）充分利用国家退耕还林政策，创建林（造纸林）药（中药材）生产基地，构建×××百里退耕还林生态重点长廊。

（五）大力发展订单养殖业，拓展农民增收的空间。

（六）着力发展观光农业，培育农业领域新的经济增长点。

（七）集中一定人力、物力、财力，加大农村基础设施建设力度。

二、用大项目带动工业化建设进程，实施重点项目带动经济发展战略，完成国有企业改革改制工作

研究工业项目、争取工业项目、落实工业项目是我们发展工业的切入点和重点。要加快工业化建设的进程，必须通过引进项目，实施项目来实现，这是促进兴工富民、兴工富县的重要途径。今年要抓好如下能带动××县工业化发展进程的项目和工业重点项目：（略）

三、进一步扩大对外开放，拓宽招商引资渠道，提高引资的成功率（略）

四、强化经营理念，提高县城品位（略）

五、积极培植财源，全力做好财政工作（略）

六、大力发展非公有制经济（略）

七、坚持人口与环境的协调发展，走可持续发展道路（略）

八、统筹兼顾，加快推进社会各项事业的发展（略）

九、抓好维护社会稳定和安全生产工作（略）

十、进一步完善充实领导工作目标管理责任制，切实转变干部作风

（一）实行领导干部工作目标责任制，把全年经济任务分解给县四家班子领导和县直部门，继续落实工作目标抵押金制度、领导干部项目分工负责制、县领导联系乡镇和部门领导包村制度。（二）实施勤政廉政工程，纪检监察部门在加强“两个务必”教育的同时，着重建立和完善各种监督制约机制。（三）促进行政机关职能和作风的转变，建立和推行限时审批制、限期办结制、首问负责制和失职追究制。（四）全面提升公务员的素质，通过开办培训班、举办各种知识讲座，不断优化公务员的知识结构，增强公务员的市场意识、效率意识和法律意识。

全体公务员要以扎实的工作作风、过硬的业务水平、良好的精神状态投入××××年的经济工作，力争××的经济建设在这一年里更上一层楼。

◎半年工作计划

××县人民政府××××年下半年工作计划（节选）

（××××年××月××日）

下半年，我们将继续按照“三个坚持两促进，五大攻坚六突破”总体要求，进一步明确任务，对照问题抓整改，求真务实促落实，圆满完成年初确定的各项工作任务。重点抓好以下八个方面的工作：

（一）突出基础设施建设，促进农村经济快速发展

一是狠下功夫，认真抓好“三夏”生产。开展以果实套袋、喷药施肥、扭枝拉枝为主的果园管理，全面落实无公害、标准化技术措施。做好以小麦条锈

病、果树病虫害防治为主的田间管理，密切关注病害发生发展动态，及时搞好防治。严格落实麦收期间防火责任制，消除火灾隐患。继续加大护林防火和封山禁牧各项政策措施的落实力度，确保林木安全。对历年山体滑坡、山洪、泥石流灾害险区和水库、塘坝进行全面检查，排除隐患，消除障碍，真正做到有备无患，安全度汛。

二是集中力量，全力推进农村基础设施建设。积极组织开展夏季梯田建设，确保完成全年5万亩梯田建设任务。集中人力，集中时间，对全县所有县乡、乡村道路进行全方位整修养护，保证道路的持久畅通。继续抓好××—××、××—××等×条通乡公路改扩建，积极争取××××年××公路和××公路油铺等一批大项目，提高公路通达能力。按期完成××河堤治理、二期人饮解困、××和××提灌、安全供水和雨水集蓄利用等重点工程建设。

三是严格标准，狠抓示范园区完善提高。围绕做大做强果、畜、薯、菜四大支柱产业，进一步完善补齐各类示范园区建设项目，加快产业后续开发，紧贴“八带四块”产业发展总体规划，按照因地制宜、突出重点、相对集中、整体推进的要求，及早谋划靠实明年产业结构调整规划，广泛宣传，预留地块，争取主动。

四是精心组织，抓好劳务输出和动物防疫工作。继续坚持把发展劳务经济作为增加农民收入的重大举措，积极引导农村剩余劳动力有序输出，确保全年劳务输出达到8万人（次）以上，创收3亿元。加强领导，靠实责任，认真开展清毒灭源、疫情普查、免疫注射、强化督察等各项工作，建立防疫工作的长效机制，落实各项防疫措施，严防疫情传入、扩散和蔓延，确保全县畜牧业安全。

（二）突出项目建设，促进城镇经济快速发展

一是加快项目建设进度。（略）

二是继续深化企业改革。（略）

三是切实抓好企业管理。（略）

（三）突出基础配套，加快城镇化建设步伐（略）

（四）突出环境优化，加快民营经济发展（略）

（五）突出财源建设，确保完成全年财政收支任务（略）

（六）突出各项措施落实，提高计生管理服务水平（略）

（七）突出文明创建，推进各项社会事业协调发展（略）

（八）突出社会治安综合治理，全力维护社会稳定

坚持经常性排查、集中排查和重点排查相结合，建立健全社会稳定预警、矛盾排查调处、应急处置和责任追究的长效机制，纵深推进严打整治斗争。以创建“二级无毒县”为契机，全面落实社会治安防控体系建设措施。认真落实安全生产责任制，消除各类安全隐患，杜绝重大责任事故发生。高度重视群众来信来

访，认真解决群众反映的问题。继续加强社会保障体系建设，努力扩大再就业，妥善安排城乡困难群众、弱势群体和重灾户的基本生活，不断提高社会保障水平，维护社会稳定。

◎季度工作计划

××省发展和改革委员会××××年第四季度工作计划

（××××年××月××日）

1. 继续组织做好省政府常务会议审定××××年率先基本实现现代化七个专题规划的有关准备工作。根据省政府常务会议精神，组织各专题牵头单位再次修改专题规划，上报省政府印发各有关市、省直有关单位执行。

2. 根据委领导的安排，参与实施东西两翼“十二五”计划的专题调研，起草东西两翼如何落实“十二五”计划纲要的调研报告。

3. 根据国家计委和我委领导的部署，认真做好“十二五”计划实施的跟踪分析和中期评估准备工作，包括确定工作方案，根据实际适时调整主要指标的预计目标，研究评估内容和方法等。

4. 根据委领导的安排，修改完善提升××××国际竞争力课题的研究报告。

5. 参与编制全省××××年经济和社会发展计划工作。

6. 委领导交办的其他事项。

◎月工作计划

××市财政局××××年3月工作计划

（××××年××月××日）

1. 召开××××年全市财政工作会议，总结去年财政工作情况，部署今年财政工作任务。

2. 向市人大上报《××市××××年预算执行情况和××××年预算草案的报告》，配合市十二届人大二次会议做好预算草案的审议工作，争取人大代表对财政改革和财政工作的理解、支持。

3. 完成编制××××年一般预算和基金预算收支计划，进一步完善试点单位部门预算草案；完成××××年度全市财政总决算报表、预算外资金决算报表的编制和上报工作；审核和汇总××××年度行政企事业单位会计决算报表；开展非国有企业财务主要指标快报编报试点。

4. 制定下发《××市××××年政府采购工作意见》和《××市××××年集中采购目录采购方式》。

5. 提出我市贯彻中共中央、国务院《关于促进农民增加收入若干政策的意见》的财政措施；落实省、市对中心镇建设有关政策，保障中心镇建设资金需要；贯彻市政府《关于街道工作意见》，做好对街道经费补贴的测算工作。

6. 参照公务员管理事业单位人员增发岗位津贴的方案，参与制定市属中小学教师增发岗位津贴方案，并保障增发岗位津贴的资金需要。

7. 推进市属国有困难企业退休职工参加基本医疗保险制度，做好财政资金借款的核拨工作。参与制订我市公务员医改的有关管理办法。

8. 完成事业单位会计信息检查工作；继续推进财政票据的使用管理、换销等专项检查工作；组织对市劳教局、人防办、××电视台等单位进行财政检查；开展全市会计人员职业道德和镇级财政管理信息化培训。

9. 配合世界银行做好我市环境治理项目的评估工作，就贷款条件、资金支付内容、招标采购方式等与世界银行进行谈判，制订环保项目世界银行资金流程管理措施。

10. 成立局行风评议领导小组，研究制定全市财政系统行风评议方案。召开全市财政系统纪检监察会议，布置今年行风评议工作。

◎周工作计划

××区政府一周主要工作计划

（××××年××月××日）

一、经济工作

1. 重点做好税收管理，理顺大税源、大税种管理和收缴体制。继续深入开展应税未税工作，加强对重点税源的征收力度，确保应收尽收。

2. 做好企业改制工作，按照程序稳步推进改制进程。

3. 加大招商引资力度，争取引进科技含量高、效益好的企业和项目。

4. 加强××工业园区建设，以工业园区为平台，招商引资，推动园区建设。

二、城建城管工作

1. 做好四城联创迎检工作。

2. 做好××广场拆迁工作，在稳定的前提下加快拆迁进度。

3. 加快帆布厂安置小区建设进度，确保在规定时间内完成建设任务。

4. 做好商城遗址改造的前期规划工作。

5. 协调做好××科技大学征地工作。

6. 制定老城区五年规划，尽快形成初步规划方案。

三、社会事业工作

1. 在保证质量的前提下，加快××中、××中学等新建中小学建设进度。

2. 继续搞好××乡示范卫生院建设。

3. 继续推进农村科技信息化工作。

4. 加快旅游业发展，充分挖掘我区旅游资源，借鉴其他先进区经验，制定我区旅游业发展方案。

5. 做好就业再就业工作，继续完成全年就业计划达到农村劳动力转移目标。

6. 加快农村道路建设。

四、安全生产和信访稳定工作

1. 开展全区安全大检查活动，重点做好批发市场、燃煤锅炉等专项整治工作。

2. 继续抓好信访稳定工作，进一步完善信访制度，确保社会大局稳定。

◎中期工作计划

××镇××村11社全面小康示范社（节选）
建设发展规划（××××～××××年）

（××××年××月××日）

为了认真贯彻县委、县政府树立科学发展观建设示范县及全县农村工作流动会议精神，加快全面小康示范社建设进程，促进全镇于2010年全面达到小康的奋斗目标的实现，结合实际，特制定××村11社全面小康示范社建设发展规划。

一、基本情况

××村11社地处县城西，离县城3公里，坐落在山清水秀的××山下，全社共有农户32户，合计127人，劳动力67人。现有耕地面积76.7亩，其中退耕还林面积28.2亩。××××年人均纯收入3081元。

二、指导思想

坚持以邓小平理论和“三个代表”重要思想为指导，全面贯彻落实科学发展观，以农业增效、农民增收和改善农民生活质量为核心，以率先实现全面小康为目标，坚持面向市场调结构，增收富民建新村，大力推进“六通三化”战略，积极探索依托县城、服务城市、发展自我的新路子，力争于××××年实现全面小康。

三、奋斗目标

到××××年，通过4年左右的时间，把该社建成我镇的全面小康示范社，人均纯收入达到8000元。增长方式实现由粗放型向集约型的跨越；生态资源实现由简单利用型向可持续发展的跨越，初步形成蔬菜、水果、养殖以及劳务四大支柱产业；人民生活实现由初级小康向全面小康的跨越。

××××年，蔬菜基地达20亩，优质水果30亩，发展种养大户达5户，引进、推广新品种4个，推广适用新技术2项，劳务输出25人，农民新村修建户达30%，沼气池参建户达95%，全社人均纯收入达到5000元。

××××年，建设蔬菜基地达40亩，加大对30亩优质水果基地的管护、增效，发展种养大户达10户，引进推广新品种3个，推广适用新技术2项，劳务输出达45人，农民新村修建户达70%，全社人均纯收入达到6500元。

××××年，全社人均纯收入达8000元，达到全面小康建设标准。

四、发展模式及经济支撑点（略）

五、××××年工作重点

1. 全面完成社、户的水泥路面硬化2200米的任务，“户通”硬化率达100%。

2. 年底完成沼气池31口，力争达到100%。

3. 巩固发展名优水果，力争××××年全面挂果上市。

4. 大力发展养殖业，重点发展养蚕大户1户，养殖大户4户，劳务输出和就地转移45人。

5. 发展个体工商户大户30户，民营企业2家。

6. 确定示范户10户。

附：××镇××村11社全面建设小康规划表（略）

◎专项工作计划

××区建设局招商引资工作计划

（××××年××月××日）

为了全面贯彻落实党的十八大精神，促进我区经济发展，加快实现全面建设小康社会的步伐，××××年，我局应认真围绕区委、区政府继续以招商引资为“总抓手”，以大开放、大招商促大发展为中心工作重点，切实抓好招商引资工作，全面实现××××年招商引资工作目标。

一、指导思想

以十八大精神为指针，紧紧围绕加快全区经济发展，进一步解放思想，与时俱进，真抓实干，促进发展，使我局的招商引资工作再上新台阶。

二、目标任务

全年全局招商引资任务目标值为××××万元，确保实际进资××××万元。其中工业项目进资必须达到70%以上。为确保全年任务的完成，将招商引资任务分解落实到局领导班子、局属各单位（具体任务见附表）。

三、主要措施

1. 成立区建设局招商引资工作领导小组，组长由×××担任，副组长由×××担任，下设办公室，办公室主任由×××担任。

2. 区建设局党政主要领导是全局招商引资工作的第一责任人，对全局招商引资工作负总责；局分管领导是分管部门第一责任人，凡分管单位部门的招商引资软环境出了问题，分管领导要承担领导责任；局属各单位、各部门“一把手”是本单位招商引资的第一责任人，各单位部门的主要领导要从思想上高度重视招商引资工作，亲自部署，狠抓落实，经常检查，责无旁贷地承担起招商引资工作第一责任人领导责任，确保招商引资工作有专人抓、专人管，确保全局招商引资任务顺利完成。

3. 抽调有一定工作能力和外交能力的同志组成招商引资小分队，分别在上海、广东、福建、浙江等地进行定点和蹲点招商。充分发挥优势，瞄准重点地区广泛联系客商，紧紧围绕工业、加工业、农业产业化等项目进行招商。确保一个招资1000万元以上的工业项目进入工业园区。

四、优化环境

1. 跟踪服务。凡引进的项目要实行挂牌跟踪服务，由局抽调1～2名人员实行全方位、全天候、全过程跟踪服务，凡客商需要办理的有关手续，都由跟踪服务人员认真负责办理。

2. 加大整治力度。努力营造高效率的办事环境和公平公正的执法环境。对影响客商招资环境，侵害客商企业利益的要一查到底，严肃追究责任。

3. 简化办事程序，提高办事效益。规划、建管一律进入政府集中办事大厅实行“一条龙”服务，做到当天的事当天办，能办的事及时办。提供无偿咨询服务，使客商进得来、留得住。

五、奖惩兑现

有关招商引资考评和奖惩办法，原则上按临发〔××××〕××号、××号、××号文件执行。对局属各单位倒数第一、二名的，除给予黄牌警告外，单位年终考评时不予评先进单位，单位一把手予以降职使用。

局班子领导缴纳招商引资保证金×××元。局属各单位党政一把手缴纳招商引资保证金×××元。完成任务保证金退回，未完成的保证金转为罚金。

六、考评时间

考评时间为××××年12月1日～××××年11月30日。

（附表略）

第六章　工作报告写作

第一节　工作报告写作概述

一、工作报告的含义

党政机关、企事业单位和社会团体，按照有关规定，定期或不定期地向上级机关或法定对象汇报工作。汇报的内容，包括近一段的工作情况和下一段的工作部署。比如，党代会、人代会、政协会上的工作报告，各机关、单位的年度工作报告、阶段性工作报告等。

二、工作报告的特点

1．语言的陈述性

工作报告的内容主要是向上级汇报工作，其表达方式以叙述、说明为主，在语言运用上要突出陈述性，把事情交代清楚，充分显示内容的真实和材料的客观。

2．行文的单向性

工作报告是下级机关向上级机关行文，是为上级机关进行宏观领导提供依据，一般不需要受文机关的批复，属于单向行文。

3．成文的事后性

工作报告是在事情做完或发生以后，向上级作出汇报，是事后或事中行文。

三、工作报告的写作格式

1．标题

一般情况下都采用完整式的公文标题，即由发文机关、事由、文种构成。

2．正文

工作报告的正文一般由报告缘由、报告事项、报告结语组成。报告缘由通常是交代报告的起因、目的、主旨或基本情况。工作报告常以“现将……汇报于后”等惯用语引起下文。工作报告的报告事项一般的结构安排是工作情况（成绩及经验）、存在的问题和今后打算，重点应放在工作情况部分。写作过程中，可以根据工作实际，或侧重于工作成绩，或详写失误和问题，并对产生问题的原因作出分析。“工作＋经验＋问题＋今后措施”是工作报告的一般性公式。

3. 结语

工作报告的结语通常只是一句上行公文的习惯语，可以作为报告正文的一个组成部分。如“特此报告”等。

第二节　工作报告写作范例

◎经济社会发展情况工作报告

在省领导集体调研会上的汇报（摘要）

××市委书记　×××

（××××年××月××日）

一、六年来的成绩和变化

××××年以来，我们以省委、省政府在我市召开“以经济建设为中心，两个文明一起抓经验交流现场会”为动力，进一步弘扬××精神，与时俱进，团结拼搏，扎实苦干，全市经济社会发展取得了新的业绩。一是经济实力明显增强。二是人民生活明显改善。三是城乡面貌明显改观。四是市民素质明显提高。

回顾过去几年的工作，我们之所以能取得这些成绩，主要是省委、省政府和××市委、市政府正确领导的结果，也是全市干部群众大力弘扬××精神，开拓进取、艰苦奋斗的结果。实践证明，××精神这一宝贵财富，已成为加快××发展的不竭动力，显现了旺盛的活力和强大的生命力。

二、主要的做法和体会

××××年以来，我们面临的形势和任务都发生了很大变化。在这六年中，我们既要面对经济转型阶段带来的各种挑战，特别是今年以来世界经济持续低迷、我国加入WTO出现的新情况，又要承担化解前进中累积性矛盾和加快经济社会发展的双重任务，要加快发展，就必须大力弘扬××精神，坚持开拓进取、奋发有为，并根据时代发展的要求，不断丰富其内容，拓展其内涵，提升其境界，使之成为激励开拓、迎难而上的强大动力。六年来，我们着力在“争先、创新、求实、富民”八个字上下功夫，努力实现了××的精神的新发展：

1. 争先，就是以强烈的进取精神和竞争意识抓机遇、创大业。

2. 创新，就是突破传统观念和发展模式激发体制机制活力。

3. 务实，就是按客观规律办事求得实实在在的效果。

4. 富民，就是把提高人民生活水平作为工作的出发点和落脚点。

三、今后的努力方向和突破口

今后一段时期，区域经济发展将更多地融入国际经济主流，省党代会提出的“富民强省、率先实现基本现代化”的宏伟目标，要求我们更加自觉地实践“三个代表”，大力发展先进生产力。面对新形势、新任务，面对新机遇、新挑战，我们应当确立更高的目标要求。明年我市经济发展主要预期指标……我们将进一步弘扬××精神，把培育壮大规模经济作为切入点和突破口，不断提升区域经济竞争力，加快实现富民强市的目标。

1. 积极奋发进取，确立规模经济发展新的定位，我们将教育引导各级始终认准发展硬道理，在全球化的大背景下考量自身的发展，敢做勇者、善做智者、争做强者，着力引导全市重点骨干企业正确定向定位，进一步厘清发展思路，制订切合实际的发展战略。

2. 实施重点扶持，全力把规模经济转化为规模优势，我们将指导和扶持规模企业强筋壮骨，进一步形成良性循环的内在增长机制。

3. 转变政府职能，营造规模经济发展的良好环境。政府将进一步退出微观经济领域，集中精力优化软硬环境特别是软环境。按照规范、公开、透明的要求，继续深化行政审批等各项制度改革，积极推行首问受理负责制，不断提高市行政审批服务中心的运作效率。

此外，我们将始终坚持发扬“两手抓两手硬”的好传统，狠抓党的建设和党风廉政建设，积极创新党的基层组织建设，在企业党组织的设置、企业党组织政治作用的发挥、党对企业党员以及管理层和员工的教育管理等方面大胆探索，走出一条有利于实施大企业在集团战略的新路子，并以城乡一体文明为目标，加速农村文明与城市文明的对接，为打造更多的企业“航母”营造文明向上的良好社会环境。

◎扶贫攻坚工作情况报告

关于扶贫攻坚工作情况报告（节选）

今年市委、市政府把扶贫帮困作为全市抓好“三大要务”、干好“十件大事”重要内容之一，作为“一号工程”来抓，提出用3年时间解决农村10.5万人均纯收入在1000元以下低收入贫困人口的解困脱贫问题。××××年建设扶贫新村55个，解决1万户共3.5万低收入贫困人口脱贫，实现贫困农民人均纯收入增加200元的奋斗目标。为此市政府坚持以人为本，认真落实科学发展观，按照“市上帮扶、以县为主、镇村负责、落实到户”的工作思路，狠抓扶贫攻坚各项工作的落实。

一、扶贫攻坚的基本形势与估价

在市委、市政府的正确领导下，各区市县、市级各部门认真贯彻落实市委《关于推进××发展新跨越若干问题的决定》和市委五次全会精神，按照抓好“三大要务”、干好“十件大事”的要求，厘清思路，强化措施，狠抓落实，掀起了扶贫攻坚的热潮。目前扶贫攻坚“一号工程”建设已取得了明显成效。

二、扶贫攻坚开展的主要工作

1. 锁定对象，明确任务。(略)

2. 制订实施方案，落实扶贫措施。(略)

3. 建档立卡、制定帮扶规划。(略)

4. 强化帮扶、贫困群众得实惠。(略)

5. 争取资金，加大扶贫投入力度。(略)

6. 以实施好“四项”扶贫工程为切入点，打好扶贫攻坚战。(略)

三、存在的主要困难和问题及下一阶段扶贫攻坚工作的打算

扶贫攻坚工作虽然取得了明显成效，但也还存在一些不容忽视的问题。一是贫困地区区位劣势仍然突出。交通不畅、信息不灵，贫困人口文化素质低，贫困户的综合发展能力不强，贫困程度高，脱贫难度大，脱贫致富的任务仍然很艰巨。二是重视程度有差距，发展不平衡。县与县之间、乡与乡之间、部门与部门之间、干部与干部之间，在落实“一号工程”力度上差距较大，有的地方做得非常好，领导要重视得多，工作要干得实在得多；有的做得一般化，安排布置下去就完了，抓具体落实不够。三是今年解困脱贫的3.5万贫困人口中，省里项目资金能覆盖的有1.5万人左右，还有近2万贫困人口要市、县财政扶持，需要各级领导、部门和社会各界的帮扶才能脱贫。四是扶贫工作机构尚需加强。按照中央和省里的要求，市、县扶贫机构应单设，人员编制、工作经费要有保证，要适应扶贫工作需要。目前，本市扶贫开发工作机构绝大部分未单设，关系不顺，人员较少，工作经费无保证，工作条件较差。应加强扶贫领导小组办事机构建设，理顺关系，完善机构，充实人员，给予必要的工作经费，以适应扶贫攻坚工作的需要。

针对存在的困难和问题。今后一段时期，全市农村扶贫攻坚的基本思路是：按照市委、市政府提出的抓好“三大要务”、干好“十件大事”的要求，突出“一心为人民、全力谋发展”的主题，以低收入贫困农户为主要对象，以扶贫新村建设为主体，以产业扶贫、劳务扶贫为重点，实行市上帮扶，以县为主，镇村负责，落实到户的联动机制，着力帮助贫困农民增加收入，不断提高贫困农民的致富能力。重点抓好以下工作：一是认真学习、深入贯彻落实中央一号文件和全省扶贫开发工作会议精神，进一步提高认识，加强领导，落实责任，努力做好扶贫开发工作。二是始终瞄准贫困群体，以“一体两翼”为工作重点，四级联动

打好攻坚战，全面解决1万户共3.5万低收入贫困人口解困脱贫，改善0.97万低收入贫困人口生产生活条件。三是采取有力措施，进一步抓好新村扶贫、产业扶贫、劳务扶贫、移民扶贫项目的实施建设，实施好扶贫开发规划，促进扶贫攻坚。四是加大科技培训力度，强化智力扶贫，不断提高农村贫困人口的素质。五是加大联系帮扶工作力度，广泛动员社会各界参与扶贫开发。六是严格目标考核。今年年底将组织有关部门对扶贫攻坚任务完成情况严格考核、明确奖惩，实行一票否决，确保今年扶贫攻坚目标任务的全面完成。

××市扶贫开发办公室

××××年××月××日

◎秋播工作情况报告

××镇秋播工作情况报告

——唱好农民增收重头戏 打好秋播生产主动仗

×××

××镇是一个农业大镇。全镇有××个农业村，农业人口××人，耕地面积××亩，其中旱地××亩，水田××亩。去年，本镇在县委、县政府正确领导下，通过全镇干部群众的共同努力，获得了“××市秋播生产第一名”的殊荣，为本镇今年农民增收打下了良好基础。今年夏收，仅小麦、油菜两项，全镇农民人均增收243.8元。

过去的成绩和经验，为我们做好今年的秋播工作增添了信心，提供了动力。在今年秋播工作上，本镇以中央和省委两个“一号文件”精神为指导，以农业增效、农民增收为目标，以“两菜”生产为重点，以种足种满种优为原则，真正把秋播当作农民增收的重头戏来抓，打好秋播生产的主动仗，全镇秋播生产呈现群众热情比往年更高、播栽进度比往年更快、质量比往年更好的良好势头。到目前为止，全镇秋播落实面积××亩，占规划面积××亩的××，已落实蔬菜面积××亩，占规划面积××亩的××；油菜移栽面积××亩，直播××亩，夏粮××亩，绿肥××亩。我们的主要做法是：

一、变“捡小收”为“挣大钱”，在认识上再提高

促进农民增收，既要在“农外”找出路，更要在“农内”做文章。过去，农民传统上把夏熟当“捡小收”，把秋播看成可有可无的“搭头”，忽视了秋冬农业生产。其实，从农业结构调整的作物布局链条来看，从增加农民“农内”收入的途径来看，秋播生产是下一年农业生产的“开场戏”、“重头戏”，蕴藏着更大的增收潜力。为了促进全镇上下转变观念、提高认识、统一思想，我们着重

做到算好“三笔账”，开好“两个会”。

（一）算好三笔账。一算增收效益账，二算生产基金账，三算土质改良账。

（二）开好“两个会”。一是开好镇机关干部和村委主职干部会，要求村主职干部在秋播生产上当好“四种人”：做政治上的精明人、管理上的精细人、经济上的聪明人、致富上的带头人。二是开好党员和群众骨干会，有条件的村还召开了广播会，把发展秋播生产的道理谈明白，把任务说清楚，把要求讲具体。

二、变“看皇历”为“赶早市”，在工作上再抓紧

秋播工作，重在抓紧，贵在抓早。抓而不紧，等于不抓；抓而不早，等于“放马后炮”。6月底，我们又根据前茬作物实际，对秋播规划作了相应调整，下达了硬性指标。

一是做到早动员。7月1日，本镇召开了全镇干部大会，进行了秋播生产大动员、总动员。

二是做到早动手。入秋以后，按照抢抓季节、适时早播的要求，全镇蔬菜育苗移栽、油菜育苗苗床准备和播种逐步展开，比往年提早近半个月超额完成全年秋播任务。

三、变“玩轻功”为“出重拳”，在措施上再加硬

实践证明，抓秋播工作，靠“蜻蜓点水”式地“玩轻功”不行，必须用实招、出重拳、抓落实，拿出好办法，拿出硬措施。为此，我们重点做到“三定”、“两树”。“三定”：一是定任务。我们将秋播生产任务按照因地制宜、合理布局的原则，定到三个总支、定到村、定到组、定到田块。二是定责任。实行党委成员包总支，镇联村干部包村，村干部包组，层层明确责任，板子打到人。三是定奖惩。把秋播工作与镇干部工作目标考核责任制挂钩，与村干部年终工资核定挂钩，有奖有惩，奖罚分明。“两树”：一是树样板，抓示范。党政班子九名成员三人一组，每组负责抓好三个1000亩以上的蔬菜、油菜、小麦示范基地，镇联村干部每人抓好一个不低于100亩的示范基地。二是树典型，促发展。从镇到村，从村到组，层层树典型，树靠秋播增收致富的典型，树抓得早、质量好的典型，增强说服力、感染力、带动力。通过“两树”，起到“点燃一盏灯，照亮一大片”的作用，有力地推进了秋播工作。

四、变“癞痢头”为“剃平头”，在质量上再创优

抓秋播促增收，首先是种足种满，消灭冬闲田，提高耕地利用率，更重要的是种好种优，讲求质量，最大限度地挖掘增产增收潜力。因此，本镇坚持把秋播质量放在第一位，力争一年更比一年优，着重做到“三个优化”。

五、变“独角戏”为“大合唱”，在服务上再完善

服务搞不好，秋播受影响。为了促进今年的秋播工作，本镇把为农服务列入了重要日程，构建全方位配套服务机制，促进全镇农民放心搞秋播、安心搞秋

播、舒心搞秋播。

“看似寻常最奇崛，成如容易却艰辛。”通过全镇干部群众的共同努力，本镇今年的秋播工作取得了新的成绩。下一步，我们将进一步加强指导和督促，抓好全镇秋播作物田间管理，不断提高优种优管水平，夺取××××年夏收农产品大丰收，推进农业增效、农民增收再上新台阶。

◎整治企业经营环境工作专题报告

××县物价局整治企业经营环境工作报告（节选）

近年来，根据省、市、县优化办工作安排意见和全市物价工作会议要求，我局深入贯彻落实中央第13、14号文件精神，以清费治乱减负为工作重心，加强对涉企收费管理，规定收费行为，减轻企业负担，取得了一定成绩。具体来讲，我们主要做到了以下“五个注重”：

一、注重宣传教育，树立收费法治意识

近几年，对企业乱收费现象在本县曾几度得到抑制，减负治乱不断取得阶段性成果。但乱收费现象没有从根本上得到解决。这当中既有收费部门受利益驱动的主观因素，同时也不能排除社会各界法治意识淡薄的客观因素。为提高企业的自我保护能力，我们加大了收费政策、法规的宣传力度。

一是在利用广播、电视、报纸等新闻媒介的同时，还在工商联的积极配合下，在县城及十八个乡镇所在地主要街道的醒目处设置收费政策宣传板牌，根据企业关心的热点问题，经常刊登重要收费单位的收费项目、收费标准，使收费政策真正进厂入店、进村入户。全年累计出动宣传车60余台（次），发表电视讲话3次，散发宣传品7000余份，办板报17期。

二是利用典型案件深化宣传教育，我们在处理××县残联违规收费的案件时，邀请社会各界人士100余人参加行政处罚听证会，在全县引起了强烈反响，达到了“处理一案，教育一片”的目的，使收费政策和法规的宣传达到了全方位、多层次的高度。

二、注重自身建设，提高队伍整体素质

收费管理工作涉及面广、政策性强，这就要求我们必须培养一支政治合格、业务过硬、作风优良的队伍。一年来，我们一是建立学习制度，坚持每周二、五集中学习，以邓小平理论、“三个代表”重要思想和科学发展观为重点，加强政治学习；结合物价业务，认真学习法律、法规和规范性文件。二是对工作人员进行集中培训，全年共举办两期培训班，历时10天。培训后，统一进行了考试，合格率100%。三是开展承诺服务活动，转变工作作风，提高办事效率，服务基层意识明显增强。过去办理《收费许可证》时，需要几天时间，而现在，在文件依据等符合规定的条件下，几小时就办完了。四是加强廉政建设，开展纪律整顿，认真落实《物价工作人员十不准制度》，对违反者绝不姑息迁就。上述工作的开展，使我们以良好的形象得到了群众和各部门的赞同。

三、注重落实制度，规范全县涉企收费秩序

为搞好收费管理，上级制定了不少的规章制度，如何抓好落实，是一个棘手问题。结合本县实际情况，去年我们主要做了以下工作：

一是严格实施《收费许可证》制度。凡是合理的收费项目，必须到物价部门办理《收费许可证》后，方可收费。否则，按乱收费进行查处。对属明令取消的收费项目，坚决不予办理。

二是严格执行《执收公务证》制度。规定执收人员每年定期接受物价部门的业务培训，考试合格后方可上岗。对不合格者和无故不参加培训者，将收回《执收公务证》，取消其执收资格。

三是实行收费年审制度。全年对113个收费单位的《收费许可证》逐一进行了年审，发现问题，及时纠正，年审正确率100%，年审覆盖面达90%以上。

四、注重标本兼治，堵住乱收费源头（略）

五、注重动态管理，制止乱收费反弹（略）

由于我们采取了上述措施，去年本县的涉企收费管理工作取得了显著成绩。全年查处各类涉企乱收费案件17起，违价金额156万元；清理了113个收费单位的收费文件，审验了113个收费单位的《收费许可证》，取消不合格收费项目17项、收费标准41个。据测算，共减轻企业负担114万元，彻底净化了本县经济发展环境，有力地促进了本县的经济发展与社会稳定。

◎落实农业政策情况调研报告

全国人大常委会农业政策调研组
关于落实各项农业政策情况的调研报告（节选）

委员长、各位副委员长、秘书长、各位委员：

根据全国人大常委会关于围绕“三农”问题开展执法检查和工作调研的部署，今年5月，全国人大常委会农业政策调研组，对农业政策进行了专题调研。调研组由全国人大常委会×××××副委员长任组长，全国人大农业与农村委员会和全国人大财政经济委员会组成人员参加，对湖北、四川、江苏三省落实农业政策情况进行了调研。其间，调研组听取了三省人民政府及有关部门的情况汇报，到荆州、宜昌、荆门、襄樊、内江、宜宾、乐山、淮安、扬州、高淳10个市（县）与当地政府及有关部门、专家学者和村委会干部、农业企业负责人及农民群众进行了座谈，并深入到农户、信用社、粮食企业、农资市场、开发区进行了实地考察。现将农业政策调研的有关情况报告如下：

一、三省贯彻落实农业政策取得的成效和存在的问题

党中央、国务院高度重视“三农”问题和粮食安全问题，今年出台了一系列有力的支农政策，受到广大干部和农民群众的衷心拥护和热烈欢迎。实践表明，这些政策的出台，是非常正确、非常及时的，对解决“三农”问题，提高粮食综合生产能力，增加农民收入，调动农民的生产积极性，具有重大意义，标志着国家与农民的关系，由过去农民向国家提供积累，转变为国家对农民的支持和保护。湖北、四川、江苏三省是我国粮食主产区，农村人口1.58亿，占全国农村人口的18%；耕地面积1918万公顷，占全国耕地面积的14.7%；三省××××年粮食产量分别为385亿斤、636亿斤、494亿斤，合计占全国粮食总产量的17.5%。总的来看，三省根据中央的部署，进一步提高对“三农”问题和确保粮食安全重要性的认识，积极制定配套措施和实施方案，抓紧落实各项农业政策，政策效应已经显现。

（一）开展广泛深入的宣传，把政策交给农民

近年来，由于种粮效益比较低，农民种粮积极性不高，湖北、四川、江苏三省粮食播种面积和总产量都有较大幅度的减少，粮食综合生产能力下降。农业政策出台后，三省高度重视政策的宣传，通过向农民发出支持发展粮食生产的公开信，发放问答手册、培训干部、举办专题讲座等方式，把各项政策交给农民。为了加强政策落实的组织保障，湖北省组织了2万名党政干部和农技人员到基层进行宣讲。四川省组织了11个督察工作组，对政策落实情况进行监督检查。江苏省有关部门建立粮食生产联系点制度，及时解决粮食生产中遇到的问题。

为落实中央一系列农业政策，湖北省确定，今年粮食播种面积扩大5%，其中水稻播种面积比去年扩大353万亩，粮食总产达到420亿斤以上，比去年增产40亿斤，增长10%。四川省提出，今年粮食播种面积增加到9300万亩，比去年增加230万亩，粮食总产达到647亿斤，比去年增加11亿斤。江苏省提出，水稻播种面积稳定在3000万亩以上，粮食总产不低于550亿斤，今年水稻播种面积将超过2950万亩，比去年扩大189万亩。由于政策驱动和市场价格拉动，三省农民种粮积极性正在恢复，粮食播种面积下降的局面基本得到遏制。

（二）落实直接补贴等政策，农民得到实惠（略）

（三）贯彻减免农业税政策，推进农村税费改革（略）

（四）加强监督管理，农资价格上涨势头得到控制（略）

（五）开展试点工作，推进农技推广体系改革（略）

（六）加强耕地保护，妥善安置失地失业农民（略）

在调研中，湖北、四川、江苏三省在落实农业政策中也反映出一些问题。一是粮食主产区各级财政普遍困难，产区为销区存粮，增加了产区的经济负担。二

是发放“三项补贴”的具体办法不一，有的地方按计税面积直补，不种粮的也享受了政策优惠。有的发放良种补贴随意性较大，有些没有使用良种的也拿到了补贴。三是财政支农资金总量少，投入结构不合理，投资渠道过多，资金使用效率低。据四川省反映，中央和省两级对农业和农村建设项目投资渠道达 20 多个，有的同一类项目投资渠道就有 3～5 个。

另外，部分基层干部和农民对政策能否保持连续性，还有一些担心。

二、对贯彻落实农业政策的建议

为把各项农业政策落到实处，确保粮食安全和农民增收，推动“三农”问题的解决，提出以下建议：

（一）进一步提高对粮食安全和农民增收重要性的认识（略）

（二）各地要尽快完善农业“三项补贴”政策的具体实施办法（略）

（三）增加农业投入，完善财政支农投入机制（略）

（四）加快农技推广体系改革，提高农业科技水平（略）

（五）加快农业立法，建立解决“三农”问题的长效机制（略）

以上报告，请予审议。

◎城镇下岗再就业情况调研报告

××省下岗青工再就业情况的调研报告（节选）

一、下岗青工的基本情况

全省困难企业和亏损行业主要分布在机械、轻纺、冶金、森工、煤炭等行业和部分军工单位，下岗人员和青工也主要集中在这些行业和单位，××、××、××等地下岗人员和青工占全省下岗人员比重较大。

1. 下岗青工构成情况

一是下岗青工主要来自过去长期被视为较好的行业或企业。通过对××市市属 74 个企业的调查了解，下岗职工主要分布在轻纺、冶金、机电、化工等行业，40 岁以下下岗青工 2587 名，占下岗职工总数的 56.6%。二是下岗青工受教育程度普遍不高，80% 以上下岗青工学历为初中或高中。三是下岗青工多为生产一线工人，生产一线青工占 57%，从事后勤服务工作的占 30.7%，从事管理工作的仅占 12.3%。四是下岗青工所占比例较大，占全省下岗职工总数 9 万余人的 40% 左右。

2. 下岗青工思想状况

（1）对下岗原因的认识。（略）

（2）下岗青工对所在企业的看法。（略）

（3）下岗以后的心态。（略）

(4) 下岗青工最希望得到的帮助。(略)

二、下岗青工再就业流向和选择

1. 当前下岗青工再就业流向

目前，已再就业的下岗青工大多数流向是以服务行业为主的第三产业。其主要就业渠道为：(1) 通过自谋出路实现再就业。这一部分大都具有一定的专业技能和较高的文化素质，他们或通过亲朋好友帮助介绍寻求到新的职业，或通过自身努力，搞起了个体经营。(2) 通过政府有关部门的组织实现再就业。这一部分为少数。(3) 通过参加社会培训实现再就业。下岗青工根据社会对各类专业技术人才的需求，通过自费参加电脑打字、电器修理、裁剪、营销等培训学习后自谋职业。现在把参加培训、提高技能作为赢得再就业机会的下岗青工越来越多。

2. 下岗青工再就业选择

调查表明，年纪轻、有一定文化基础和专业技能的青工多愿流向非国有企业、私营企业或从事个体工作。文化素质偏低、年纪稍大、专业技术适用面窄的青工，多愿流向国有企业和商业服务行业。下岗女工更希望再次选择的职业相对稳定，以便能照管家庭、养育儿女、赡养老人。同时下岗青工大多希望由组织安排就业，表现出对政府部门很强的依赖性。在择业标准上，被调查青工选择的顺序依次为，收入高的企业、有发展前途的企业、工作环境较好的企业和人际关系宽松的企业，反映出他们自身的择业意向与现实具有较大的差距。

三、再就业存在的问题

1. 社会对劳动力的大量需求与下岗青工再就业极少的反差比较明显。(略)

2. 社会保障机制还不健全和完善是制约下岗职工再就业的重要因素。(略)

3. 服务方法不多影响了下岗青工的再就业。(略)

4. 思想工作不到位使再就业的顺利实施变得更难。(略)

四、几点建议

1. 帮助下岗青工树立与市场经济相适应的新的择业观、就业观。(略)

2. 加强再就业的技能培训，搞好中介服务。(略)

3. 不断完善社会保障体系。(略)

4. 树立宣传再就业典型，营造全社会关心、支持下岗青工再就业的舆论氛围。

大力宣传下岗再就业中有代表性、有影响力的先进典型，形成强有力的舆论导向，用典型的生动事例带动更多的下岗青工转变观念，勇于竞争，发愤图强。

◎社会治安综合治理工作自查报告

××市交通局××××年社会治安综合治理工作自查报告（节选）

一年来，在党的十八大会议精神的指导下，在保持共产党员先进性教育活动的推动下，我局认真贯彻落实省、市、区社会治安综合治理会议精神，为创建“平安××”不断加大交通系统社会治安综合治理工作力度，强化内部管理，坚持“预防为主、标本兼治、齐抓共管”的方针，切实履行职能作用，使全局的综治工作得到了稳步发展，为有效监督各部门综治工作开展，我局综治工作组对直属单位部门一年来综治工作情况进行了全面督察。

这次督察本着严格负责、客观公正的原则，主要依据与各单位年初签订的《目标管理岗位责任书》来进行，检查采取听取汇报，实地查看等工作方式，对各部门的综治工作成绩给予了肯定，存在的问题及时予以指出，并有针对性地提出了工作整改意见，客观真实地掌握了全面情况，有效促进了全局综治工作，现将自查情况汇报如下：

一、强化管理，狠抓综治责任制的落实

一年来，局直各部门根据《综治目标责任书》提出的目标任务和考核要求，始终将落实社会综治责任工作同部署、同检查、同评比、同奖惩，研究建立了长效工作机制，规范、完善了各项规章制度。一是每月组织召开一次综治工作例会，听取基层各单位在社会治安综合治理工作的汇报，研究综治工作中出现的新问题、新动向、部署下一阶段工作。二是层层建立了目标管理责任制，将活动的内容、任务进行了具体量化、细化，层层分解到基层。三是加强督促检查，建立了行之有效的监督检查制度。局直各单位都成立了督察组，公开了综治工作监督电话，将综治工作的各项内容列入督察的范围，采取综合检查与专项检查相结合，定期检查与经常检查相结合，明察与暗访相结合的方法，针对检查出的问题，随时给予指正，及时整改，把“矛排”工作做到基层。四是把综治工作纳入到基层各单位目标考核内容，实行一票否决，考核结果直接与单位评优、个人奖惩挂钩，有力地促进了综治工作的顺利开展。

二、综治宣传教育工作

安全工作关系着全局改革、发展、稳定的大局，关系着全局干部职工的切身利益，一年来我们通过出板报、挂标语、发宣传册等多种形式，积极开展了治安安全、综合治理宣传教育活动，局直各单位更是将宣传工作开展得如火如荼，城北汽车站为开展营建“平安××”活动，不断推进“四五”普法教育，对职工进行法制和道德教育，全面提高职工的法律意识和素质，增强普法教育的实效性，并对全站人员进行了普法学习和考试。

三、安全消防工作

根据年初签订的《目标管理岗位责任书》要求，重新完善、修订了各项安全、保卫制度和措施，对保卫人员的法治意识、紧急情况、相对措施等多项业务技能进行培训考核，对局主要部门“三铁一器”进行检查维护，确保其正常使用。

四、积极开展小区内的社会治安综合治理工作（略）

五、矛盾纠纷排查调处与稳定工作（略）

六、需要解决的问题

尽管我们在社会综合治理方面做了一些工作，但离上级的要求仍有一定的距离，主要表现在：

1. 上下联系少，沟通不够，部门之间的协调存在不足。

2. 局直各部门在综治工作力度、重视程度虽然都有了新的认识提高，但各部门综治工作底数了解不够，管理措施落实力度和安全防范发挥都有待提高。

◎普法工作情况自查报告

物价局“四五”普法工作情况的自查报告（节选）

根据×人大办发〔××××〕6号文件《关于开展“四五”普法决议执行情况检查的通知》精神，我局于6月中下旬对开展“四五”普法工作情况进行了认真的自查，现将自查情况报告如下：

一、加强领导，提高认识，统一思想

第四个五年法制宣传教育于××××年正式启动，按照我县“四五”普法规划明确提出的“两个转变，两个提高”及四项任务，我们深入开展法制宣传教育，贯彻落实依法治国建设社会主义法治国家的基本方略，提高干部法律责任意识，提高干部依法决策、依法行政、依法管理的能力，为依法治国方略的实施奠定坚实的法律基础。在思想上统一认识，在管理上严格要求，统一规划。早在两年前，我局就成立了以局长为组长的“四五”普法领导小组，无论领导怎样变换，其责任、目标、任务不变，并设立了普法办公室（设局办公室）。其次，配备了一名普法辅导员，负责法制宣传教育工作。从而建立健全了法制宣传教育工作的领导机构和办事机构，确保“四五”普法工作的顺利进行。

二、认真制定规划，确保“四五”普法各阶段目标任务的实施

××××年，按照×发〔××××〕20号、房价法〔××××〕102号文件精神，结合我局工作实际，我们制定了《××县物价局法制宣传教育第四个五年规划》。从××××年到××××年，整体工作分为三个阶段，即××××年宣传发动阶段、××××年至××××年实施阶段、××××年考核验收阶段。已经开展的工作情况是：

1. 宣传发动阶段。（略）

2. 组织实施阶段。（略）

3. 具体措施。（略）

三、提高法律水平，坚持依法行政，规范价格执法行为

随着市场经济不断向纵深发展，民主法制建设不断向前推进，直接制约行政行为的法律法规越来越多，我们必须加强法律法规学习，加强依法行政研究，严格依法办事，依程序办事，把“四五”普法的成果直接运用于实际工作。

1. 完善价格行政执法监督机制，强化对价格行政执法活动的程序制约和行为监督。(略)

2. 加强法制建设，推进依法治价。在实行政府定价和政府指导价的商品和服务项目的价格调定过程中，全面推行价格听证制度。(略)

3. 对行政许可事项和行政许可实施机关现行有效的规范性文件进行了清理。(略)

我局开展第四个五年法制宣传教育工作，在县、市业务部门的指导下，取得了一定的成绩，但与上级的要求还相去甚远，一是对遏制乱收费的力度还不够，处理不到位，执法不够严。二是每周四学习日坚持还不够，多数是学学原文，没有讲解。三是“四五”普法教材尚没有学完，与真正达到两个转变两个提高还有差距。

◎土地管理实施情况自查报告

政务公开工作情况报告

一、《中华人民共和国土地管理法》自××××年元月实施以来，为了能够更有效地加强对土地的管理，开发、使用和保护，我们认真仔细地研读本法，并组织多次土地管理普法讲座。做好集中学习的记录，张贴和书写宣传标语，目的是使本镇的土地执法人员依法行使好自己的职权，同时更是为了让广大群众在知法、懂法进而守法的同时更好地监督这部关乎千家万户的法律的有效实施。宣传土地管理法律、法规情况收到了很好效果，我镇在土地的各个方面都以《中华人民共和国土地管理法》为准绳有序进行。

二、《中华人民共和国土地管理法》实施以来，××镇政府及××镇土地管理所认真按照该法的要求履行自己的职责，制定土地利用总体规划，严格执行耕地保护制度，按规定审批建设用地，有序经营。

三、根据我镇土地利用总体规划，我镇依法严格执行，切实保护耕地。严格控制非农业建设用地，在保护和改善生态建设的前提下，保持耕地总量动态平衡。在××××—××××年我镇积极改善我镇土地利用中存在的问题，××××年共打大井13眼，改善旱地5100亩，打小井83眼，实现造林任务15000亩。××××年共打大井39眼，改善旱地3705亩，打小井92眼，实现造林任务13000亩，××××年我镇预计围封草牧场26000亩。对于其他土地的利用均符合我镇土地

利用规划的进度，完成5年度计划的要求。

四、我镇在土地用途管制方面，严格执行我镇的土地利用总体规划，保护基本农田，几年来，建设用地占耕地的情况没有发生，基本农田总体上呈递增趋势，在总量的控制上符合××××年规划的目标。

五、自《中华人民共和国土地管理法》实施以来，我镇没有被征用的集体土地。

六、我镇没有被有偿使用的国有土地。

七、我镇不存在开发区。

八、几年来我镇没有土地违法行为的发生。

第七章 工作总结写作

第一节 工作总结写作概述

一、工作总结的含义

工作总结是各级党政机关、人民团体、企事业单位或这些单位的工作人员对一定阶段内的工作进行系统的回顾，分析研究，以便寻找出具体的经验或教训，发现某些工作规律或缺点错误产生的原因，调整努力与前进的方向，以利于今后工作的发展与进步。

二、总结的作用

1. 推动工作前进

任何一项工作，不管是个人还是单位都需要多次反复操作、辛勤劳动才能完成。每一次具体实践，都有成绩与失误、经验与教训，及时总结就会及时吸取经验教训，提高认识和工作技能。不断实践，不断总结，那么人们对客观事物的认识也就越来越深刻，知识越来越广，智慧越来越高，所进行的事业通过总结才会不断发展、前进。

2. 寻找工作规律

任何一种事物、一项工作，都存在内在联系、外部制约，都有它自身的发展、运动规律。遵循这些客观规律办事才能顺利达到预期的目的，违背这些规律就会受到惩罚，招致失败。而要寻找、发现客观规律就需要总结。

3. 培养、提高工作能力

一个人的工作能力是指他承担某项工作、执行某项任务的能力。具体表现在两方面：一是他的专业知识水平。二是他解决、处理实际工作的能力。在实践中二者常常糅合在一起，相得益彰。运用所学知识处理实际工作的能力主要通过实践培养和提高，绝不是天生的。因此，总结是提高能力的重要手段。

4. 团结群众和争取领导的支持

一件工作、一项任务完成之后必须进行总结，在总结中全面、深入地回顾检查，找出成绩与缺点、经验与教训，实事求是地作出正确评价，使大家统一认识。同时，通过总结把成绩、经验、问题和今后的努力方向等向领导部门汇报，能引起领导的重视，争取领导的支持、指导。

三、工作总结的基本内容

1. 总结必须有情况的概述和叙述，有的比较简单，有的比较详细。这部分内容主要是对工作的主客观条件、有利和不利条件以及工作的环境和基础等进行分析。

2. 成绩和缺点。这是总结的中心。总结的目的就是要肯定成绩，找出缺点。成绩有哪些，有多大，表现在哪些方面，是怎样取得的。缺点有多少，表现在哪些方面，是什么性质的，怎样产生的，都应讲清楚。

3. 经验和教训。做过一件事，总会有经验和教训。为便于今后的工作，须对以往工作的经验和教训进行分析、研究、概括、集中，并上升到理论的高度来认识。

4. 今后的打算。根据今后的工作任务和要求，吸取前一时期工作的经验和教训，明确努力方向，提出改进措施等。

四、工作总结的写作格式

工作总结由标题、正文和落款三部分构成。

1. 标题

标题一般包括单位或制发机关名称、时间和文种类别（工作总结）“三要素”，但有时仅写时间和“工作总结”，而不写单位名称。还有一种写法是使用“双标题”，用一句主题词、句作正标题，用副标题标明单位名称、时间概念和文种类别。

2. 正文

正文一般依次撰写下列四方面的内容：首先概述某一阶段内的整个工作情况，包括工作背景、基础、成绩、效果等；其次写经验体会，包括具体的做法，事例、数据等；再次是存在的问题与不足，分析产生问题的原因；最后写今后的设想和努力方向。有时第三、四方面内容合在一起写。第二部分应写得最为详尽。正文写作时，根据内容的复杂程度，可以分小标题分列陈述。各方面内容，可以用先总后分的结构来写，也可并列展开，或按基本情况、主要成绩经验、问题及意见三大块来组织。

3. 落款

写明作者、日期。如果在标题中或题下已标明的，可省略。

五、工作总结的写作要求

工作总结是全面总结，写作时，要求全面占有材料，一分为二地看待工作。

但又必须注意抓住重点，防止记“流水账”，面面俱到。

写工作总结，要把这几个方面的特点反映出来。

1. 过程性；

2. 条理性；

3. 经验性；

4. 理论性；

5. 规律性。

六、工作总结写作应注意的问题

1. 写作工作总结前要充分占有材料。最好通过不同的形式，听取各方面的意见，了解有关情况，或者把工作总结的想法、意图提出来，同各方面的干部、群众商量。一定要避免领导出观点、到群众中找事实的写法。

2. 工作总结一定要实事求是，成绩不夸大，缺点不缩小，更不能弄虚作假。这是分析、得出教训的基础。

3. 工作总结的条理要清楚。总结是写给别人看的，条理不清，别人就看不下去，即使看了也不知其所以然，这样就达不到工作总结的目的。

4. 工作总结要剪裁得体，详略适宜。材料有本质的，有现象的；有重要的，有次要的，写作时要去芜存精。工作总结中的问题有主次、详略之分，该详的要详，该略的要略。

5. 工作总结的具体写作，可先议论，然后由专人写出初稿，再进行讨论、修改。最好由主要负责人执笔，或亲自主持讨论、起草、修改。

第二节　工作总结写作范例

◎年度工作总结

××××办公厅××××年工作总结（节选）

在院领导的带领下，在机关各部门的大力支持下，××××年办公厅全体同志紧密围绕院××××年工作要点确定的任务和厅里制订的工作计划，团结协作，克服困难，扎实工作，保证了机关的正常运转，较好地完成了全年的各项任务。

一、××××年主要工作情况

（一）认真做好行政工作，保证机关正常运转

一年来，为保证院领导和院机关正常开展工作，办公厅同志们做了大量有成

效的行政工作。

1. 做好院领导日常行政事务性服务工作。(略)

2. 做好会务工作。(略)

3. 保证公文正常运转。(略)

4. 编印重要资料。(略)

5. 做好保密工作。(略)

6. 做好档案与信访工作。(略)

全年妥善办理信访函件××件，接待个人来访××余人次，全都妥善送离。每月按要求及时上报信访工作报表等，全年未发生因处理不当而引发上访、干扰机关工作的情况。

(二) 不断提高服务质量，努力提供后勤保障

1. 计算机及网络的维护管理工作。(略)

2. 资产管理工作。(略)

3. 后勤服务工作。(略)

4. 基建工作。(略)

(三) 落实财政改革精神，逐步规范财务工作

我们认真贯彻财政改革精神，实行了部门预算、国库集中支付和政府采购制度，认真按照新制度的要求规范我院的财务工作。

1. 逐步完善预算工作，合理调整项目经费。(略)

2. 按国库集中支付的要求，认真做好日常经费核算工作。(略)

3. 加强相互沟通，增进相互理解。(略)

4. 我院逐步规范化的计划财务工作得到审计署的认可。由于院各级领导的重视，审计部门的监督，我院计划财务人员规范操作，职工财经法纪观念增强，工作逐步规范，几年来没发生重大违法违纪事件。在××××年审计风暴中，我院被审计署列入整改良好的单位，在审计工作会上，被×××审计长点名表扬。

(四) 推进人事制度改革，加强机关队伍建设

1. 公开招聘干部。根据党组要求，按照工作程序，承办了多批干部招聘工作，做了大量具体工作。(略)

2. 贯彻中央人才会议精神，做好服务工作。(略)

3. 认真做好日常人事与劳资工作。(略)

4. 其他。完成了《中央国家机关政府机构名录》的修订工作；协助国际部，办理了院领导、院士和机关人员的出国政审手续等65人次。

此外，办公厅各处室还认真完成了院领导交办的其他各项临时性工作，如历时半年的院徽征集评选工作；组织院士参加××市科技周活动等；处理×××同志去世的善后工作；组织院领导和全体职工为“幸福工程”募捐，为希望小学

购买并赠送书包文具，为灾区捐款等。

（五）坚持以人为本原则，努力为大家办实事（略）

（六）落实院党组和中央国家机关工委的部署，做好机关党建工作（略）

二、××××年重点工作打算

办公厅是我院对外联系的窗口，是机关行政工作运转的枢纽和后勤保障，是机关财务、人事、党务和干部管理的职能部门。面对繁杂的工作任务，我们要十分重视加强办公厅自身建设，要进一步树立全局观念，提高服务意识，坚持务实精神，增强效率观念，加强团结协作，保证机关工作正常运转。

（一）加强行政后勤管理，提高服务保障水平（略）

（二）为建设综合办公楼做好相关准备工作（略）

（三）加强财务管理工作，提高资金使用效率（略）

（四）深化人事制度改革，加强干部队伍建设（略）

（五）完成党组交办任务，做好党委日常工作（略）

配合院共产党员先进性教育活动领导小组，做好院先进性教育活动办公室的各项日常工作。同时，要搞好办公厅的先进性教育活动。

做好机关党委（纪检、监察）日常工作，协助机关党委成立工会、妇委会，并做好群众和统战等工作。

◎半年工作总结

××市××县××镇××××年上半年工作总结

今年上半年，我镇在北部新区、高新区党工委、管委会的领导下，高举邓小平理论伟大旗帜，全面贯彻“三个代表”、科学发展观重要思想，以党的××届×中全会精神为指导，紧紧围绕年初制定的各项工作目标，始终坚持“三个转移”，即把工作重心从以农村工作为主转移到社区建设、城市管理上来，把工作立足点和着眼点从过去发展农村经济、增加农民收入转移到提高农转非居民综合素质和生活质量上来，把工作方式从过去“一把抓”的全能型转移到以社会管理和公共服务为主的服务型上来。进一步解放思想，更新观念，真抓实干，开拓进取，取得了经济建设稳步发展和社会各项事业的全面进步。

一、开发协调有序开展，服务工作优质到位

集中精力开展征地清理补偿拆迁工作。针对媒体过当宣传、周边地区补偿标准不一致、安置费相对价值越来越低等状况，采取了进场前多次召开村社干部培训会和群众动员大会的方式，广泛宣传征地工作的法律法规、目的意义、项目用途、适用文件、构附作物清理规范、安置补偿标准等，清理过程中始终坚持“公平合理，以民为本”的原则，清理后及时解决群众提出的问题，与他们保持联系和沟通。1～6月，按照管委会征地工作安排，完成了××村4、5、6、7、12、13、14社共7个社2373亩土地及构附作物的清理补偿工作，发放人员安置补助费1308元/人。完成了××机场有限公司新建110kV输电线路35窝塔基征地和拉线工作。妥善地处理了原××区××房地产开发公司征用的××社区部分转非人员要求补发过渡费问题。认真做好××社区转非人员多年未安置住房的解释工作，有效地避免了再次集访。

妥善处置片区开发后续问题。集中时间和精力拆除了多年未拆的几户原农房，确保了高新园农转非还建房第二、三期等重点工程的顺利实施；做好了××山住房安置后未结算的6户的结算交款入住工作；完成了××山农转非安置房936户土地使用权证和房屋产权证的办理工作，“两证”发放工作进展顺利。

进一步加强了对××铁路、××龙头寺××火车站、××光电产业园、商务中心、“五人路”以及工业园等重点建设项目的协调、服务、沟通等工作。

二、城市管理重点突出，综合整治初见成效（略）

三、农业注重区域特色，结构调整措施落实（略）

四、素质教育成果突出，社会事业长足发展（略）

五、财政税收加强管理，增收节支效果显著（略）

六、稳定工作齐抓共管，安全生产警钟长鸣（略）

七、党建工作常抓不懈，基层组织建设成效明显（略）

八、办公楼建设进展顺利，项目运作公正透明（略）

九、干部教育与时俱进，政府自身建设得到加强（略）

××××年是贯彻党的××届×中全会精神、全面建设小康社会的重要之年，也是我镇各项工作从农村走向城市的转轨之年、探索之年、发展之年。上半年所取得的成绩使我们信心倍增，但是在肯定成绩的同时，我们也清醒地认识到存在的不足和问题，主要表现在：部分村社干部群众认为现行赔付标准过低，对新土地征用补偿政策的出台持观望态度，进一步加大了土地清理的难度；城乡部分群众生活还比较困难；城镇低保面越来越大；农转非人员就业压力巨大；依法行政、服务质量和工作效率有待提高；社会治安综合治理的任务依然艰巨；精神文明建设和民主法制建设还存在不少薄弱环节等。下半年我们将继续坚持以服务开发建设为中心，加强城市管理和社区建设为重点，维护辖区稳定为基础，强化政权建设为保证，将精神文明建设贯穿始终，紧紧抓住北部新区开发建设“上挡提速”和高新区“二次创业”的历史机遇，再接再厉，顽强拼搏，与时俱进，开拓创新，采取有力措施，切实解决上述问题，实现全镇经济社会全面快速发展。

◎季度工作总结

××镇党委、政府××××年第一季度工作总结（节选）

今年以来，我镇党委、政府在区委、区政府的正确领导下，认真学习贯彻党的××届×中全会和中央农村工作会议精神，切实坚持“两个务必”和富民为先，解放思想，扎实苦干，较好地完成了第一季度的各项工作和任务。1～3月全镇实现三业总产值3亿元，比上年同期增长15%；完成全口径财政收入360万元，同比增长30.9%；完成地方财政收入110万元，同比增长41%，完成固定资产投入1600万元，占全年计划任务的32%，出口创汇16.37万美元，同比增长12%，几项指标充分显示，首季度各项工作均取得“开门红”，为全面完成全年的目标任务奠定了坚实的基础。

一、围绕农业结构调整，提高农业综合效益，实现农民增收

今年来，我们以农业增效、农民增收为立足点，围绕农业结构调整，狠抓农产品质量建设和芦蒿产业化经营，不断增强芦蒿市场竞争力。1～3月全镇实现农业产值1.35亿元，其中芦蒿产值1.33亿元，已上市4835万公斤。尽管全国各地芦蒿栽培规模迅速扩大，××芦蒿市场受到极大挑战，但是我镇党委、政府站在发展的战略高度，积极开发芦蒿新品种，开拓新市场，开发芦蒿系列功能食品、保鲜技术，通过了××省名牌产品认证，开展了绿色农产品的申报工作，有效保证了××芦蒿品牌的一枝独秀。高度重视禽流感的预防工作，通过强化领导、广泛动员、落实责任，我镇的禽流感防治工作组织措施落实到位，信息网络建设周全，防疫消毒工作开展有序，充分掌握了禽流感防治工作的主动权，未发生一起禽流感疑似或确诊病例。对全镇范围内的农贸市场进行了安全突击检查，确保市民吃上“放心肉”；积极推进了“绿色××”工程，完成植树面积3505亩，共栽下树苗15.27万株。扎实推进了水利设施建设，××机站已进入扫尾阶段，大套口涵接长江护坡工程和临江二期护坡工程都进入了攻坚阶段。认真做好河道清淤工作，目前××站引水和清淤已进入尾声。同时认真开展××××年汛前检查工作，制定各项预案，做好防汛的各项准备工作，确保安全度汛。

二、打造江中船舶修造基地，加快工业经济发展步伐（略）

三、第三产业稳步发展，招商引资工作成效显著（略）

四、加大镇村建设力度，推进小城镇城市化建设（略）

五、加强社会保障工作，促进经济、社会事业的协调发展

1. 劳动和社会保障工作。（略）

2. 科教文卫和计划生育工作。（略）

3. 民政“双拥”工作。（略）

4. 社会综合治理工作。(略)

六、加强党员干部管理，促进政府自身建设。(略)

七、第二季度重点工作（略）

1. 完成芦蒿保鲜加工项目，开办伏秋芦蒿栽培技术培训班。

2. 加快××船厂和××船厂的建设速度。

3. 开工建设××度假村、阳光休闲中心和××村××工贸实业有限公司。

4. 完成××码头至××村部“灰色化”道路，建成中心路桥和××村××桥两座小农桥。

5. 完成××花园11幢和××花园二期6幢主体工程，开展××花园以西41亩地块的勘察设计工作。

6. 加强对“绿色××”工程的质量管理，做好树苗的培土、支撑、病虫害防治等管护工作，迎接市级验收。

7. 建设完成中心幼儿园、成教中心教学楼，争创教育现代化乡镇。

8. 加快三大水利工程建设，做好防汛准备工作。

为了确保第二季度工作顺利完成，实现今年经济指标的“双过半”，我们将进一步解放思想，加强干部队伍建设，加强对外宣传，积极招商引资，全力推动我镇经济的快速增长，促使我镇在沿江开发中赢得主动、赢得优势、赢得发展。

◎**月工作总结**

××市规划局××××年5月工作总结（节选）

（一）规划编制

1. 完成××小区、××奥林匹克花园小区、××雅苑、××嘉园等详规审查和港洽会有关项目的初审工作。

2. 组织召开了××客车基地小区、××小区、××路等8个项目管线综合协调会议。部署落实全市重点工程项目，目前已全部上交背街小巷提质改造工程设计图纸。开始着手交通影响评价分析工作。

3. 审查了××视线走廊方案，组织编制了第一批控规正式成果和第二批控规初步方案，完成了××修建性详规的发标工作。在××县经济开发区召开测绘管理工作会议，协调统一坐标系及基础测绘管理工作。

4. 审查了××区南片、××河口地段、××湖东片控规初步成果。进行了××县化学品物流园区选址、××市人防指挥应急求救中心方案等9个项目方案评审。调整了××公司、航道管理局等26个单位的用地规划指标。

（二）规划审批（略）

（三）批后管理（略）

（四）行政后勤工作（略）

（五）分局工作（略）

◎阶段性工作总结

××街道经济普查4～5月工作总结

经济普查是我国普查制度改革后进行的第一次国情国力调查，搞好××市××区第一次经济普查对我区国民经济和社会发展有着十分重要的意义。

一、建立健全经济普查工作组织机构

××街道工委办事处对经济普查给予高度重视，为了保证经济普查工作各阶段任务能够顺利、快捷、准确、保质完成，建立了街道、社区居委会两级普查领导机构。××街道成立了以办事处主任×××同志任组长，武装部部长兼综治办主任×××同志任副组长，××街道各主要科室的19名科级干部任成员的经济普查领导小组。领导小组下设经济普查办公室，办公室主任由领导小组成员××街道办事处办公室主任×××同志兼任，办公室由6人组成，分工明确，并配置电脑2台，专用电话1部。

我街道在22个社区居委会普查区全部成立的以社区居委会主任为组长的经济普查领导小组，由组长担任普查指导员，全面负责本普查区的普查工作。××街道两级普查领导机构的建成，为经济普查工作的深入展开打下了坚实的基础。

二、做好战前动员、培训骨干力量

××××年××月××日我街道召开了“××街道经济普查第一次工作大会”，22个社区居委会主任、书记参加了会议。会上×××主任作了经济普查工作动员，要求各社区居委会要翔实、准确、高标准地做好××区第一次全国经济普查工作。会上还对边界划分，普查区示意图绘制进行了培训，并要求各普查区严格按照区普查办的工作进度表和技术要求按时完成边界划分和绘图工作。

三、普查区勘界、绘图工作基本完成

经济普查工作的要点是保证普查对象的不重不漏，做好区域划分，边界勘察十分重要。我们在5月下旬通过多种方式与相邻的××乡、××街道和××街道，对普查区边界和普查区域，进行了确认。我们会同××乡经济普查办公室的同志到相互交叉的××村和××社区居委会进行实地勘察，依照街、乡地图对双方应负责普查的××和××村的周边区域进行了划分确认并达成一致共识，于××××年5月27日签订了“××街道和××乡第一次全国经济普查区域划分协议书”。我街道的22个社区居委会普查区的边界已划分清楚并确定，普查区绘图工作已基本完成。

4～5月我们向区普查办报送信息3份、简报1期，并报送《××市××区第一次全国经济普查××街道地图》2份。××街道经济普查工作按照区普查办的工作部署按时完成了各项工作。

◎第1~3季度工作总结

××市××××年第1~3季度农业工作总结

今年以来，我市认真贯彻落实中央关于大力调整农业结构、增加农民收入的战略决策，区党委“××××”工作思路及市委市政府的工作部署，狠抓农业结构调整，农业生产取得了较大成绩，农业结构得到优化，粮食、水果全面增产，农民收入增加。现将今年第1~3季度工作总结如下：

一、主要措施及相关生产指标完成情况

1. 狠抓农业结构调整。（略）

2. 落实各项工作措施。（略）

3. 抓好龙眼开发和中低产果园改造，总产创历史最高水平。（略）

4. 加快现代农业实验区建设步伐，中心园区建设起步较好。（略）

5. 开展技术培训和技术指导，收到了较好效果。（略）

6. 积极参与流通服务和推进农业产业化经营，增加农民收入。（略）

7. 秋菜开发起步较好。（略）

二、存在的问题

1. 农业结构调整力度不够，发展不平衡，科技含量较低。表现在调整的规模小、效益差，还没有从根本上改变传统农业落后局面。调整的作物仍以传统品种为主，新品种和反季节、无公害栽培等新技术、新成果推广面积较少，科技贡献率较低。

2. 流通工作滞后，农业产业化程度低，农产品价格普遍下跌，农民增收难度仍然很大。

3. 秋菜开发力度不够，种植面积较小。目前各县市区秋菜开发大部分只停留在一般会议布置上，样板少，进度慢。

三、第4季度工作计划

1. 认真抓好秋冬菜开发，增加农民收入。（略）

2. 抓好“菜篮子”工程建设。（略）

3. 抓好晚造粮食和经济作物田间管理，确保增产增收。重点抓好优质谷及特色经济作物的田间管理，落实各项技术措施，提高单产和总产。

4. 抓好流通工作和产业化经营，解决农产品销售加工问题，提高综合效益。重点抓好蔬菜等特色产品的销售加工，培育龙头企业，通过加工，提高附加值，解决农民的后顾之忧。产业化方面重点是抓好无公害优质谷产业化经营，利用我市庆丰、港城5万亩无公害稻谷已通过自治区认证的有利条件，搞好品牌注册和市场开发，提高种粮效益。

5. 抓好秋冬水果管护和今冬明春龙眼开发。目前重点是抓好水果施肥攻梢，枝条修剪，培养良好结果母株，为明年增产打下良好基础。抓好今冬明春16万亩龙眼开发规划、挖坑工作，秋收后掀起挖坑热潮，力争明年春节前完成挖坑任务。

6. 加快现代农业试验区建设，发挥示范效应。在继续搞好中心园区高效作物的优质配套、发展高新产业的同时，加快覃塘管理区覃塘镇地段试验区的建设，发展亚热带水果为主的现代农业，完善试验区的建设模式，使试验区尽快起到试验、辐射和推广的作用，以加快我市现代农业发展步伐。

◎专项活动总结

××市××区××××年“全国科普日”活动工作总结

为深入贯彻落实党的××大会议精神，进一步宣传和贯彻实施《科普法》，××区科协按照省、市科协的安排部署，于今年“全国科普日”前后，在全区范围内开展了声势浩大、宣传范围广、为期7天的以“科学普及，你我共参与”为主题的“全国科普日”系列宣传活动。整个活动从规模到效果，都在社会上产生了较大的反响，取得了圆满成功。

一、精心组织，周密安排

今年，“全国科普日”主题是“树立科学发展观，共建和谐社会”、“科学普及，你我共参与”。××区科协结合实际，对今年的“科普日”活动进行了认真研究，精心布置。为保证整个“科普日”活动的全面开展，××区科协制定了《××区××××年全国科普日活动方案》，召开专门会议进行布置安排，并将各项具体工作明确到人，形成主要领导具体抓、分管领导亲自抓的工作局面。并投入“科普日”活动资金2.6万多元（科普大篷车0.43万元；条幅0.096万元；宣传资料0.4万元；药品1.2万元；科普展板0.48万元）。这些工作的开展，为举办好“科普日”活动打下了坚实的基础。

二、营造气氛，开展活动

“科普日”活动期间，在××区科协的统一指导下，开展了形式多样的系列活动。

9月17日至22日，××区科学技术协会、××区科学技术局组织科普大篷车在城区主要路段及部分乡镇宣传《中华人民共和国促进科技成果转化法》、《中华人民共和国专利法》，为科普日营造了气氛。这次活动使广大市民对《科普法》有了新的认识与了解。另外，各乡镇（场）街按照统一口号张贴科普标语、悬挂条幅，进行了广泛的宣传。

9月21日，组织的科技“三下乡”活动在××镇举行。××区科技局、卫生局、农业局、司法局等相关部门参加了这次活动，共发放科普挂图及宣传资料共10000多份，接受技术咨询600人次，义诊350人次，赠送药品价值万余元，得到农民的一致好评。

9月23日，充分利用书院街100米的科普长廊，摆放了以“坚持科学发展观、共建和谐社会”为主题，以健康生活、崇尚科学、破除迷信、反对伪科学和邪教、珍爱自然、拒绝毒品等科普知识为主要内容的100多块精致、美观的科普宣传展板，吸引了1000多名市民与中小学生前来观看，起到了良好的宣传作用。

三、工作扎实，成效显著

这些活动的开展，突出强调了群众的参与程度，充分体现以人为本，贴近生活、贴近群众、贴近实际，努力营造了讲科学、爱科学、学科学、用科学的良好氛围，充分体现了“树立科学发展观，共建和谐社会”、“科学普及，你我共参与”这一主题，进一步提高了全区居民群众的科学意识和科学素养，得到了领导的重视和社会的好评。

第八章　典型经验材料写作

第一节　典型经验材料写作概述

一、典型经验材料的含义

典型经验材料，是一种介绍先进典型的工作经验或成功的做法的文字材料，它与专题经验总结相类似，着重叙述典型“怎么做”。

二、典型经验材料写作格式

1. 标题

一是要写明介绍典型工作经验的单位和个人名称，使人一眼便看出是哪个单位或个人的典型工作经验。二是要概括表明典型经验材料的主要内容。

2. 正文

正文的开头，要写明典型经验材料的简要情况，包括：单位名称、个人姓名、性别、年龄、工作单位、职务、是否党团员等。

写作内容，是从总体上把典型经验按照一定的逻辑关系分成几个部分。内容的表述，应当既要有思想，又应有具体做法或实例；既要有面上的综合，又应有点上的说明，最好还要有一些必要的数字。

3. 署名

应经有关领导同志审定，以相应一级组织正式署名上报。

三、典型经验材料写作要求

1. 不违心，不造假

材料必须真实、可靠。先进典型经验材料的先进事迹是否真实，直接关系到先进典型的生命。

2. 不拔高，不夸大

在尊重客观事实的基础上，对调查得来的材料进行去粗取精、去伪存真、由此及彼、由表及里的加工。观点和提法要恰当。讲先进典型的事迹、经验一定要注意切不可讲那些脱离实际的过头话。

3. 不虚言，不赘述

文字要朴实、简明。语言文字的表达上，一定要善于选择那些实在、贴切的词语。

4. 不偏听，不轻信

对典型经验材料的人来说，要做到好话、坏话都要听，赞成的、反对的意见都要听，领导、群众的看法也都要听。

5. 要有完整的结构形式

完整的典型经验结构包括标题、正文、结尾三大部分。

为了使内容更充实、更完整，还可以加上一些内容，但要考虑到各部分间、各层次间分量上的均衡，不能有的篇幅很大，有的篇幅很小。

6. 要深入调查，大量地掌握第一手材料

（1）搞调查时要先拟好经验的主题，围绕主题，挖掘和寻找出材料。

（2）典型经验材料，开展调查，应以有目的、有主题为好。这样，有利于开展调查，可以提高调查效率。

7. 要深入思考，定好主题

（1）主题要集中鲜明，不能太大、太宽泛。

（2）主题要符合要求，要站在时代的高度来提炼主题，提炼出的主题对当前要有指导作用。

主题要以实际工作为基础，必须是从实实在在的工作中提炼出来的，不能为了主题，脱离事实，搞假、大、空的东西。

8. 精心设计，布局谋篇

（1）把大题目和各个部分的题目定出来，大题目要鲜明地表达主题。

（2）全文紧紧围绕主题展开，不能使之游离。保证整篇材料有一个主题，从不同的侧面表现主题。

第二节　典型经验材料写作范例

◎人才管理典型经验材料

加强乡土人才管理　服务农村经济发展

××县人事局

（××××年××月××日）

近几年来，××县人事局立足本县实际，坚持以科学发展观为统领，按照“两个调整”的要求，大力推进人事工作职能转变，努力改变服务方式，不断拓展服务领域，积极扩大服务对象，切实把服务“三农”摆到了工作的重要议事日程。我们从全县农村经济发展需要出发，高度重视乡土人才的开发和利用，通过制定政策规定，加大管理力度等措施，初步建立了一支强大的乡土人才队伍，构建了乡土人才资源、信息、技术共享的网络体系，对农业和农村经济的快速发展起到了较大的促进作用。截至目前，××县乡土人才入库登记人数已达6622人，具有专业技术职务的乡土人才648人，被推荐评选为市级优秀科技人才的34人。主要做法是：

一、成立服务机构，构建乡土人才网络体系

××县是一个农业大县，拥有70多万农村人口，在农村中分布着大量的“田秀才”、“土专家”，由于没有专门为农村人才服务和管理的机构，这些人才的技能得不到应有的发挥，影响了农村整体经济的发展和农业新技术的推广。为了使农村人才最大限度地发挥技能并尽快接受新知识，建立必要的管理服务机构是人事部门服务农村经济的主要任务。

基于这种认识，经人事局提议并报县政府批准，于××××年在县、乡、村三级成立了乡土人才服务机构，并配备了专、兼职工作人员。县级乡土人才开发办公室设在人才交流中心，负责指导协调乡村两级机构对乡土人才的管理服务工作。乡镇人才服务站受县级人才开发办公室的领导，负责本辖区乡土人才和未就业的大中专毕业生的管理和服务，并指导协调村级机构的管理服务工作。村级人才服务点受乡镇人才服务站的领导，负责本村乡土人才的调查推选，沟通人才需求信息，组织开展样板示范和技术交流活动。三级机构的建立，将全县各类乡土人才及时纳入管理范围，构建了较完备的乡土人才管理网络体系，为技术交流、信息沟通提供了组织保障。

二、组织调查摸底，建立乡土人才资源信息库

为了掌握全县乡土人才总量及分布情况，县乡土人才开发办公室组织人员深入到乡镇人才服务站、村庄服务点指导调查摸底工作。县级乡土人才开发办公室对乡镇人才服务站上报的材料进行系统整理，分类建档，输入计算机，建立了全县乡土人才资源信息库。经过县、乡、村三级服务机构的共同努力，目前全县17个乡镇、740个自然村的6622名乡土人才的个人资料已全部入库管理，为乡土人才的技能共享搭建了平台。

三、开展评定职称，最大限度地调动乡土人才学科学、用科学的积极性

为了加强乡土人才队伍建设，培养更多的农村实用型人才，最大限度地调动农民群众学科学、用科学的积极性，促进现有乡土人才提高技能与水平，我县于××××年成立了农民技术职务评审委员会，专门对乡土人才的技能水平进行评定。评委会由农业、林业、工业、科委等部门的专家组成。评审工作由人事局组织，严格按照程序、标准进行，不走过场，不搞形式。截至目前，全县共进行了

四次评审活动，为648名乡土人才评定了农民专业技术职务资格，其中农民技师116名，助理农民技师345名，农民技术员187名。农民技术职务评审工作的开展，使一大批乡村优秀科技人才脱颖而出，他们已成为现代农业生产的“领头雁”，同时对促进乡土人才技术交流和技术输出等发挥了重要作用。

四、强化知识培训，提高乡土人才的技能水平

几年来，针对农业生产管理中存在的问题，我们聘请了外国专家和县内外知名专家，采取理论讲授与现场操作相结合的方式，举办了10余次乡土人才培训班。培训内容涉及果树栽培管理、病虫害防治、蔬菜种植、畜牧养殖等科目，有900余名乡土人才参加了培训，既帮助他们解决了生产中的实际问题，又提高了他们的理论水平，效果十分显著。我们还组织农业、林业、畜牧部门的科技人员编辑了科技小册子，发放到乡土人才手中，以此加强对乡土人才的继续教育工作，使他们在更新知识的同时，广泛学习和推广新技术。目前，很多乡土人才不但成了“科技带头人”，而且成了“致富能手”。同时，还能带动一方群众致富。如前社庄是远近闻名的黄瓜村，田马元是远近闻名的苹果、樱桃村，这些村里技术能手不断到周边村庄传授经验，进行技术指导，带动了周边村庄的发展，促进了农村经济的繁荣，同时也培养了一大批新的乡村技术能手。

◎创建绿化先进单位事迹材料

××县大力推进县城绿化先进事迹材料（节选）

××县绿化工作小组

（××××年××月××日）

××县在县委、政府的领导下，依托临近省会××的区位优势，坚持可持续发展战略，致力于改善人民的生存环境，创造人与自然和谐发展的生活空间，大力推进县域绿化步伐。经过不懈的努力，××县以其“绿色、美丽、文明”的形象展现于世人面前，取得了经济的发展和生态环境改善的双赢局面。

一、我县绿化工作的主要成绩

近三年来，我县加大了生态建设的力度，从点到线，从线到面，绿化工作都开展得有声有色。

（一）加强了造林绿化及其成果的保护，森林资源的数量和质量都稳步提高

我县经过了“大灭荒”和“全面绿化达标”后，正着手生态林建设，已完成了退耕还林、长防林、植被恢复等生态工程，造林3.5万亩。严格执行限额采伐，打击毁林犯罪活动常抓不懈。森林防火及病虫害防治有机构、有人员、有设备，森林资源数量和质量都有显著的提高。

（二）大力开展全民义务植树活动，城乡的绿化起点高

近几年来，全县每年义务植树都在150万株以上，义务植树尽责率都达95%以上，各单位以义务植树活动为契机，对各自院内进行了高起点、高质量、大手笔、大投入的绿化美化，我县112个企事业单位已有107家实现了绿化达标，绿化达标率95%以上，其中35家单位达到“园林式”、“花园式”单位标准，占有院落单位总数的31.3%。

（三）加强了城市林业生态圈建设，提升了城市形象和品位（略）

（四）加强了道路绿化，形成了城乡绿化新格局（略）

（五）加大了绿化苗木推介力度，搞活了当地经济（略）

二、我县绿化工作的基本经验

总结过去，主要有以下几个方面推动了我县绿化事业的发展：

（一）领导重视，造林绿化有坚强后盾（略）

（二）认真规划，造林绿化落到了实处（略）

（三）科学营林，提高了营林质量，夯实了绿化基础（略）

（四）加大投入，促进绿化事业的稳步发展

近三年，我县对全县造林绿化的投入比往年都要多，各项绿化项目共计投入资金1200多万元，在投入中，坚持“慎用钱，质为先”的原则，使绿化工程质量和规模达到了预期的绿化效果。

1. 投入形式实行多元化。工程造林以中央省级投入为主，地方配套自筹为辅，生态圈建设大部分为财政全额投入，义务植树以单位和个人投工投劳为主，花卉苗木则在产品的宣传与推介上加大投入。

2. 工程管理实行招投标制。为了有效使用有限的资金，保证绿化质量，我县大力推介绿化工程招投标，如：临长高速、绕城高速绿化通过投标由实力雄厚、技术力量强的林海公园承建，机场高速两侧绿化分三个标段，由三个实力相当的绿化公司分别建设，都是按照规定速度和质量如期竣工。

3. 资金使用实行报账制。为了监督工程的质量，各绿化工程专项资金都实行了报账制，签订合同后先预付30%～40%的启动资金，工程完工后再委托权威部门验收，合格后方拨付余下的资金，从而加强了工程的质量管理。

4. 资金监管实行审计制。我县绿化工程建设项目投资均严格实施审计制，在资金投入初始就先由投资评审中心把关，按工程量确定具体的投资额度，真正达到了用好一分钱、办好一件事的效果，工程结束后亦随机对资金使用情况进行审计，及时纠正违规资金。

◎招商引资典型经验材料

××镇政府招商引资典型经验材料（节选）

××镇人民政府

（××××年××月××日）

近年来，特别是今年以来，我们××镇把招商引资工作当作推进大项目建设、发展镇域经济的重要支撑点，采取高效务实措施，紧紧抓住××北移，建设××区的千载难逢的良机，重新规划设计了“依托××、面向××市、服务××市、发展××，打造省城卫星特色乡镇”的整体战略部署。我们的主要做法是：

一、多措并举，优化环境，打造招商引资推动项目建设的金色招牌

环境建设历来是招商引资的重头戏，也是各方面互相比拼的重点。我们结合自身特点，从实际出发，全力以赴创建优良环境。

1. 擦亮窗口形象。（略）

2. 主动对接招引机制。（略）

3. 加强基础设施建设。（略）

二、发扬优势，灵活出击，创新招商引资大上项目的有效招数

当前，结合我镇实际，我们着重打造了自己的项目建设的特色招数。

1. 区位招商。（略）

2. 扶持扩商。（略）

3. 以商招商。（略）

4. 筑巢招商。（略）

5. 以情招商。（略）

以上是我镇在招商引资大项目建设上的一些工作经验，与市委、市政府的要求，特别是与先进乡镇比还有很大差距，我们将继续努力、扎实工作，确保在三至五年内使××镇各项工作得以长足发展，重振工业大镇雄风。

◎实施文化立市战略经验材料

××市实施文化立市战略经验材料（节选）

中共××市委

（××××年××月××日）

近年来，根据州委州政府提出的建设“文化大州”的要求，××市确立了“文化立市”战略，着力加强民族文化建设，做到党委重视，政府组织，部门形成合力，加大投入，实现了对民族文化资源的有效保护、管理、开发和利用，丰

富了群众文化生活，提升了××知名度，促进了××市经济社会全面发展。

一、领导重视，高起点确立文化建设总体思路（略）

二、强化措施，加大民族文化的保护、抢救力度（略）

三、加大投入，强化文化设施建设力度（略）

四、打造品牌，加大民族文化的宣传力度（略）

五、服务中心，加大民族文化与民族经济的整合力度

××投资兴建的××演艺城、××茶楼，场地由市文体局闲置房产改造而成，每天进行歌舞茶艺表演，文化品位高，是市民们休闲消费的重要场所。××电影公司、××文化传播公司等文化产业，市文体局在严加管理的同时，积极出谋划策，扶持文化产业的发展壮大。××市民族文化与民族经济的整合，已成为××市新的经济增长点。

◎建设一流文明乡镇典型经验材料

与时俱进　求实创新　建设一流文明乡镇

××镇人民政府

（××××年××月××日）

××镇位于××市中部，辖××个行政村，××万人，××万亩耕地，总面积××平方公里，是××省综合经济实力200强乡镇和××市小城镇建设重点镇。近年来，镇党委、政府坚持以党的十八大会议精神为指导，以“经济发展、农村稳定、农民增收”为主线，以争创文明乡镇为目标，在专心致志抓好经济工作的同时，切实加强精神文明建设，为全镇的经济建设和改革开放提供了强大的精神动力、智力支持和思想保证，取得了明显效果。

一、抓组织建设，进一步加强领导，健全制度（略）

二、抓环境建设，营造文明氛围（略）

三、抓道德建设，树文明新风（略）

四、抓载体建设，树良好村风民风（略）

我镇在创建文明乡镇过程中，虽然取得了一定成绩，但是距离上级要求还有一定的差距，下一步我们决心以“争先进、创一流”为目标，团结奋进，争优创先，使我镇“两个文明”建设再上新台阶，为把我镇建设成为一个经济繁荣、社会稳定、人民富裕、环境优美的现代化小城镇而努力。

◎创建文明生态村典型经验材料

××村创建文明生态村典型经验材料（节选）

××村党支部

（××××年××月××日）

××县××村于××××年5月由××城一村、二村、三村三个行政村合并而成，新班子上任伊始，转变观念，大胆创新，修路、建厂、助学、扶贫，搞绿化、兴文化，仅用一年的时间，打造出一个全新的文明生态村。

抓经济——扭住第一要务。（略）

重生态——大搞形象建设。（略）

树新风——精神与物质并重。（略）

为活跃群众业余文化生活，××村由集体投资完善了原有的70人的梆子团、60多人的秧歌队和30余人的乒乓球队，新添置了各种器材和服装。节假日，村民们组织在一起扭起秧歌、跳起现代舞、表演精彩戏剧，把群众的生活渲染得丰富多彩。为鼓励和支持教育事业，村集体决定对村里考上大学、大专、中专、高中的学生分别奖励×××××元、××××元、××××元、××××元。今年高考结束后，村里就支出×万元用于奖励大学生和考上重点高中的学生，并组织秧歌队敲锣打鼓把钱送到学生家，受到群众的热烈称赞。

今后，××村还准备为村里建一所高标准的学校和农民培训中心，为村民通上宽带网和有线电视，打几口深水井让家家户户喝上纯净的自来水，使每人都享受医疗和养老保险。

◎创建“青年文明号”经验交流材料

××区地税局×分局创建“青年文明号”经验交流材料（节选）

××地税局×分局

（××××年××月××日）

××区地方税务局×分局在区党委、团区委、局党总支的关心、支持及正确领导下，扎实工作，不断进取，结合行业特点，自觉服从服务党政中心工作大局，努力完成各项工作任务，进一步发挥基层团组织青年的先锋模范和战斗堡垒作用，使我分局在工作中不断增强凝聚力、创造力和战斗力，创建了“青年文明号”，为实现××区经济和我局各项建设事业的腾飞目标作出应有的贡献。

下面就我分局开展“青年文明号”创建工作的具体做法作如下介绍：

一、一致明确创建活动的指导思想、目标及行为准则

在开展创建活动之初，我分局就组建了活动领导小组，一致明确了创建活动以党的十八大和十八届四中、五中全会精神为指导，努力达到全心全意为人民服务的目标，以“优质服务、廉洁高效、依法治税、文明执法”为行为准则。青年文明号创建活动是在新形势下，具有划时代意义的群众性活动，我分局团员青年及全体干部职工就此达成一致认识，调整了每一个人的精神面貌和状态，树立了全局意识。

二、根据我分局的行业特点制订了切实可行的活动实施方案

针对我分局的业务和工作实际情况，分以下三个阶段进行创建活动：

第一阶段：筹备教育阶段。认真分析分局各方面工作开展情况，查找存在的问题和薄弱环节，在广泛征求意见的基础上按照创建青年文明号的要求做工作计划，建立健全相关的教育、创建工作制度。抓好“两个结合”，即集体组织学习和个人自学学习相结合，专题学习和工作穿插学习相结合。

第二阶段：工作重点阶段。主要是学习对照、抓结合、抓实践、抓质量。由分局青年文明号创建领导小组进行对照检查。以收集汇报、介入检查、走出去、请进来的方式；适时召开有党政部门领导和相关企业代表参加的座谈会，认真听取收集他们的意见和建议，调整工作方法，确保青年文明号活动正常健康发展。

第三阶段：调整补充、检查评比阶段。采取“三查”方法。即一是查工作实绩，看完成全年税收任务数的质量情况。二是查工作作风，看分局内外群众的意见评估。三是查安全管理，看有没有事故隐患。针对检查发现的问题集中进行分析，及时制定出改正的方法和措施。

三、具体工作方法和措施

以弘扬先进文化、争创文明先锋为主题，通过开展丰富多彩、形式多样的群众性文化展示和竞赛活动，弘扬青年文明号的文化内涵和精神实质，展示青年文明号活动在地税系统构筑诚信、服务、管理、创新、团队、形象等理念方面的独特作用，使“青年文明号”创建和展示活动成为地税系统“二次创业”的有效载体。

1. 加强政治学习教育和业务素质培训。（略）

2. 重视意识形态方面的教育，努力学习科学文化知识。（略）

3. 加强劳动纪律和重视安全管理。（略）

4. 学习法律法规，加强党风廉政建设和行业作风建设，进一步强化税收法律法规学习，全面推进“依法治税”。（略）

5. 明确任务、团结进取。（略）

6. 在分局“青年文明号创建活动的领导小组”的领导和组织下，围绕我们的任务和目标，确立创建活动内容，认真协调好创建活动与业务建设的关系。

四、总结经验

1. 扩大参与范围，增强影响力，注重工作效果。(略)

2. 做到党有号召，团有行动。(略)

3. 积极寻求协作，增强团员意识教育促进工作发展。(略)

我局决心在今后的工作中继续以务实的态度不断总结经验教训，以积极热情的创新精神不断摸索新方法、新路子，并将继续在局党总支和团区委的领导、关心和帮助下深入全面地开展“青年文明号”工作，为培养新一代“××知识青年”，建设“现代新××”贡献力量！

◎扶贫开发“十个深入”典型经验材料

××市扶贫开发“十个深入”典型经验材料（节选）

××市扶贫开发办公室

（××××年××月××日）

为引申和拓展扶贫开发工作，实现内涵和外延同步提升，××市以“整村推进”为契机，构建和完善“强带弱、弱变强，抓两头、带中间”的扶持运行机制，形成了强弱村协调发展、良性互动格局，加快了农业农村建设进程，确保了农村经济社会全面发展。具体做到了“十个深入”。

一是在转变扶持理念上求深入。(略)

二是在组织领导上求深入。(略)

三是在创新扶持机制上求深入。(略)

四是在科学运筹上求深入。(略)

五是在产业结构调整上求深入。(略)

六是在产业化经营上求深入。(略)

七是在基础设施建设上求深入。(略)

八是在集体经济建设上求深入。(略)

九是在强化班子建设上求深入。着力增强村级班子战斗力和凝聚力，推进“三争一带”工程，把农村党员培养成致富能手，把致富能手培养成农村党员，把有致富能力的农村党员培养成村干部。选派邻近地域的强村干部到弱村任职，形成强弱良性互动，带动弱村发展。完善后备干部和选派大学生到村挂职机制。在以往下派后备干部基础上，今年又派驻6名大学生到村任职，既锻炼了干部和人才，也充实了基层力量，为村域经济发展奠定了智力基础，形成了人才梯次培养，增强了农村发展后劲。

十是在强化落实上求深入。帮扶单位突出一个“帮”字，狠抓一个“实”字，着重一个“情”字，把“扶强带弱”同深入开展“两风”活动有机结合，多下基层，调查研究，坚持从实际出发，对每个项目的实施，广泛征求村（屯）和农户意见，做到了充分论证、科学决策。在资金使用、技术操作、产品销售各个环节搞好服务，确保了扶一个就扶好一个，帮一个就帮富一个。经过帮扶，××××年脱贫317户、867人，脱贫率达22.5%，脱贫人口纯收入从××××年的×××元提升到现在的××××元，增长了3倍。

◎社会治安综合治理工作典型经验材料

全县社会治安综合治理工作会议典型经验材料

××县综合治理办公室

（××××年××月××日）

近年来，在县委、县政府的正确领导下，我们牢固树立抓稳定、促发展的思想，以平安建设为载体，以构建和谐社会环境为目标，立足基层，夯实基础，全面落实社会治安综合治理各项措施，扎实推进社会稳定工作，为全镇加快新农村建设营造了良好的发展环境。7月28日，市委常委、政法委书记×××来我镇调研时，对我镇社会稳定工作给予了充分肯定。

一、突出责任，加强领导抓落实

为切实加强对基层社会治安综合治理工作的领导，镇党委、政府进一步调整充实了政法工作领导小组，由分管政法工作的副书记牵头，专门负责信访、矛盾纠纷及社会治安综合治理工作。

二、突出基层，健全网络抓基础

始终坚持“健全三级网络，布设三道防线，疏理社会矛盾，强化基层基础”的指导思想，从创新机制入手，积极探索镇、办事处、村三级一体的综合治理工作模式。

三、突出创新，依法办事抓执行

针对今年土地纠纷频繁发生的实际，镇党委、政府迅速组织有关部门，对全镇包括土地方面在内的矛盾纠纷和潜在隐患，进行了拉网式排查，共排查矛盾纠纷11宗。

各位领导，我镇近年来的社会治安综合治理工作取得了一些成绩，但我们也清醒地认识到工作中存在的问题和不足，与县委、县政府的要求相比，我们还有很大差距，特别是随着形势的不断发展，影响社会稳定的新情况、新问题，还会随时出现。我们坚信在县委、县政府的正确领导下，只要始终增强高度的政治敏锐感，只要牢牢地抓好村级第一道防线，严格责任，通力协作，狠抓落实，就一定能够把全镇的社会治安综合治理工作推向一个新水平。

第九章　先进事迹材料写作

第一节　先进事迹材料写作概述

一、先进事迹材料的含义

先进事迹材料，一般有两种情况：

一是先进个人，如先进工作者、三八红旗手。二是先进集体或先进单位，如先进车间或科室，抗洪抢险先进集体等。先进个人和先进集体的先进事迹、内容各不相同，因此对先进事迹材料的写作，不可能固定一个模式。

二、先进事迹材料的写作格式

1．标题

一要写明先进个人的姓名或先进集体的名称，二要概括先进事迹的性质或材料的用途。

2．正文

正文的开头，要写明先进个人的简要情况，包括：姓名、性别、年龄、工作单位、职务、是否为党（团）员等。

然后，要写先进人物或先进集体的主要事迹。

3．落款

包括署名、成文日期，一般可将署名放在标题之下。

三、先进事迹材料的写作要求

1．整理材料

材料的搜集、选用和剪裁是重要的前提。认真细致地观察，广泛地搜集，才能把握那些最准确、最生动、最能体现写作意图的东西。要对材料进行认真的提炼，确定中心思想和主题，用以统率材料；然后要根据写作意图和主题的需要，去冗杂，选取能反映事件本质、体现人物特点的材料。

2．确定主题

主题是文章的灵魂，确定主题是写作文章的关键。主题是从生活中挖掘的，也就是找出生活中本质的、闪光的内涵。

3. 文章结构

要注意文章结构完整、线索清楚、详略得当。结构问题即怎样组织安排材料、布局谋篇。一般应按事物发展的自然顺序来安排结构。但为了突出、强调，也可以运用插叙、倒叙、补叙等。注意结构的完整，线索的清晰及各部分之间的照应、过渡等，尤其要注意线索。

4. 语言表达

（1）先要把语言表达得准确、通顺、流畅，行有余力，再来讲究形象、生动和鲜明。

（2）动笔前精心构思，写作时字斟句酌地反复推敲。

5. 观点和提法要分寸恰当

在叙述先进典型的先进事迹和经验时，要注意摆正先进典型和其他群众、集体的关系。先进典型的事迹、经验，一定要注意切不可讲那些脱离群众和脱离整体观念的过头话。

6. 文字要朴实、简明

整理先进典型经验材料，主要是通过实实在在的事实说话。这就要求在语言文字的表达上，一定要善于选择那些实在、贴切的词语。不要过多选用做修饰成分或言过其实的形容词。

第二节　先进事迹材料写作范例

◎机关科室先进事迹材料

国税局票证管理中心创建“巾帼文明岗”的事迹材料

××区国税局

（××××年××月××日）

区国税局票证管理中心××××年10月组建，现编制××人，其中女同志×人，占全中心人员的××%，主要担负辖区六千多户纳税人的发票的计划、领用、发售和管理。××××年度，他们围绕“青春献税收，文明建功业”这一主题，把“双无一创”作为主要工作目标，以创建“巾帼文明岗”为活动内容，坚持以人为本，强化干部队伍素质建设，积极探索发票管理效益和制约机制，热情为纳税人服务，实现了“双无零投诉”，即无丢失损坏发票、无发售发票差错、无纳税人投诉。在市局组织的发票内部检查考核中，获得99分，名列第一名；在省局组织的专用发票管理检查中，获得满分。他们的主要做法是：

一、强化素质，打牢文明创建的基础

围绕税收中心任务，以文明创建为重点，在提高人的素质上下功夫。坚持正面引导，树立热爱岗位，忠于职守的观念。经常开展爱国主义、社会主义、集体主义和社会公德、职业道德、家庭美德的教育，树立正确的人生观、世界观和价值观。增强对本职工作的责任感和使命感，把自己的理想、人生的价值体现在对国家和对社会的贡献之中，把本职工作和远大理想紧紧地联系在一起，从一点一滴的工作做起，从身边的小事做起，发售好每一份发票，在平凡的工作岗位上做出不平凡的业绩。

二、严格制度，把握文明创建的关键

票证管理中心作为国税局的服务窗口，直接面向纳税人，工作质量的优劣，服务态度的好坏，关系到整个税务机关的形象，关系到文明创建的成败。他们从落实制度入手，明确考核标准，严格规范管理。

三、无私奉献，抓住文明创建的落脚点

票证管理中心文明创建的一个主要内容就是为纳税人提供方便、快捷、高效优质的服务，纳税人是否满意是检验文明创建成效的一个重要标准。为此，他们坚持把纳税人的满意作为追求的目标，把满足纳税人的需求作为工作的出发点，想纳税人之所想，急纳税人之所急，办纳税人之所盼，加大为纳税人服务的力度。

从单一服务向全方位服务转变。实行了不间断工作制，中午留有两人值班。开设了绿色通道，指定专人为××户“绿色卡”持有人提供快捷优质的服务，按他们实际需求，帮助他们办妥一切购票事宜。利用电子滚动大屏，触摸屏，设置税务咨询、发票常识、购票流程、发票价格等模块，提升了服务水平。票证管理中心×名女同志于无私奉献中实现价值，于为国聚财中成就自我，默默地用自己的光和热，播种理想和希望。

◎机关精神文明建设先进事迹材料

××省水利厅精神文明建设先进事迹材料

××省水利厅

（××××年××月××日）

近年来，××省水利厅坚持以邓小平理论和“三个代表”重要思想为指导，加强思想政治工作和精神文明建设，促进了各项水利工作任务的完成，为全省经济社会发展提供了可靠的水资源支撑与防洪安全保障。厅机关××××年被水利部评为首批“全国水利系统文明单位”并保持至今；××××年荣获全省理论学习教育工作先进单位称号；××××年被省委、省政府表彰为全省抗洪抢险先进集体；在连续5年被评为省直文明机关的基础上，××××年被省文明委授予省级文明机关称号，同年被××省委省政府授予“作风建设年先进单位”荣誉称号。××××年，在省政府纠风办组织的“民主评议行风”活动中，群众满意度在30个被评议的部门、行业中名列第五，在涉农行业中名列第一。

一、坚持用科学的理论武装头脑、指导工作，思想政治工作不断深化

厅直机关各级党组织坚持把理论武装工作放在首位，加强爱国主义教育、唯物论和无神论教育、理想信念教育和科学精神教育。

二、认真贯彻《中国共产党纪律处分条例》精神，加强党风廉政建设，基层党组织执政意识、纪律意识不断加强

加强对各级党组织和广大党员的教育、管理，成功召开了厅直机关第五次党员代表大会。不断提高民主生活会质量，使每个党员始终处于党组织的关心、帮助和管理监督之中。

三、以创建文明单位为抓手，精神文明创建工作不断深入

始终坚持“两手抓，两手都要硬”的方针，按照“巩固、提高、延伸、辐射”的工作思路，推动水利三个文明建设的协调发展。一是文明单位考核评选制度健全，增强工作的可操作性。二是精神文明创建活动丰富多彩。三是不断加强精神文明创建工作经验的学习交流。四是重视职工福利，发展环境进一步优化。

四、认真履行职责，充分发挥群团组织桥梁纽带作用

群团组织充分发挥自身优势，认真履行职责，深入开展爱国卫生运动、全民健身活动、科普宣传教育活动。厅机关对“职工之家”器材定期进行维护保养，加强了厅机关“职工之家”建设。××××年组织参加了省直机关职工太极拳表演赛，职工乒乓球比赛，充分展示全省水利职工奋发向上的昂扬斗志和勇于进取的精神风貌。每年元旦、春节期间开展“送温暖”活动。

五、各项水利业务工作取得新进展

一是××××年以省委、省政府名义出台了《关于加快水利发展与改革的决定》，提出了今后一个时期我省水利发展的总体思路、工作重点和保障措施，为××水利发展指明了方向。二是防汛抢险取得了重大胜利。三是水利工程建设步伐整体加快。四是农村水利和水资源管理工作扎实有效。五是以小流域治理为重点的水土保持工作取得显著成效。六是水利投融资机制改革进一步深化，社会化办水利迈出新步伐。七是水利政策法规建设有了新的突破。《××省节约用水管理办法》以省政府第160号令正式发布。关于水利规费征管体制与运行机制的探讨、民营水利等关系水利改革与发展的调研课题取得一批重大成果。

◎机关领导先进事迹材料

劳动保障局局长×××同志先进事迹材料（节选）

××县委办公室

（××××年××月××日）

×××同志，××××年××月出生，××××年××月参加工作。硕士学历。中共党员。历任××县机关团委书记、机关党委委员、××镇镇长、××乡党委书记、××集镇党委书记、××市人大代表、××县人大代表、××县县委委员。××××年3月，任××县劳动保障局局长、党组书记。在多年的工作中，×××同志突出表现了争先创优的精神、开拓创新的锐气和服务于人民的宗旨意识，在每个工作岗位上都做出了显著成绩。特别是任县劳动保障局局长以来，始终以饱满的工作热情、执着的敬业精神，以“孺子牛”的干劲和韧性，甘心当好人民的公仆。他同××县劳动保障战线的同志们一道扎实工作，大胆开拓，勇于创新，使劳动保障各项工作全面开花结果，均取得突出成绩，为维护我县改革、发展、稳定的大局作出了很大的贡献。

一、抓班子，带队伍，树立部门新形象

（一）抓班子和队伍建设，提高全局整体素质。（略）

（二）抓制度建设，形成以规章制度规范约束全局的良好局面。（略）

（三）抓人大代表建议、政协委员提案的回复落实。（略）

二、抓就业，促增收，大力开拓民生之路

他作为一名优秀的共产党员，人民的好公仆，时刻关注着民生，并以自己出色的工作，为广大群众开拓出一条民生之路。

（一）走出去，请进来，强化培训，做大做强劳务经济。（略）

（二）抓好下岗失业人员免费培训，促进再就业。（略）

三、抓征缴清欠，搞扩面，构筑社保长城

（一）理顺劳动关系，抓住清欠工作的要害。（略）

（二）强化措施，搞好扩面征缴工作。（略）

四、抓好劳动监察和仲裁工作，维护劳动者合法权益

（略）

五、统筹兼顾，各项工作齐进展

（一）医疗保险展新资。（略）

（二）机关保险创一流。（略）

（三）农村保险工作日益重要。（略）

（四）工伤保险发展快速。（略）

六、积极争取资金

他积极向上级部门争取资金，保证各项工作顺利进展。××××年共争取省劳动保障厅资金1600万元，比××××年多出600万元，有效地缓解了我县资金缺口的压力。

春风化雨，润物无声，×××同志以一种奋发进取的精神，一股团结向上的力量，一份崇高的集体荣誉感，汇合成巨大的动力，推动着我县劳动保障事业不断创新，不断进步。在他的带领下，我县劳动保障工作得到了上级部门和社会各界的广泛认可，取得了很多荣誉。从他上任以来，我县劳动保障工作在市政府考核中名列前茅，××××年，劳动保障局荣获“省劳动保障系统医疗保险先进集体”、“省劳动保障系统机关事业保险先进集体”、“省劳动保障系统职业技能鉴定先进集体”、“全省劳动保障系统信访工作先进单位”，等等。××××年，劳动保障局又被省劳动保障厅评为优质服务窗口先进集体，有13名工作人员受到省、市级的表彰。在他的带领下，我县劳动保障工作登上了一个崭新的台阶，为地方经济和社会发展创造了更加宽松的环境，为社会的稳定作出了突出的贡献。

◎尊老敬老模范社区先进事迹材料

××社区尊老敬老先进事迹（节选）

××社区党工委

（××××年××月××日）

一、加大基础设施投入，为老年人健身休闲创造优越条件

社区从人性化的角度出发，切实为老年人提供活动的场所。管区投资300多万元修建了占地9000平方米的时代广场，在居民小区修建了三处休闲公园，安置了15组健身路，铺设了足疗路，为老年人健身休闲创造出了优越条件。××社区居委会依托民政部“星光计划”，建立了高标准的“星光老年之家”，有“四室一校”（图书室、健身室、棋牌室、娱乐室和居民学校），室内活动面积为284.4平方米，室外活动面积平均为4400平方米，活动面积远远高于市里规定的50平方米和100平方米的标准。投资28万元扩建了室外场馆，在灯光篮球场的基础上，修建了高标准的门球场、网球场、羽毛球场，满足了老年人健身方面的不同需求。不断加大文体设施投入，投资了3万余元，新购置了室内活动所需的桌椅、电视、DVD、牌桌等乐器24件及音响灯光等，为老年人开展各项活动提供了物质保障。

二、创造干净、舒适、优美的环境，为老年人安度晚年创造幸福的家园（略）

三、加强老年协会队伍建设，满足不同层次老年人的文化需求（略）

四、发挥老年人的作用，为社区建设出力（略）

五、关心老年人的健康，形成尊老、敬老、爱老的良好氛围（略）

六、切实维护老年人的合法权益。几年来接待涉老纠纷案件12起。××居民×××90多岁了，子女因养老的问题发生纠纷，都不愿意赡养老人。老人找到社区，我们从维护老年人合法权益出发，尊重老人的意愿，安排老人到老年公寓安度晚年。同时加强老年人法律意识，司法分局开展了《老年人权益保障法》《婚姻法》《继承法》等法律常识，解答疑难问题，切实维护老年人的合法权益。社区营造敬老的良好氛围，每年三八妇女节都要评选五星级文明家庭、好儿媳、好姑爷；社区关心困难老人，为他们办理低保，在两节期间开展了送温暖活动；特别关注鳏寡孤独的老年人，积极开展志愿者奉献爱心行动，与两名困难老人结成“一助一”对子，逢年过节为他们送去生活必需品，带去精神上的关怀。

◎抗旱救灾先进事迹材料

××市××区××镇人民政府抗旱救灾先进事迹材料

××镇人民政府

（××××年××月××日）

××市××区××镇位于××市西部，全镇人口1.2万，镇机关工作人员50人。从6月27日开始，百年一遇的旱灾来势汹汹，高温天气在××的土地上肆虐，河堰池塘干涸，水源枯竭，土地龟裂，农作物绝收。全镇4600亩水稻、900亩蔬菜、750亩红苕、400亩鱼池、2200亩经果林全部受灾，玉米等其他作物也受到一定程度影响。2780人、1320头大牲畜出现饮水困难。直接经济损失达318.5万元。

一、高度重视，组织有力

切实加强了对抗旱工作的组织领导，把抗旱保丰收工作作为今年农业农村工作重中之重的任务来抓。全镇上下充分认识到今年旱情的严重性和紧迫性。把抗旱保丰收工作摆上了重要的议事日程，切实加强领导，及时组织动员广大干部群众投入到抗旱工作上来。同时，组建了由31名镇机关干部组成的抗灾抢险应急分队，并统一为队员们配备了服装、水壶等必备品。

二、提早准备，及时检修

加强了灌溉设施的检查和修建工作，利用一切可以利用的手段为抗旱服务。在严重的灾害面前，××镇进一步加强了机电泵灌站及灌溉设施的检修工作，充分发挥电灌站和水库在抗旱中骨干作用，克服了惜工惜钱思想和侥幸心理，增加必要投入，对机电、水渠进行检修。

三、科学调度，统筹用水

针对全镇水源较少，分布不均的现状，镇政府组织镇村干部加强水源管理，科学调度、实行计划用水、节约用水，按照“先生活、后生产、先节水、后调水、先地表、后地下”的原则进行水源调度，合理解决抗旱用水。把有限的水源发挥到最大的效益上，一些村民利用自己的小型柴油机、电动机自发抽水淋苗，做到能多灌一亩算一亩，能挽救一片算一片，把旱灾损失降到最低限度。

同时，该镇积极组织力量，请来专业打井队，打井找水。全镇共打水井 39 口，解决了 1280 余人的饮水和 300 亩果树的灌溉问题。

第十章　喜报、捷报、大事记写作

第一节　喜报、捷报、大事记写作概述

一、喜报、捷报概述

（一）喜报、捷报的含义

喜报是报告喜讯的专用书信。它有两种类型：一种是某个单位在工作中取得了显著成绩或重大创造发明，向上级单位或重要会议报喜的。另一种是个人或集体在学习、工作中取得优异成绩，获得某种光荣称号，上级机关向有关方面或家属报喜用的。

捷报是一种下级向上级或个人向组织报告所取得的成绩、成就或战绩时使用的上行式特殊书信。“捷”包括胜利与快速两层意思。捷报，意为把胜利的消息尽快传播出去，因此又叫“快报”。

（二）喜报、捷报写作格式

喜报、捷报主要由信件名称、受信者称谓、正文、结语、署名和日期五部分构成。

1．信件名称

在第一行正中用较大字体写“喜报”、“捷报”字样。

2．受信者称谓

另起一行，顶格书写受信者单位名称或个人职务姓名。在个人姓名后加上“同志”、“先生”等恰当称呼。在称谓后加冒号。

3．正文

另起一行，空两格书写喜报、捷报内容，包括成就（成绩）的情况、主要内容及取得成绩或胜利完成任务的原因、今后的设想打算等。

4．结语

另起一行，空两格写“特此报捷”、“特此报喜”，后面不用标点符号。

5．署名和日期

在信件的右下方写上发信人的单位名称、集体总称或个人职务、姓名。在署名下写明发信的准确日期。

二、大事记概述

（一）大事记的含义

大事记是各级党政机关、人民团体、企事业单位用来记载一定历史时期内发生的重要事件的历史资料性的特殊文体。

大事记是按时间顺序，简要、系统地记录本机关和本单位主要活动的文字资料，它有利于日后总结经验教训，了解本单位的发展历史。

（二）大事记的写作格式

1．标题

大事记的标题应标明年（季、月）度、内容、文种类别。也可以只标明年（季、月）度和文种，或者标明机关单位、年（月、季）度和文种。

2．正文

正文一般分条记叙，每条独立一段，先标明具体年、月、日，然后记下当日发生的大事。

（三）大事记的写作要求

大事记与其他文件的写作不同，它一般不是一次起草而成，而是一个积累的过程。各单位的大事记可以作为某系统或上级单位编辑整理大事记参考之用。

大事记一般主要记本机关的组织变动情况、重要会议、上级机关的领导活动、本机关组织的主要活动等，要求提纲挈领、文字简洁、真实准确。

第二节　喜报、捷报、大事记写作范例

◎反映工作成绩的喜报

喜　报

商业局党委：

我所于5月3日提前完成了第二季度局里下达的工作任务，特向局党委报喜！

我所今年第二季度之所以如此快地完成了工作任务，是由于局党委的正确领导，全所职工同心协力、开拓拼搏、苦干实干的结果。

现在，我们正精心安排，再接再厉，为争取保质保量提前完成第三季度工作任务而奋斗！

特此报喜

××所全体同志

××××年××月××日

◎反映生产成绩的捷报

捷　报

××市市政建设指挥部：

为迎接新中国成立××周年和党的××大胜利召开，我部各级人员积极努力，克服困难，胜利完成了××路改造工程。××路将于本月××日正式通车，比预定期限提早整整一个月。

特此报捷

××路工程指挥所

××××年××月××日

◎专题大事记

2008年中国大事记

1月10日：雪灾

2008年1月10日起中国浙江、江苏、安徽、江西、河南、湖北、湖南、广东、广西、重庆、四川、贵州、云南、陕西、甘肃、青海、宁夏、新疆和新疆生产建设兵团19个省级行政区均受到低温、雨雪、冰冻灾害影响。其中湖南、湖北、贵州、广西、江西、安徽6省、区受灾最为严重。截止到1月31日18时，因灾造成的直接经济损失已经达到了537.9亿元。

5月12日：汶川地震

2008年5月12日14时28分，四川汶川县发生8.0级地震。大地震涉及四川18个市（州）和甘肃、陕西、重庆部分地区，受灾面积超过10万平方公里，直接受灾人口达1000多万。截至××××年6月9日12时，四川汶川地震已造成69142人遇难，374065人受伤，失踪17551人，累计受灾人数46249048人。此外，受灾地区交通、电力、通信、供水、供气等基础设施均受损毁，损失严重。另，截至7月31日12时，全国共接收国内外社会各界捐赠款物总计592.49亿元。

8月8日：北京奥运

2008年8月8日至24日，第29届奥林匹克运动会在中国首都北京举行。此次奥运设置了三大理念：绿色奥运、科技奥运、人文奥运。举行了28个大项，38个分项的比赛，产生302枚金牌。共有2万多名运动员、教练员和官员参加北京奥运会。除大部分比赛在北京举行外，帆船比赛在青岛举行，马术比赛在香港举行，部分足球预赛在天津、上海、沈阳和秦皇岛举行。

2005年7月8日，在新加坡举行的国际奥林匹克委员会第117次全会上，决定由香港协办2008年奥运马术项目，是奥运历史上第二次由不同地区的奥委会承办。

9月16日：毒奶粉事件

2008年9月初，全国各地医院都发现许多数月大的婴儿患上泌尿结石病症，这些婴儿的共同点是长期食用同一品牌奶粉，后被证实是三鹿牌婴幼儿奶粉。毒奶粉事件就此爆发。此后，陆续发现圣元、蒙牛、伊利、光明等品牌的牛奶三聚氰胺超标。卫生部的统计数据显示，从2008年9月12日至17日8时，各地报告临床诊断患儿一共有6244例，另有3例婴儿死亡病例。10月7日，国家质量监督检验检疫总局、国家标准化管理委员会批准发布了《原料乳与乳制品中三聚氰胺检测方法》（GB/T22388—2008）国家标准，规定了三聚氰胺的检测方法。

9月16日：央行六年来首次下调贷款利率

从2008年9月16日起，下调一年期人民币贷款基准利率0.27个百分点，其他期限档次贷款基准利率按照短期多调、长期少调的原则作相应调整；存款基准利率保持不变。从2008年9月25日起，除工商银行、农业银行、中国银行、建设银行、交通银行、邮政储蓄银行暂不下调外，其他存款类金融机构人民币存款准备金率下调1个百分点，汶川地震重灾区地方法人金融机构存款准备金率下调2个百分点。

9月25日：神七飞天

2008年9月25日21时10分04秒988毫秒，神舟七号发射升空。飞船于2008年9月28日17时37分成功着陆于中国内蒙古四子王旗主着陆场。神舟七号飞船共计飞行2天零20小时28分钟。中国航天员迈向太空的“第一步”，将引领一个时代，开辟一个新世纪。

12月8日：2008中央经济工作会议

2008年12月8~10日，中央经济工作会议在北京举行。会议提出了2009年经济工作的重点任务：一、加强和改善宏观调控，实施积极的财政政策和适度宽松的货币政策。二、巩固和发展农业农村经济好形势，保障农产品有效供给、促进农民持续增收。三、加快发展方式转变，推进经济结构战略性调整。四、深化改革开放，完善有利于科学发展的体制机制。五、着力解决涉及群众利益的难点热点问题，切实维护社会稳定。

12月18日：燃油税改革定案

2008年12月18日，国务院宣布，自2009年1月1日起实施成品油税费改革，取消原在成品油价外征收的公路养路费、航道养护费、公路运输管理费、公路客货运附加费、水路运输管理费、水运客货运附加费六项收费，逐步有序取消政府还贷二级公路收费；国务院同时决定，将价内征收的汽油消费税单位税额每升提高0.8元，即由每升0.2元提高到1元；柴油消费税单位税额每升提高0.7元，即由每升0.1元提高到0.8元；其他成品油消费税单位税额相应提高。

◎单位大事记

××××年单位大事记

4月11日至13日　全省茧丝绸产业经验交流会在我县成功召开。92个县、16个地州市、厅局领导及相关人员400余人参会，会议的成功召开，对消除“8·18”对我县的负面影响，提升××蚕桑产地大县的影响力和美誉度起到了极大的促进作用，会议经济效应十分明显。

4月19日　据×经合发〔××××〕25号文件，××县被列为××省10个重点招商引资推进县之一，是××州唯一获此荣誉的一个县。

6月7日　县委常委、副县长××、县商务局局长×××随××州经贸代表团赴××省××市参加第四届“×洽谈会”，开展招商引资推介洽谈活动。

7月7日　国家商务部市场运行调节司副司长、国家茧丝绸办副主任×××代表商务部到××县调研“东桑西移”工程和茧丝绸产业。

8月15日　据×商规〔××××〕43号文件，××县被列为××省10个“双十出口基地”县之一，进出口实绩首次位居全州第一。

11月22日　×××县长赴香港参加“××—香港推介团”招商活动，县人民政府与香港中国国际联合速递有限公司签订了投资2亿元建设××县物流中心项目协议，香港××发展有限公司和我县××公司合作投资3亿元在×××、×××两地新建电解锌生产线项目。

12月18日　××县委、政府×发〔××××〕35号文件《关于进一步完善招商引资工作的决定》文件出台，指出要进一步优化投资环境，扩大对外开放，积极鼓励和吸引县内外投资者到××投资创业，促进全县经济又快又好发展。

第十一章 行政工作会议讲话稿写作

第一节 会议开幕词、闭幕词、主持词写作

一、会议开幕词概述

1. 会议开幕词的概念

会议开幕词是指党政机关、企事业单位和群众团体的领导人在各种隆重大会举行时所作的带有揭示性、方向性和指导性的致辞。它是会议的第一个发言内容，有为会议确定议题、奠定基调的作用。开幕词要紧扣会议的主旨，介绍参加会议的人员，说明会议召开的背景、目的、任务、意义及对会议提出希望和要求。

2. 会议开幕词的特点

会议开幕词具有以下特点：

（1）宣告性

宣告性是指在开幕词中郑重宣告会议正式开幕，给会议营造一种庄重气氛。如果这是具有重要历史意义的会议，那么其历史意义就是从这一宣告开始产生的，因而这种开幕词必将随着会议的一系列重要文件一起载入史册。

（2）提示性

提示性是指在开幕词中明确交代会议的议程，扼要说明会议的开法、原则，交代会议的主要精神，起到点题作用。这样的提法使与会人员明确会议主题，做到心中有数，便于积极主动地参与讨论。

（3）指导性

指导性是指在开幕词中阐明会议宗旨，提出会议任务，说明会议目的及指导思想和重要意义，要求把整个会议的基本精神概括出来，这对开好会议将起到重要的指导作用。

3. 会议开幕词的写作格式

会议开幕词一般由标题、称谓、正文、结语四部分组成。

（1）标题

大会开幕词标题的写作有以下三种：

①会议全称加上开幕词，如“×××××第××次全国代表大会开幕词”。

②领导人姓名加会议全称再加上开幕词，如“×××同志在××××会议上的开幕词”。

③采用正、副标题结合的形式，如：

贴近人民生活，弘扬时代精神

——××××协会第××次代表大会开幕词

（2）称谓

一般写作“各位代表”、“先生们、女士们”，如有特邀嘉宾，可写作“尊敬的××先生，各位代表，朋友们”等。

（3）正文

①向大会介绍参会的领导同志和各方面的来宾，通报到会代表人数和团体名称。

②回顾过去的工作、成绩、经验及不足。

③提出本次会议的议题和议程。

④阐明会议的意义并作出预示性的评价。

⑤提出对与会代表的希望和要求。

（4）结语

大会开幕词的结语部分，一般以“祝愿大会获得圆满成功”作结，也可以提出带有鼓动性的口号。

二、会议闭幕词概述

1. 会议闭幕词的概念

闭幕词是指党政机关、群众团体、企事业单位举行各种隆重会议闭幕时，由有关领导向会议所作的总结性讲话。

2. 会议闭幕词的特点

闭幕词具有以下特点：

（1）评估性

评估性是指在闭幕词中，要求对整个会议作出总的评价，恰当肯定会议的重大成果，正确评估会议的深远影响，从而激励与会人员的斗志，增强其贯彻会议精神的信心与决心。

（2）总结性

总结性是指在闭幕词中，要对会议的主要内容和基本精神进行简要总结。通常要概括会议的进程，如完成了哪些议题，做了哪几件事情，每项议题、每件事情又有什么重要意义和作用，与会者提出了哪些正确意见和合理化建议，今后的任务是什么，会后怎样贯彻会议精神等，使与会人员对会议有更加全面、深刻的了解和掌握，以便会后更加全面、正确、充满信心地贯彻会议的主要内容和基本精神。

3. 会议闭幕词的写作要求

（1）内容要概括，体现出总结性

内容要概括、准确，要前后照应，即与开幕词照应，与会议主题照应，与会议研究解决的主要矛盾照应，具有总结性。

（2）条理要清楚，具有逻辑性

主调要突出，线条要集中，节奏要紧凑，具有逻辑性。

（3）语言要有力，体现出号召性

语言要热烈、有力，充分肯定会议的成果和为会议成功作出贡献的部分人员，因此，遣词造句既要庄重得体，又要激情昂扬，充分体现讲话者的理论水平和领导风范。

（4）整个讲话要具有简明性

文字要简洁明了，语言要精练，手法要简洁，重点要集中，篇幅要精短，具有简明性。

三、会议主持词写作概述

1. 会议主持词的概念

会议主持词，是指在出席各类会议时，主持人所发表的讲话。

2. 会议主持词的写作格式

（1）标题

可用主持词、议程或仪式程序等作为标题。

（2）正文

首先，介绍参加活动的出席人员情况，介绍的顺序，在一般情况下，先介绍上级后介绍下级，先介绍来宾，后介绍当地参加活动的主要领导人。在一些特殊情况下，参加活动的人员虽然职务不太高，但他（她）是当年事件的主要参与者，也应先予介绍。

其次，参加活动的人员介绍完之后，主持者以东道主的身份对上级机关的关怀、对来宾的支持表示敬意。

最后，全面介绍整个活动的主要程序。

3. 会议主持词的写作要求

（1）主持词是在整个活动过程中穿插进行的，起一个穿针引线的作用。

（2）会议程序是预先研究好了的。如果遇有特殊情况时随时调整，主持词要作相应的变动。

(3) 主持词在实施过程中，文字表述要和当时的现场活动紧密结合。必要时，在不违背原意的情况下，可以增加或减少某些内容。

四、会议开幕词、闭幕词、主持词的写作范例

会议开幕词、闭幕词、主持词的写作范例如下：

◎洽谈会开幕词

在中外经贸合作洽谈会开幕式上的讲话

×××

(××××年××月××日)

尊敬的×××大使、各位来宾、女士们、先生们：

首先，我谨代表××××自治区人民政府向前来参会的各位嘉宾、各位朋友表示热烈的欢迎。今天，我们在这里召开洽谈会，目的是增进彼此间的了解，在互惠互利的基础上，进一步推进我们之间的经济技术合作。

××具有良好的资源、政策和区位优势。水力、矿产、亚热带动植物、海洋等资源蕴藏量居全国前列；××不仅是中国西部地区唯一拥有海港的省区，而且还是连接××—××的桥梁。××××年，××完成国内生产总值2733亿元，比上年增长10.2%，高于全国平均增长速度，对外贸易创历史新高，经济发展势头迅猛，已形成了以有色金属及非金属矿产开采加工、机械及汽车制造、建筑材料、制糖、农业、旅游业为支柱的特色产业。今年11月，第一届中国—东盟博览会将在×××举办，这为进一步加快××的对外开放和经济发展带来了历史性机遇。

×××科技发达，在电信、高科技以及农业科技产业等都极具国际竞争力。×××和××在资源和技术优势上互补性很强，具有良好的合作前景。我们非常欢迎×××朋友惠顾××观光旅游，投资兴业。愿我们以本次洽谈会为契机，精诚合作，共创辉煌！

祝洽谈会取得圆满成功！谢谢各位！

◎交易会开幕词

在××××中国××小麦展示暨交易会开幕式上的讲话

×××

(××××年××月××日)

各位领导、各位代表，朋友们：

今天，××××中国××小麦展示暨交易会隆重开幕了。我谨代表国家××

局向这次大会的召开表示热烈的祝贺！

在粮食流通市场化的新形势下，举办全国性的小麦展示和交易会，为产销区、为全国粮食购销企业、为农业和粮食部门牵线搭桥，让大家以市场为纽带走到一起，并建立长期稳定的产销协作关系，这是充分发挥政府部门的组织引导作用，为深化粮食流通体制改革服务的具体体现。本届交易会的举办，必将进一步强化粮食流通市场化和规范化理念，促进生产、流通的相互衔接。

进场交易、上网交易是未来粮食流通发展的主流趋势。实践证明，充分发挥粮食批发市场的作用，引导粮食企业进场交易、上网交易，是深化粮改、规范粮食市场流通秩序的有效途径，也符合我国粮食发展战略的需要。希望广大粮食企业以这次交易会为契机，充分运用期、现货市场提供的有利条件和服务功能，降低交易成本，不断提高企业的市场意识和市场竞争能力。

中国××小麦展示暨交易会是全国性的大型农业成果展示和小麦交易盛会，前两届交易会所取得的成功和效应，为我们培育和发展这一品牌奠定了很好的基础。我们要不断总结经验，丰富内容，强化服务，开拓创新，努力把这一会议办出水平、办出特色、办出品牌来。

××地处中原，是我国主要的粮食产区，粮食产量和商品量占全国第一位，具有明显的区位优势和资源优势。多年来，××省充分发挥自身优势，在深化粮食流通体制改革，探索粮食产销衔接，促进粮食生产和流通等方面作出了突出的贡献，提供了宝贵的经验。××省人民政府高度重视中国××小麦交易会，为大会的成功召开奠定了坚实的基础。最后，我代表参会的代表向××省政府领导表示衷心的感谢！

谢谢！

◎研讨会闭幕词

在“市场准入与公平竞争”××××年××
国际研讨会闭幕式上的讲话

×××

（××××年××月××日）

各位来宾、女士们、先生们：

下午好！

紧张的一天研讨让大家辛苦了，但能聆听这么多的精彩演讲，还是感到分享智慧、收获知识、拓宽视野的充实和喜悦。

回顾此次研讨会，充分体现了“海纳百川、追求卓越”的精神，本次会议有以下三个显著特点：

一是层次高。这次研讨会我们邀请到了××市的分管市长，国务院立法部门、市场准入管理部门、政策研究部门的三位部长，×国公平交易委员会秘书长、×国联邦中央登记署主任、××××证券与投资委员会执行部副总裁等高级官员出席，还邀请到了知名专家学者，还有众多世界一流企业高管，可谓高朋满座，宾客如云，不能不说是一次高层次、高规格国际研讨盛会。

二是内容全。今天的研讨会上，16位演讲嘉宾围绕市场准入与制度构建、政府规制、经济发展、行业监管4个议题展开了热烈的讨论。整个研讨会主旨鲜明，逻辑严密，议题与议题之间环环相扣，紧密相连。内容跨度之大好像一天走了好多国家，一日跨了好几个时代。

三是组织得好。本次参加研讨会的人员近600人，代表的地域和行业分布也十分广泛，能在这么短的时间内，对以上问题进行充分的阐述和交流，并形成了一定的成果，归功于本次研讨会的出色组织。会务安排得井井有条，会议运作得流畅顺利，充分展现了本次组委会高超的统筹能力和组织能力。面对如此高效的组织，就不难理解××市场准入制度的高效了。

此次研讨会虽然短暂，但对我们的影响是深刻和久远的。研讨会恰逢其时，在中国实施《××法》、制定《××法》和《××法》的重要时刻召开。演讲者或以过来人的身份告诉后来者他们走过的历程，或丝丝入扣剖析一项法律制度的操作，或高屋建瓴指出制度建设的方向，这些真知灼见都将促使我们的市场准入制度更成熟、更完善。通过研讨会，我们既感到制度后来者的后发优势，那就是可以吸取前人的经验，取长补短，众采博览，站在巨人的肩上，也感到后来者的任重而道远。

今天，我们怀着建设公平、规范、便捷、高效市场准入制度的共同目标走到一起，拜会老朋友，结识新朋友，明天我们就要回到各自的工作岗位。研讨会虽然短暂，但我们的友谊是地久天长的！

各位来宾，女士们、先生们，在研讨会结束的时候，让我们以热烈的掌声，再一次感谢嘉宾的精彩演讲！再一次感谢各位的耐心参与！再一次感谢××市工商局的精心组织与安排！再一次感谢有关协办单位、支持单位及所有会务人员！

◎论坛会闭幕词

在中国陶瓷发展战略高峰论坛闭幕式上的讲话

×××

（××××年××月××日）

尊敬的各位领导、各位专家、各位嘉宾、女士们、先生们：

××建陶协会××××年年会暨中国陶瓷发展战略高峰论坛经过两天深入而

热烈的研讨，圆满完成了各项议程，取得了丰硕的成果，现在即将闭幕，在此，我代表××区委、区政府向本次年会和论坛的成功举办表示热烈的祝贺！向各位领导、专家和企业家们的精彩报告表示衷心的感谢！

本次年会和论坛在××举办，犹如一缕春风给我们带来了清新的气息，犹如一场春雨滋润了××大地。两天来，与会的各位领导、专家和企业家们就如何加快陶瓷行业的发展畅所欲言，互相交流，建言献策，共商大计，特别是针对××陶瓷行业的发展提出了许多中肯的意见和宝贵的建议，这些真知灼见，旁征博引，高屋建瓴，对加快××陶瓷行业的发展，提升陶瓷产业的质量和档次，打造实力强劲的“××陶瓷”品牌，促进××陶瓷走出国门、走向世界，具有重要而现实的指导意义。各位专家的讲座内涵丰富、极具前瞻性、深入浅出，为我们送来了崭新的经营理念，对于深化我区陶瓷行业的结构调整，扩大规模，开拓市场必将起到积极的推动作用。

通过这次论坛，我本人深受启发，我们的企业家更是受益匪浅。通过座谈和听取专家的报告，我们看到了××陶瓷与先进陶瓷产区的差距，也认识到了目前陶瓷产业发展的巨大压力和挑战。这次论坛，给××区的企业家们提供了一次极为难得的解放思想、转变观念、开阔眼界的机会，为××陶瓷产业的发展带来了新的机遇。区委、区政府希望全区陶瓷企业要以这次高峰论坛为契机，深刻领会和理解各位专家的报告，切实把各位专家的新思想、新理念运用到实际生产中去，推广先进的管理经验和先进的生产技术，改进生产加工工艺，加快机制创新、科技进步和市场开拓，努力地把我区的陶瓷产业做大、做强、做优。

区委、区政府将全力支持陶瓷企业加快技术改造和产业产品结构调整，推动全区陶瓷产业走上一条技术含量高、资源消耗少、环境污染轻、带动能力强的新型工业化路子。我们相信，有本次论坛东风的推动，有这么多的领导、专家、企业家的关心、支持，有全区企业家们的同舟共济、奋发有为，××陶瓷的明天一定会更加辉煌。

本次论坛的时间虽然短暂，但我们的友谊地久天长。××是一块充满生机和希望、充满热情和活力的年轻的土地。在本次论坛即将闭幕之际，勤劳、智慧的××人感谢各位领导、各位专家、各位嘉宾对我们的指导、关心和帮助，也热切地盼望着你们常来××走一走，看一看，更期待着你们来这里投资兴业、共创辉煌。

最后，祝各位领导、各位专家、各位嘉宾、女士们、先生们身体健康，万事如意！

谢谢大家！

◎ 乡镇企业工作会议主持词

在全市乡镇企业工作会议上的主持词

×××

（××××年××月××日）

同志们，今天我们在这里召开全市乡镇企业工作会议，主要是贯彻落实全市经济工作会议和全省农村工作会议精神，总结乡镇企业过去一年的工作经验，查找存在的问题，安排部署今年的工作任务。

今天会议的议题有四项：一是请×局长传达全市经济工作会议和全省农村工作会议精神，总结去年全市乡镇企业工作经验和安排部署今年工作任务。二是×局长与各县（市、区）局局长签订安全生产目标管理责任状。三是各县（市、区）局局长交流去年工作经验和今年工作计划思路。四是市局各科科长布置具体工作。

下面进行会议的第一项，首先请×局长传达全市经济工作会议和全省农村工作会议主要精神，总结去年全市乡镇企业工作，部署今年工作任务。大家欢迎。

下面进行会议的第二项内容，由市局×局长与九县（市、区）局长签订安全生产目标管理责任状。

刚才×局长作了一个很好的报告，希望大家很好地领会报告精神。去年，是“十二五”规划的起步之年，也是不平凡的一年，我市遭受了百年未遇的“××”超强台风的袭击，损失惨重。但是全市40多万名乡镇企业系统的干部、职工，在当地党委、政府的正确领导下，奋起抗灾，将损失降到最低限度，各县（市、区）局在去年十分困难的情况下，能迎难而上，根据各地的实际情况做了大量卓有成效的工作，保持了良好的发展态势。

下面进行会议的第三项内容，请各县（市、区）局局长对去年的工作经验进行交流发言。

刚才九县（市、区）局局的局长对去年的工作经验进行了总结交流，并对今年的工作计划提出了很好的思路，希望大家很好地抓落实，确保全年任务的完成。

下面进行会议的最后一项，请市局各科科长布置具体工作。

同志们，为期一天的会议将要结束了，这次会议虽然时间很短，但是内容丰富，任务很重。会议既传达了全市经济工作会议和全省农村工作会议精神，又总结交流了市、县两级工作经验，签订了安全生产目标管理责任状，以及对今年的工作进行了部署安排，达到了会议预期的目的。希望大家回去后抓紧贯彻落实。

在这新春佳节即将到来之际，谨向在座的各位同志，并通过你们向全市××多万名乡镇企业干部、职工拜个早年！祝愿大家在新的一年里事事如意、合家幸福！

散会。

◎体制改革工作会议主持词

粮食流通体制改革工作会议主持词

×××

（××××年××月××日）

尊敬的各位参会代表，现在开会。

今天，县委、县政府在这里隆重召开全县粮食流通体制改革工作会议，是继××××年粮改以来的又一次关于粮食流通体制改革的重大会议，会议的主要任务是：回顾总结过去一年来的粮食工作，分析粮食流通工作面临的形势，安排布置今年和今后一个时期的粮食流通体制改革工作。

参加今天大会的有：市粮食局×××同志，县委、县人大、县政府、县政协的分管领导，县粮改领导小组各成员单位的负责同志，县城各附营企业副科级以上领导干部，各购销企业的主任、会计，粮食局全体干部。让我们以热烈的掌声欢迎各位领导和同志们的到来。

今天的大会共有四项议程：一是动员讲话。二是宣读文件。三是领导讲话。四是总结讲话。

下面进行大会第一项：动员讲话。请县政府副县长×××同志作动员讲话。大家欢迎。

现在进行大会第二项：宣读文件。请县粮食局局长、粮改办主任×××同志宣读《××县人民政府关于进一步深化粮食流通体制改革的实施意见》。大家欢迎。

再请粮食局副局长×××同志宣读《××县国有粮食购销企业改革工作方案》。大家欢迎。

现在进行大会第三项：领导讲话。请市粮食局×××同志讲话。大家欢迎。

现在进行大会第四项：总结讲话。请×××县长作总结讲话。大家欢迎。

前面，×××副县长作了粮改动员讲话，粮食局×××局长和×××局长宣读了《××县人民政府关于进一步深化粮食流通体制改革实施意见》和《××县人民政府关于印发××县国有粮食购销企业改革工作方案的通知》，市粮食局×××同志作了重要指示，×××县长最后作了总结讲话。下面我就如何贯彻落实好这次会议再强调几点意见：

一是要深刻领会会议精神。这次粮改的政策性强，涉及面广，任务繁重，各有关部门一定要按照县委、县政府的安排，统一思想，提高认识，全面、正确地理解和学习好这次粮改的政策措施，把握好"放开"与"管理"、"搞活"的关系。

二是要传达好这次会议精神。这次会议，各粮食企业抽调的是各购销企业的主任和会计以及县城附营企业副科级以上领导，会后，各企业主要负责同志一定要将这次会议精神全面细致地传达到粮食企业的每一个职工，并做好职工的思想工作，为下一步粮改工作奠定基础。

三是通力协作，密切配合，全面完成我县的粮改工作任务。粮改工作是一项庞大的系统工程，需要各方面的配合和全社会的支持，各有关部门要明确职责分工、各司其职、各负其责、充分发挥部门的职能作用，顾全大局，高效运作，改进作风，改善服务，与粮食部门一道搞好这次粮改工作。

这次粮食流通体制改革工作会议的各项议程已圆满完成，现在宣布闭会。

第二节 行政工作会议讲话稿写作

一、工作会议讲话稿的写作概述

1. 工作会议讲话稿的概念

工作会议讲话稿也称"发言稿"，是指在某种特殊场合讲话前所拟定的书面稿子。其作用是节省时间，集中、有效地围绕议题把话讲好，不至于走题或把话讲错。讲话稿的适用范围很广，多用于各种大小会议、广播录音、电视录像等口头表达，也可以登报印成“书面发言”。

2. 工作会议讲话稿的种类

（1）会议主持讲话稿

会议主持讲话稿是指在主持会议或活动时的主持讲话稿。写作会议主持讲话稿时，要因会制宜，根据不同的会议，撰写不同的讲话内容。要求突出中心，紧扣会议议题，严谨、灵活，生动、幽默，表达准确，观点鲜明，言简意赅，语言要写得自然、实在、富有鼓动性。

（2）政治会议讲话稿

政治会议讲话稿是指在各类政治会议上发表的讲话稿。写作这类会议讲话稿要求中心思想突出，理论联系实际；思路清晰，观点鲜明；层次分明，逻辑严密；措辞准确，感情饱满，振奋人心。政治会议的讲话稿，不但要具有鲜明的理论性、思想性、工作性、政策性，而且还要富有一定的鼓动性、指导性。

（3）纪念会议讲话稿

纪念会议讲话稿是指在重大庆典等纪念性会议上发表的讲话稿。写作这类讲话稿时，要求既有理论性又有针对性，条理清晰而又环环相扣，语言既简洁明快、生动流畅，又通俗易懂，篇幅要小，语气要坚定有力，讲究礼仪用语，使整篇讲话稿富有感情色彩。

（4）节日致辞讲话稿

节日致辞讲话稿是指元旦、国庆、春节等重要节日在电视或晚会上以及其他庆祝活动中所作的讲话稿。由于这类讲话主要是通过向广大群众表示节日问候，回顾历史，展望未来，提出希望，激励广大干部群众在新的一年或今后为祖国和本地区的改革发展作贡献，因此内容要写得实事求是，语言要写得热烈、真诚，文字要精练、简洁。同时，还要注意通俗易懂与语言的口语化。

（5）礼仪活动讲话稿

礼仪活动讲话稿是指在特定的场合或举行某项仪式上所发表的礼仪性讲话。写作这类讲话稿时，要求语言精练，简洁明了，言辞热烈；充满感情，层次分明；结构严谨，针对性和应用性强；鼓动性、号召性强。

（6）文体活动讲话稿

文体活动讲话稿是指出席各种文体活动时所发表的致辞讲话稿。这类讲话稿的语言要写得简洁明快，真情感人，注意用词要简明、文雅、有力。

（7）慰问活动讲话稿

慰问活动讲话稿是指在重大节日、纪念日或遇到某种特殊情况、重大事件时，对有关人员、群体表示安慰、关心、关怀、问候、鼓励而发表的讲话稿。写作这类讲话稿时，要求有鼓舞性和亲切性，讲话的语言要富有激情，文字要简洁明了，通俗、恳切。

（8）情况汇报讲话稿

情况汇报讲话稿是指向领导汇报工作情况时的讲话稿。写作这类讲话稿时，要善于抓住重点，做好综合分析，语言要写得简明精练，条理清晰，用词准确。同时，还要使整个讲话稿有新思想、新观点。

（9）通报情况讲话稿

通报情况讲话稿是指向有关人员通报有关情况的讲话稿。因这类讲话稿主要是介绍某项工作，或就某一问题、事件、工作表明态度，明确要求，提出希望，以求获得统一认识或扩大影响。因此，这类讲话稿要写得实事求是，措辞准确，判断恰当，重点突出，语气和缓。

（10）学习辅导讲话稿

学习辅导讲话稿是指向党员、干部、群众解释、宣传政治理论知识与党和国家重要文件时所使用的讲话稿。做学习辅导讲话时，首先要开门见山，引人入胜；其次要全面准确，讲深、讲透；最后要做到概括总结，耐人回味。学习辅导讲话稿要求观点鲜明，层次清晰；逻辑严密，有理有据；以情动人，感染力强；深入浅出，通俗性强。

（11）谈话、交谈讲话稿

谈话、交谈讲话稿是指以对话的方式与干部群众面对面进行交流的讲话稿。谈话、交谈讲话稿的具体内容要视实际情况、谈话对象而定。做好谈话、交谈，一定要事先做好准备，做到心中有数；要有针对性，明确目的，把握重点；讲究谈话方式，因人制宜，因事制宜；谈话语言和气亲切，表达得体。

3. 工作会议讲话稿的写作格式

（1）标题

其写作格式如下：

①标题位置要左右居中，上下各空一行。短标题的字距可拉开一点。长标题一行不够，可转行，但要注意保持词与词组的完整性，字数搭配要匀称合理。

②标题明确清晰，新颖醒目，生动活泼，语言要简洁精练。

（2）姓名

其写作格式如下：

①有与标题连在一起，列于标题之前的。

②如果讲话者在本地讲话，大家对其都熟悉时，不必在姓名之前冠以主要职务；如果讲话者在外地讲话，大家对其不很熟悉时，最好在姓名之前，冠以主要职务，以便与会者增进了解。

③姓名独占一行时，字距应拉大一些。姓名只有两个字的，字距可再拉大一点。

（3）时间

其写作格式如下：

①讲话时间有的标在讲话者之前，有的标在讲话者之后，还有的把讲话者与讲话时间连在一起嵌入副标题中。这三种方式可灵活运用。

②时间单独标出，独占一行时，要外加括号。

③所标时间不能简化，年、月、日中的数字要写全。一般标到某日为止，如果一天内有数次讲话，还要注明上午、下午或晚上等具体的讲话时间。

（4）称谓

如何称谓，要视会议性质和与会者的具体情况而定。称谓一般要顶格写，独立成行，较多时并列两行以上，有时称谓也可与讲话开头并连在一行。

（5）开头

开头是讲话思路的起点，它的任务在于提领整个讲话，需要具备赢得听众好感和引入正文的条件。为了达到这个条件，在写讲话稿开头时，需要注意以下四点：

①内容要力求有新意，能给人耳目一新之感。

②形式要力求新奇巧趣，要能牢牢地吸引听众。

③要避免用谦逊过度的谦词开头和自我吹嘘的开头。

④注意开头不要兜圈子、绕弯子，入题太缓，离题太远。

讲话的开头很重要，它起着引发、定调的作用。因此，要写得很得体，要体现出讲话者和听众之间的主要关系，要符合讲话场合的需要，要用简要的语言交代出全部讲话的要点，使听众先有所了解，并营造一种气氛，达到控制和掌握听众情绪，吸引其注意力的目的。

综上所述，写讲话稿开头的总的要求就是：做到开门见山、切入主题，语言要引人入胜、吸引听众、新颖精巧，内容要紧扣题意，简明扼要，寥寥数语。

（6）正文

一般来说，正文没有一个固定的模式，其内容要视讲话人的身份、会议的背景、讲话的主题以及听众的差异而定。但都必须内容充实、分析透彻，主题鲜明、观点正确，材料充实、详略得当，层次结构分明、条理清晰，言之有序。对篇幅较长的讲话稿需要列出若干小标题，或用序号分出几个部分来写。

（7）结尾

结尾是讲话思路的终结，它要在一个很短的时间内，抓住听众的注意力，使其全篇的意义完整，因而必须用最有力量的语言，将思想升华，编织完成全篇的讲话。好的结尾具有画龙点睛的作用，可发人深省，耐人回味，鼓舞斗志，振奋精神。写作讲话稿结尾的要求：

①概括整个文稿主题，作出结论，完整准确。

②语言精悍有力，充满热情。

③让听众听后余音绕梁，回味无穷。

结尾的写作方法很多，常见的有：一是总结式。即对讲话的主要内容进行总结，归纳概括。这种结尾方式既是讲话稿的终点又是启发人们思考的起点。二是发出号召、提出希望式。即向与会者或有关人员指明方向，发出号召，提出希望。三是展望未来、鼓舞斗志式。即对未来的前景作出展望，拨动听众的心弦。四是感谢式。即向与会者或有关人员表示感谢。这种结尾方式能使听众备感亲切，有助于拉近讲者和听者之间的心理距离，融合讲者和听者的感情。五是哲理式。即通过总结作出哲理性结论，给听众以启发。六是含蓄式，即通过提出问题，给听众以回味之感。

4. 工作会议讲话稿组织结构上的写作要求

为了能使讲话稿线条清晰、脉络顺畅，推理科学、判断准确，结构层次严谨、逻辑性强，在组织结构方面要掌握以下特性：

（1）讲话稿布局的整体性

讲话稿布局的整体性是指按照事物之间发展的前因后果，统筹安排，理顺脉络，通过一个有形或无形的主线（经线）和一层层展开的段落层次（纬线），把讲话稿的框架布局安排好，以便为写好讲话稿奠定良好的基础。做好谋篇布局的方法是：在选好角度及定好主题的基础上，围绕主题，大体按照是什么、为什么、怎么办三个大层次，确定一个主线条及各个部分的支线条，以及各层次、支线的观点、论据等，拟出详细的写作提纲。

（2）要素组合的紧密性

要素组合的紧密性是指按照客观事物的内在联系布局谋篇，把讲话稿的各种要素有机地组合起来，做到自然严谨。讲话稿的要素，主要是观点与材料。主题明确，观点正确，并详细地占有材料，做到观点与材料统一，是一篇好的讲话稿的基本特征，也是写好讲话稿必须遵循的基本要求。如何使观点与材料紧密结合、有机统一有多种方法，领导讲话稿主要运用的是逻辑关系法和递进法，即提出问题（是什么）、分析问题（为什么）、解决问题（怎么办）。

（3）内容结构的层次性

内容结构的层次性是指要遵循作文的一般规律，做到层次分明，环环相扣，层层递进，一脉相承，相互衔接，前后呼应，排列恰当，符合人的思维逻辑。具体到讲话稿，一般都要按照“为什么开展这项工作、如何开展这项工作、如何才能保证把这项工作搞好”的思路，形成讲话稿大的结构框架，然后再围绕大的结构框架，提出第二层次和第三层次的结构和内容。

（4）段落层次的单一性

段落层次的单一性是指内容详略得当，突出重点，保持单一。一篇讲话稿最好是一个主题思想或中心意思，一个层次段落最好是一个问题或一个意思，段落问题围绕主题思想，观点与材料相结合，一层层展开，一个个讲透。在具体写作时，要达到这些要求，最好的办法是打好腹稿，拟好提纲，把主要观点融于提纲、题目之中。这样，才能提高讲话稿的写作效率。

5. 工作会议讲话稿思想内容上的写作要求

（1）思想性

讲话稿的思想性主要体现为：

①讲政治，始终与党中央保持高度一致，自觉维护党中央的权威。

②坚持用马克思主义、毛泽东思想、邓小平理论、“三个代表”重要思想和科学发展观指导各项工作，用马克思主义的立场、观点、方法来观察、分析和解决问题。

③按照组织意图去讲，与集体意见保持一致，不论在什么情况下，都不能凭自己的好恶随意表态。

④符合并传达贯彻落实党的基本路线、方针、政策和国家的法律法规。

⑤坚持党的思想路线，解放思想，更新观念，求真务实，开拓进取。

（2）准确性

准确性是讲话稿写作的基础和前提。只有讲话稿的写作内容准确、真实、可信，才能赢得群众的信服，更好地指导工作。准确，既包括政治上的，也包括事实上的；既反映客观事物的本质和主流，又符合客观实际；既是对上级精神的准确表述，又是实践活动中质与量、是与非的真实反映。其中符合党和国家的路线、方针、政策和上级的指示精神，并把上级精神自然而然地体现在讲话稿之中，则是讲话稿准确性的重要表现，也是需要把握的一个重点。

（3）实用性

讲话的目的是解决问题，指导工作。领导讲话稿只有管用、实用，才有其存在的价值。如何才能使领导讲话稿管用、实用呢？

①要对上级指示精神进行认真学习，深刻领会其精神实质；掌握和了解领导干部的工作思路和意见；了解本地实际情况，做到心中有数。只有这样，起草领导讲话稿才能把握住大方向，提出的观点才能有高度，立得住。

②把上级指示精神与本地的实际情况结合起来，对“原材料”进行加工，去粗取精、去伪存真，发现问题，找到解决办法，把“上情”与“下情”联系起来进行分析比较，从中抓住主要矛盾和问题，寻找两者的结合点和共同点，才能在写讲话稿时有较高的立意，有较强的针对性，写出的讲话稿才有较强的指导性。

（4）个性化

讲话稿的个性化特点，是指讲话稿不仅要符合实际，而且要符合自己的意图，体现自己的思维特点和语言表述习惯，具有自己独特的风格和个性。这不仅是为个人树立良好形象的需要，也是提高讲话稿写作质量的需要。要想在讲话稿中体现出自己的个性和风格，实现用自己的语言讲话，必须做到如下几点：

①加强党性修养，树立正确的世界观、人生观和价值观。

②锲而不舍地坚持读书学习，把学习作为重要任务，提高文化素质。

③发扬持之以恒的刻苦钻研精神，多用脑思考问题，多动手写讲话稿。

④改进工作作风，深入基层进行调查研究，充分占有第一手材料，了解和掌握群众思想情况。

6. 工作会议讲话稿语言文字上的写作要求

熟练掌握和正确运用语言文字表达，是提高讲话稿写作水平的基础。讲话稿语言文字表达的特点如下：

（1）精当性

精当性是指用词贴切，推理严密，合乎语法、逻辑，要用最贴切最恰当的字、词、句概括观点，表达讲话内容。特点是要注意仔细区别近义词在含义和用法上的细微差别，否则讲话稿就会出现用词不当，产生纰漏和歧义。

（2）生动性

生动性是指语言要有文采，句式要有变化，读来朗朗上口，听来通俗易懂。领导讲话稿在不失庄重、明确和科学、准确的前提下，恰当地使用一些生动的词语是必要的，这样会使讲话的意义更加深刻具体。

（3）庄重性

庄重性是指语言要庄重典雅。讲话稿的内容具有较强的政治性、政策性和权威性、代表性，带有明显的指示性、指导性和约束性。庄重严肃的语言是政治性、政策性和权威性、代表性的体现。因此，无论遇到何种情况，问题多么严重，语言文字表达都要规范严谨。只有庄重、严肃的语言，才能引起听众对贯彻落实讲话精神的重视，讲话才能有成效。当然，恰当地使用一些幽默的语言，也是必要的。

（4）鲜明性

讲话稿主要是传达学习、宣传和落实党的基本路线、方针、政策，政治性、思想性、政策性非常强。因此，在具体写作时，就要把握好观点鲜明、态度明朗、意见明确这一鲜明性，对主张什么、提倡什么、反对什么，都要写得直截了当。

（5）贴切性

贴切性是指语言的运用贴近对象、切合实际，要看对象、看场合、看文体要求，得体地运用语言。讲话者各自地位身份不同、素质不同，讲话的要求、语言风格、讲话的用词也就不同，因此，讲话稿必须符合不同身份地位的人和语言习惯，是什么人就讲什么话。

（6）简练性

简练性是指用精练的语言材料、简单的结构方式、比较少的语言表达丰富的内容。在写作讲话稿时，必须以“惜墨如金”的态度，下决心把讲话稿写得简练、简练再简练，能少一个字的就少一个字，能压缩的就压缩，能删去的就删去，做到简而不陋，繁而不芜。

（7）规范性

合乎语言文字规范，遵循语言的一般规律是讲话稿的基本要求。讲话稿中的名称、数字、时间表述以及讲话稿中的省略、标点符号的使用等，都有严格的要求，表述和使用一定要准确规范。当然，适当使用一些特殊的、创新性的、大家共知的群众语言，也是必要的，可以增强讲话稿的生动性。

（8）平实性

平实性是指言之有理，语言朴素，语意实在，质朴自然，多用平和、朴实的陈述句，且口语化要强，句式不要太长。读来朗朗上口，听来句句实在。也就是说，在写作讲话稿时，要多采用大众化、通俗化的语言，多说自己的话，并注意吸收现代政治、经济、文化等各个领域中涌现出来的大量新词语。

二、工作会议讲话稿的写作范例

工作会议讲话稿的写作范例如下：

◎防汛工作会议讲话

在全省防汛工作会议上的讲话（节选）

×××

（××××年××月××日）

同志们：

在全国“两会”胜利闭幕不久，全省上、下深入学习贯彻“两会”精神之际，召开这次全省防汛工作会议，总结经验、分析形势，部署今年的防汛抗旱工作，非常及时，很有必要。防汛工作最重要的就在于“防”，就是要早研究、早部署、早准备、早动手、早落实，未雨绸缪，以确保安全度汛。会上，×××同志做重要讲话，对防汛工作进行部署，请大家认真贯彻落实。下面，我讲几点意见。

一、充分认识做好防汛抗旱工作的重要性（略）

二、加强领导，严肃纪律，严格落实防汛责任制（略）

三、依法防洪，科学防洪，确保今年安全度汛（略）

同志们，防汛抗旱工作责任重于泰山。各级党委、政府一定要周密部署，真抓实干，依法防洪，科学防洪，努力夺取今年防汛抗旱斗争的全面胜利，为“××”计划的良好开局，为国民经济的持续快速健康发展提供有效的安全保障，作出新的更大贡献。

◎森林防火工作会议讲话

在全省森林防火工作电视电话会议上的讲话（节选）

×××

（××××年××月××日）

同志们：

刚才，×××同志传达了全国森林防火工作座谈会精神，并就抓好全省森林防火工作作了具体部署和安排，我完全赞同。下面，我再强调几点意见。

一、要充分认识做好森林防火工作的重要性和紧迫性

森林火灾是一种与自然条件、人为活动有着直接关系的自然灾害，具有很强的突发性和不确定性。受厄尔尼诺、拉尼娜等现象影响，全球气候异常，气象条件不利于森林防火；林区枯枝落叶和林下植被增多，引发火灾的概率增大；林区经济发展加大了火源管理难度；农村大量青壮年劳力外出务工给扑救火灾带来了人力调度上的困难。（略）

二、要进一步完善森林火灾应急预案

当前，我省已进入森林防火期。防火工作的艰巨性、时效性、专业性和危险性，要求我们必须把强化火灾处置能力、完善应急体系作为工作的重中之重，切实抓紧、抓好。各级森林防火指挥部要按照国务院的统一要求，参照《国家处置重、特大森林火灾应急预案》和省政府的有关规定，逐级修订完善扑火预案。（略）

三、要切实加强监测和预警预报

各地要结合区情、林情，充分运用卫星监测、瞭望台哨、地面巡逻等综合手段，加强火情监测和火险预警预报，努力实现全方位监测。对国家林业局卫星林火监测中心通报的热点信息，必须认真核查，及时报告。要加大火情监测设施和通信设施建设力度，加强值班调度，保障通信畅通，确保火灾信息的快速传递，真正做到一有火情，能及时发现并有效处置，实现森林火灾“打早、打小、打了”。对迟报、瞒报火情的，要严肃处理。因失职贻误扑火时机、造成重大损失的，要依法追究有关人员责任。

四、要严格火源管理

违法用火是引发森林火灾的主要原因。要保证不发生大的森林火灾，就必

须坚决把火源管理好。各地要严格执行火源管理制度和野外生产用火批准制度，积极引导和科学规范农事用火。林区要严格封山清山、清理外来人员，严禁一切野外用火，坚决管住管严火源，杜绝火种进山。要针对当前林下可燃物载量高、火灾隐患大的实际情况，在辖区范围内全面开展火灾隐患大排查活动。要加强林间、林缘防火隔离带建设，变堵为疏，变被动为主动，切实做到预防第一，常备不懈。要根据当地的实际情况适时发布森林防火戒严令，划定戒严区、戒严地段，采取必要的防范措施，严防火灾发生。

五、要全面落实森林防火责任制

各级政府和有关部门要以对国家和人民生命财产高度负责的精神，认真贯彻“预防为主、积极消灭”的工作方针，全面落实森林防火责任制，确保《森林防火目标责任书》签订的各项目标任务按期完成，确保实现全年受害率控制在0.5‰的目标。要按照山有人管、林有人护、责有人担的要求，层层落实责任和措施，确保不发生大的森林火灾和人员伤亡事故。各地在防火期间，分管领导要亲临一线，深入基层，开展森林火灾隐患大排查，重点检查森林防火责任制落实情况，及时解决森林防火工作中存在的突出问题，不断提高森林防火综合水平。森林防火指挥部各成员单位要各司其职，各负其责，密切配合，通力合作，为森林防火防灾提供有力保障。

六、要坚持依法治火

要认真贯彻《森林法》《森林防火条例》和《××省森林防火办法》，进一步加大执法力度，抓好火灾案件的查处，真正做到有法必依、执法必严、违法必究，查处一案，教育一方。对森林火灾造成重大损失的大案要案，要严肃追究责任，依纪依法处理。要采取多种形式，大力开展面向基层、面向群众、面向重点区域的森林防火和安全避险知识宣传教育，切实提高群众的防火意识和参与防火的自觉性、积极性，把预防森林火灾变为全社会的自觉行动。要进一步健全并严格执行森林防火工作制度，堵塞漏洞，把森林防火工作纳入法制化、制度化轨道。

同志们，全省森林防火已进入一个重要时期。各地要按照省委、省政府的统一部署，紧急行动起来，采取有力措施，严防森林火灾发生，确保人民群众生命财产安全，为构建“和谐××”、“平安××”，促进××奋力崛起作出新的更大贡献。

◎专项行动联席会议讲话

在“清查放射源，让百姓放心”专项行动联席会议上的讲话

×××

（××××年××月××日）

同志们：

根据国家环境保护总局、公安部、卫生部联合下发的《关于开展“清查放射源，让百姓放心”专项行动的通知》（环发〔××××〕56号）要求，我省决定在全省范围开展一次“清查放射源，让百姓放心”专项行动。为了加强领导，这次专项行动由省环境保护局牵头，与省公安厅、省卫生厅建立联席会议制度。今天召开联席会议成员单位第一次会议，主要内容就是对这次专项行动进行统一部署，统一协调，使各部门在行动中认识一致，步调一致。下面，我代表省政府讲几点意见和要求：

一、统一思想，提高认识

随着核技术事业的迅速发展，放射源得到了越来越广泛的应用，在我国的经济建设和社会生活中发挥着重要作用。但若管理不善，放射性污染将会严重威胁人民群众的生命健康和社会稳定。党中央和国务院领导非常重视放射源的安全监管工作，曾多次作出重要批示。对此，省委、省政府也高度重视，我省在精简机构的大环境下，于去年年底成立了××省辐射环境监督站，配备了专职人员，省财政拨专款用于放射性废物库改造，强化了辐射安全的监管能力。这次联席会由省政府主持召开，也是我省重视辐射安全监管工作的体现。

此次专项行动的目的是要彻底查清我省放射源现状，强制收贮废放射源，消除放射性污染危害，保护人民群众生命财产安全，维护社会稳定。各有关部门一定要从讲政治、保稳定、促发展的高度，充分认识本次专项行动的重要性和紧迫性，加强领导，落实责任。此次专项行动的主要任务可以概括为“调职能，查底数，除隐患，收废源”，对生产、进出口、销售、使用、运输、储存、处置放射源等各个环节进行清查整治。要安全收贮废弃放射源，建立有效的监管制度，对在专项行动中查实的违法单位和个人，要依法处罚，用法律的手段达到教育和整改的目的，严格执法，不留死角，以促进核技术的安全利用，保护人民群众身体健康，维护社会稳定。

二、统一协调，分工合作

按照国家对放射源监管职能的调整，今后由省环保局对我省的放射源进行统一监管，各相关部门要依照中央编办发〔××××〕17号文的要求，明确分工，

各负其责，紧密配合，统一行动。

三、统一部署，有序实施

按照国家的部署，此次专项行动分为启动、实施和总结三个阶段，省“清查放射源，让百姓放心”专项行动联席会议及执行办公室要围绕三个阶段将工作任务进行分解，提出每个阶段具体的工作内容和工作目标，进行统一部署，保证专项行动的有序开展。要在10月30日前基本完成我省的专项行动。省专项行动联席会议执行办公室要组织检查组，对各市清查工作进行督促检查。

同志们，这次“清查放射源，让百姓放心”专项行动责任重大，时间紧，任务重，各部门要高度重视，认真部署，确保专项行动顺利完成，切实让老百姓放心。

◎纠风工作动员大会讲话

在纠风工作动员大会上的讲话（节选）

×××

（××××年××月××日）

同志们：

今天，我们在这里召开市政府系统纠风工作会议，主要任务是认真贯彻落实国务院、自治区、自治州廉政工作会议和中央、区、州纪委会议精神，对全市政府系统的纠风工作作具体安排部署，切实加强政府自身建设，创优投资与发展环境，加快经济发展。下面，我讲几点意见：

一、统一思想，提高认识，进一步增强做好纠风工作的责任感和紧迫感

纠风工作是政府通过社会监督，依法规范行政行为，切实加强政府自身建设的一项重要工作。（略）

二、突出重点，狠抓落实，以纠风工作的实效树立政府良好形象

抓好今年的纠风工作，要按照国家、区、州的要求，把解决损害群众利益的突出问题作为重点，结合全市实际情况，有针对性地开展工作，重点要结合招商引资、城市建设、增加农民收入等方面，大力发展城市经济，按照“工业立市、工业强市”的目标，促进国民经济快速发展，在国民经济中要重点突出城市经济，在农村经济中要突出畜牧业这条主线，不断加大工作力度，狠抓工作落实。

一要围绕招商引资抓纠风。（略）

二要围绕城市建设抓纠风。（略）

三要围绕农民增收抓纠风。（略）

四要围绕贯彻实施《行政许可法》抓纠风。《行政许可法》是一部规范政府行为的重要法律，是对现行行政审批制度的重大改革和创新，对进一步深化行政

管理体制改革，促进政府转变职能，提高依法行政水平，从源头上预防和治理腐败现象都将产生积极的推动作用。前不久召开的×届人民政府第×次全体（扩大）会议上，对这部法律的意义、内容和目的已进行了详细说明。当前，要抓紧做好实施前的各项准备工作，切实组织好学习、宣传、培训工作，做好行政许可事项和行政许可实施主体的清理规范，加强与行政许可法相配套的制度建设，建立健全对行政机关行政许可的监督检查制度，使“有权必有责、有权受监督、侵权须赔偿”的依法行政体系落到实处。

三、加强领导，明确责任，切实抓好政府廉政建设

全市要以纠风工作为切入点，全面抓好政府廉政建设。

一要加强领导、明确责任。(略)

二要加强教育、勤俭节约。(略)

三要真抓实干、创新机制。(略)

同志们，做好纠风工作，任务繁重，意义重大。我们要认真按照这次会议要求，求真务实，扎实工作，开拓进取，争创一流，努力取得纠风工作的新成效，为加快推进全市经济社会发展作出应有的努力。

谢谢大家！

◎安全生产会议讲话

在全市安全生产电视电话会议上的讲话（节选）

×××

（××××年××月××日）

同志们：

刚才，省政府召开了全省安全生产电视电话会议，会议通报了当前全省安全生产形势，对安全生产工作，特别是安全生产大检查工作进行了部署，希望各地、各部门抓紧贯彻落实。下面，我就贯彻落实全省安全生产电视电话会议精神讲三点意见：

一、居安思危，防微杜渐，进一步加强对安全生产工作的领导（略）

二、落实责任，严格督察，把安全生产的各项措施落到实处

各地、各部门和各单位要进一步健全安全生产责任体系，强化各级领导的安全生产责任制，一级抓一级，一级对一级负责，进一步强化安全生产责任意识。(略)

各级负有安全生产监督管理职能的部门要认真履行职责，依法强化监管。要加强监督检查，在抓好面上督察的同时，着力加强对安全生产重点单位的经常性督察，督促企业遵守安全生产法律法规，建立健全安全生产约束机制，严肃查处

安全生产方面的违法违规行为。要严格执行安全审查许可、验收的有关规定，凡不符合国家规定的安全要求的生产经营单位一律不予批准；凡生产性建设工程项目未执行安全生产“三同时”的有关规定的，一律不得竣工投产；凡新竣工建筑物未通过消防验收的，一律不准投入使用。要严格执行事故责任追究制，对发生的重大安全事故，要按照“四不放过”的原则，尽快查明原因，分清责任。对领导不力、监管不力、措施不力而发生重大安全生产事故的，要严肃依法追究有关领导的责任，绝不手软。

三、周密部署，突出重点，迅速开展安全生产大检查

各级要按照国务院和省、市政府的部署，迅速在全市组织开展安全生产大检查。

1. 周密部署，层层发动，深入细致，疏而不漏，在全市范围内组织开展拉网式安全生产大检查（略）

2. 突出重点，不留死角，全力防范重大恶性事故的发生（略）

一是要针对春季防火特点，公安、消防、经贸、文化、教育、卫生等部门要开展消防安全大检查。（略）

二是要重点加强对危险化学品生产、经营、储存、运输企业的安全检查。（略）

三是要重点加强运输交通安全检查。（略）

四是重点加强海洋渔业安全检查。（略）

3. 狠抓整改，确保安全大检查收到实效（略）

同志们，全国和全省“两会”即将召开，各级、各部门、各单位要切实加强“两会”期间安全生产工作。要严格执行“两会”期间领导同志值班和事故专报制度，随时掌握安全生产动态，对各种异常情况必须组织力量及时妥善处理并按规定及时、如实向上级有关部门报告，保障安全生产信息渠道的畅通。要在思想上、组织上、措施上把各项安全生产措施落到实处，防止各类事故的发生，确保“两会”顺利召开。

第三节　现场会、报告会、汇报会、研讨会讲话稿写作

一、现场会讲话稿概述

1. 现场会讲话稿概念

现场会讲话稿是领导参观工作现场后，在组织召开的现场会议上作汇报总结

性讲话时用到的书面材料。

2．现场会讲话稿写作要求

（1）对参观工作现场后要作出认真深入的经验总结，对需要进行安排部署的工作作出全面阐述，对今后的工作要明确指导思想并提出要求。

（2）对工作中存在的问题要作出强调与分析，并提出具体的指导意见；对提出的各项政策和措施要认真贯彻落实，使开展的工作能达到预期目标。

（3）内容上要层次清晰，富有逻辑性。

二、报告会讲话稿概述

1．报告会讲话稿概念

报告会讲话稿是领导在报告会上就有关部门陈述工作情况，提出问题和意见，对工作中的主要做法、取得的成效、评价等进行叙述总结式的讲话时用到的书面材料。

2．报告会讲话稿写作要求

（1）报告要深入调查研究，如实地反映。

（2）概括材料要具体全面，及时发现问题，从中找出本质性、规律性的东西。

（3）善于归纳，突出重点，提出有指导性的工作意见和评价。

三、汇报会讲话稿概述

1．汇报会讲话稿概念

汇报会讲话稿是领导在召开的有关负责人汇报各自工作情况后所作的带有总结、指导性的讲话时用到的书面材料。

2．汇报会讲话稿的写作要求

（1）汇报会讲话稿对汇报会上的工作汇报要进行全面归纳，不能挂一漏万，更不能以偏概全。

（2）对今后工作的指示和要求要具有前瞻性和长远性，并切实符合客观实际，同时具有较强的可操作性，尽量避免空话、大话。

（3）讲话稿要精练、短小、立意要新。

四、研讨会讲话稿概述

1．研讨会讲话稿概念

研讨会讲话稿是为开展、管理好某项工作，对工作管理经验和意见进行研究、讨论的讲话时用到的书面材料。

2. 研讨会讲话稿写作要求

（1）研讨会讲话稿的立意要明确、新颖，要有创意。

（2）讲话用语要准确、科学，特别是专业术语不能有差错，尤其不能讲外行话。

（3）讲话中的总结、归纳要有高度，提出的问题要明确、一针见血，指出的努力方向和提出的建议要中肯、符合实际。

五、现场会、报告会、汇报会、研讨会讲话稿的写作范例

现场会、报告会、汇报会、研讨会讲话稿的写作范例如下：

◎“三项创建”工作现场会讲话

在全县“三项创建”工作现场会上的讲话（节选）

×××

（××××年××月××日）

同志们：

这次全县“三项创建”工作现场会议是经县委研究同意召开的，是一次很重要的会议。对存在的问题×部长也指出来了，希望大家引起高度的重视，要按照×部长的要求一项一项抓好整改。由于时间关系，我就如何抓好三项创建工作强调三点：

一、强认识、树信心、积极去争（略）

二、抓特色、闪亮点、立足创新（略）

三、创品牌、重实效、关键在实

一是思路决定出路。我们要找到一条好的路子。二是观念就是财富。观念一变天地宽，小小的山沟也能引来金凤凰。三是生态就是品牌。××优美的生态就是能受到我们外商的青睐，这就是我们生态的优势。四是团结就是力量。团结就来自我们党的建设，来自我们党组织的作用。

我们抓“三项创建”、抓党的建设就一定要把经济工作紧密结合起来，我们既要抓好党的建设，又要抓好百姓的富裕。所以我想我们抓“三项创建”就一定要实，实实在在出实招、见实效。

我希望通过今天这个会议，我们的“三项创建”工作、我们的村建工作、我们的干部队伍建设，都会上一个新的台阶。

◎先进典型事迹报告会讲话

弘扬人民教师师德　为了未成年人健康成长

——在××同志先进事迹报告会上的讲话

×××

（××××年××月××日）

老师们、同学们、同志们：

刚才，我们怀着感动的心情聆听了××同志先进事迹报告团五位成员的报告，受到了一次具体、生动、深刻的师德教育。××老师在近50年的从教生涯中，无论是在岗还是退休，无论是成功还是挫折，始终把理想和信念锁定在“终身献给人民教育事业和红领巾事业”的崇高誓言上，落实在教书育人的一言一行之中，为我们铸就了一个具有鲜明时代特征的师德楷模，一个保持共产党员先进性的时代先锋，在这里，我代表报告会主办单位，代表全国广大教师和教育工作者，向××同志致以崇高的敬意，向报告团成员表示衷心的感谢！

××老师的事迹感人至深，动人心弦，得到了全社会人民群众的广泛赞誉。××省人民政府授予××同志“师德楷模”的光荣称号，教育部党组作出《关于向××同志学习的决定》，团中央授予××同志“星星火炬奖章”。今天，中宣部、教育部、团中央、××省委、××市委联合举办××同志先进事迹报告会。这次报告会是在中央领导同志高度重视和直接指导下进行的。

今天上午，×××国务委员亲切接见了××同志和报告团成员，号召全国广大教师和教育工作者向××同志学习，充分体现了党和国家对教师队伍建设和未成年人思想道德建设工作的高度重视和关心，对我们广大教育工作者是极大的鼓舞和鞭策。报告会后，报告团还将赴全国部分省（市）作巡回报告，我们要在全国教育战线掀起向××同志学习和师德宣传教育的新高潮，在全社会进一步营造尊师重教和关心未成年人健康成长的良好风气。

学习师德楷模××同志，要特别学习他的师德之魂——爱与责任。没有爱就没有教育，没有责任就办不好教育。××同志之所以能够赢得学生、家长和群众的信任与爱戴，之所以能够把平凡的工作做成了崇高的事业，是因为他心中充满了爱，充满了对孩子的爱、对祖国的爱、对人民的爱；是因为他心中充满了责任，充满了对未成年人健康成长的责任、对人民教育事业的责任、对红领巾事业的责任。这次报告会的主题正是“为了未成年人健康成长”。一个孩子是一个家庭的希望，亿万个孩子是我们中华民族的希望。我们的学校、家庭、社会应该全体动员起来，一定要千方百计为我们的孩子提供最好的教育，提供最好的成长环境。一个园丁最高兴的是看到他种植的小树苗壮成长，一个教师最欣慰的是看到他培育的学生成人成才。为了一切孩子，为了孩子的一切，把自己的一切献给孩子们，××同志在平凡的岗位上用爱和责任谱写了一曲“为了未成年人健康成长”不平凡的颂歌，为我们树立了学习的榜样。

××同志的先进事迹再次告诉我们，我们的教师队伍是一支值得信赖的队伍，是一支特别能战斗的队伍。尤其是广大农村教师，在困难的条件下和艰苦的环境中，志存高远，以苦为乐，默默奉献、辛勤耕耘，把自己的青春奉献给下一代，奉献给祖国的未来。他们中不少同志从风华正茂到两鬓斑白，生命不息，育人不止，体现了人民教师的品格和风范，他们无愧于人民教师的光荣称号。××同志就是他们中的杰出代表。百年大计，教育为本；教育大计，教师为本。发展教育事业，必须全心全意地依靠人民教师这支队伍，必须坚定不移地建设好人民教师这支队伍。

老师们、同学们、同志们，让我们高举邓小平理论和“三个代表”重要思想的伟大旗帜，在以胡锦涛同志为总书记的党中央领导下，在模范教师高尚师德精神的鼓舞下，大力加强教师队伍建设，关心和促进未成年人健康成长，为办好让人民满意的教育，为实现中华民族的伟大复兴而努力奋斗！

◎建功立业报告会讲话

在市女职工为全面建设小康社会建功立业报告会上的讲话（节选）

×××

（××××年××月××日）

同志们、姐妹们：

为了庆祝“三八”国际劳动妇女节××周年，今天，我市各行业女职工代表、市、县、区及市直工会女职工委员会干部在这里隆重集会，召开庆“三八”女职工为全面建设小康社会建功立业先进事迹报告暨女职工“双文明建功立业”表彰大会。借此机会，我代表市委、市政府，向全市广大女职工致以节日的问候！向受到表彰奖励的先进个人表示衷心的祝贺！

党的××大明确提出了全面建设小康社会的奋斗目标。近年来，全市上下在市委、市政府的正确领导下，紧密结合××实际，开拓创新，大胆谋划，抢抓机遇，加快发展，围绕“三增一稳”、“五个加快”及全面建设小康社会、加快推进建设××东部经济强市的目标任务，发愤图强，使我市经济社会发展步伐不断加快。

建强市、奔小康是一项庞大的系统工程，离不开全市各行各业、各族各界人民的共同参与。广大女职工作为工人阶级的一部分，是我市全面建设小康社会一支重要的人力资源，蕴藏着无穷的智慧和力量。(略)

科技的进步与发展，人才是关键。

综合国力的竞争，归根结底，是人才的竞争。全面建设小康社会是一项宏大的工程，需要全民参与，更需要全民素质整体的提高。

建强市、奔小康是一项事关全局和长远的战略目标，离不开各级组织的坚强领导。工人阶级是我国社会主义现代化建设事业的主力军，是全面建设小康社会的实践者。工会是党领导下的群众组织，是党联系职工群众的桥梁和纽带。各级工会组织一定要立足大局，服务大局，充分发挥职能作用，要把工会女职工工作放在全局中来思考，来部署，来推进。要指导女职工委员会加强对女职工的培训教育，不断提高女职工队伍的整体素质和综合素质。

同志们，××××年是深入贯彻党的××大和××届×中全会精神的重要一年，也是全面实现“××”计划的关键一年。做好今年的各项工作，对于保持几年来全市经济社会发展的好形势，加快建设甘肃东部经济强市，全面推进小康建设具有十分重要的意义。让我们在市委、市政府的正确领导下，高举改革发展的旗帜，进一步解放思想，与时俱进，开拓创新，团结奋斗，以奋发有为的精神状态，为我市建强市、奔小康再做贡献，再立新功。

最后，祝全市广大女职工节日愉快，工作顺利，身体健康，合家欢乐！

◎扶贫工作汇报会讲话

在县扶贫工作汇报会上的讲话（节选）

×××

（××××年××月××日）

首先，我代表××市委、市政府和全市××万各族人民向在百忙中挤时间深入基层、进村入户对我市的扶贫攻坚工作进行调查研究，对下一步扶贫攻坚工作提出明确要求和重要思路的×××主任表示衷心的感谢！×××主任刚才的讲话令我十分激动，也十分感动，深感我们各级干部今后肩上的担子更重、压力更大，但是我们也觉得更有动力。我们深信，有省委、省政府的关心，有×××主任的具体帮助指导和支持，我们更加有信心在今后的工作中把××市的脱贫致富奔小康，特别是重点县××县脱贫致富奔小康的工作做好。×××主任的讲话，充分体现了省扶贫开发工作会议精神，切合××实际，符合××情况。希望××县委、县政府两套班子认真传达贯彻好×××主任的讲话精神，扎扎实实工作，使××的扶贫攻坚工作取得新的突破。回市里以后，我们将召开全市扶贫开发工作领导小组会议，对×××主任的讲话精神认真抓好贯彻落实，在全市掀起扶贫攻坚的新高潮。

通过听了××县扶贫攻坚的情况汇报，联系××工作的实际，我再提几点要求。

一、厘清发展思路（略）

二、抓好剩余劳动力的转移（略）

三、转变作风（略）

四、结合当前扶贫开发的目标任务，把各项工作做好（略）

我们坚信，在省委、省政府的关心支持下，在×××主任具体帮助指导下，有我们各级干部、全县人民的自力更生、艰苦奋斗、扎实工作，就能够把××的扶贫攻坚、脱贫致富奔小康工作做好。因为我来这里工作的时间不长，特别是到××的时间很短，所以有些事情不一定看得准，仅供同志们参考，说得不对的，请同志们批评。

◎经济发展研讨会讲话

在经济发展暨“××××”研讨会上的讲话

×××

（××××年××月××日）

“××××”，不但符合“××”的精神，而且完全符合××的实际，是一个很有创意的发展战略，我想谈一下对××实施这个发展战略的建议。

第一点，如何把改革和发展很好地结合起来。“××××”，里面有非常重要的两条，一条是产业结构要转换，另一条是经营机制要转换，这两条一个体现发展问题，另一个体现改革问题，其他的也与这两条有关系。整体来讲，××经济应该是二元经济，传统的农业和现代工业并存。从二元经济到现代经济的转换，这是市场化的一个层面，这个层面是改革问题；从计划经济到市场经济转换是另外一个层面，这个层面是发展问题。而从某种意义上讲，改革问题比一些发展问题还要难，因为改革问题要受意识形态、既得利益的制约，而发展问题是比较自然的过程，这两个东西怎么结合是一个难题，下一步不管××也好、全国也好，都有一个改革和发展怎么进一步良性互动的问题。

第二点，如何把发展高科技产品与发展劳动密集型产品结合起来。我们国家技术密集型和劳动密集型产品并存是非常明显的，××更不例外。我觉得发展高科技产业的时候不要忘记发展劳动密集型产业，这方面我们的优势不能丢。

第三点，如何把内部的发展和外部的发展很好地结合起来。最近我们到××、××、×××进行了考察，这三个是海港城市，应该说发展海港经济很有潜力。根据××的发展规划，要将×××地区发展成城市带，这个构想我认为很好，但是需要长期的努力。首先就是要把这些海港城市带跟内地的地区连起来，不仅要跟××以及××串联起来，还要和××、××等中南地区以及西部的经济发展联系起来。其次××搞区域经济发展的时候，怎样从亚太经济角度来看待经济区域合作，并和经济全球化连在一起，我认为也是一个非常值得考虑的问题。

第十二章　竞聘、就职、述职、调动讲话稿写作

第一节　竞聘、就职讲话稿写作

一、竞聘讲话稿概述

1. 竞聘讲话稿的概念

竞聘讲话稿是指竞聘者竞聘某一领导职位时，在特定的场合，面对特定的听众所发表的用以阐述竞聘优势及对希望任职工作的设想和打算的讲话时用到的书面材料。

2. 竞聘讲话稿的写作技巧

（1）开头部分直奔“主题”

“开头部分直奔‘主题’”，是指竞聘演说词要开门见山地把竞聘目标指向某一明确的岗位，告知大家自己竞聘的是哪一个具体的职位。

竞聘讲话稿开头部分由称谓、祈请语或致谢辞两个方面的内容组成。

①称谓。竞聘讲话稿大多用泛指性称谓，如“各位领导、各位同事”等。

②祈请语或致谢辞。在竞聘讲话稿的称谓后面宜用一两句礼节性的致谢辞作为正文的前置，并引导进入正题，以引起招聘者的好感。

（2）主体部分突出“主题”

①自然情况。简洁而翔实地介绍竞聘者的姓名、年龄、政治面貌、学历及专业、职务及职称、简历等情况。

②竞聘条件。这部分内容要阐明竞聘者凭什么理由和资格竞聘该职位，有什么超出其他竞聘者的优势，如经历方面的优势、学识水平方面的优势、综合素质方面的优势等。

③聘后设想。主要写竞聘者被聘任后的工作目标与措施。即根据所竞聘职务和个人的具体情况，将就任以后的工作目标、主要设想、打算，包括拟采取的措施、办法以及要达到什么样的效果等集中进行表述。

（3）结尾部分升华“主题”

结尾也是竞聘讲话稿的重要组成部分。由于这部分内容是通篇演说的收束，故一定要写得简明扼要，自然贴切。好的结尾应语尽而意不尽，言近而旨远。用

“点睛”之笔，在结尾部分升华“主题”。

3. 竞聘讲话稿的写作要求

（1）气势要先声夺人

竞选演讲的一个重要特征就是具有竞争性，而竞争的实质，是争取听众，壮大己方支持者的队伍。而做到这一点的有效方法之一，就是在气势上“压倒”对手。作为竞选演讲者，要想获取竞选的成功，首先就应该有渊博的知识、浩然的正气、对党的事业和群众的事业无限热爱的感情。

（2）态度要真诚老实

竞聘讲话其实就是“毛遂自荐”。自荐，当然应该将自己优良的方面展示出来，让他人了解自己的才华。但要注意的是，在“展示”时，态度要真诚老实，有一分能力说一分能力，不能夸大其词。

（3）语言要简练有力

竞聘讲话虽然是宣传自己的好时机，但也绝不可为了全面“展示才华”而长篇累牍。应该学会用简练有力的语言把自己的思想表达出来。

（4）内心要充满自信

作为一个竞聘讲话者，自信是成功的一半。当竞聘者充满自信时，所撰写的竞选讲话稿就会内容充实，站在演讲台上面对众人，就会从容不迫，从而以最好的心态展示自己。

二、就职讲话稿概述

1. 就职讲话稿的概念

就职讲话稿是指新就任某个领导职务的干部，向其下属或其他特定对象发表见解，陈述观点，提出任期计划及奋斗目标时使用的文稿。

2. 就职讲话稿的写作要求

（1）态度要坦率真诚

就职讲话稿实际上是新任领导者对其下属的一种表态和承诺，其初衷和目的是要赢得下属的信任和支持。因此，在撰写讲话稿时，态度一定要坦率真诚。

（2）内容预置有方，实事求是

所谓“内容预置”，是指讲话稿的内容根据“需要”预先设置好。同时，讲话者还要实事求是地、明确地提出自己任职期间的工作目标。因为竞聘者明确提出自己任职期间的工作目标之后，听众就会在心中记下这笔“账”，并时时拿出来核对一番。

（3）风格要朴实庄重

就职讲话是就职者极为严肃庄重的事情。因此，就职讲话在风格上一定要朴实庄重，多使用叙述的表达方式，并辅之以说明和议论的表达方式，而不用描写和抒情的表达方法。

三、竞聘、就职讲话稿的写作范例

竞聘讲话稿和就职讲话稿的写作范例如下：

◎领导干部竞聘讲话

国税局办公室主任竞职讲话稿（节选）

×××

（××××年××月××日）

各位领导、各位同事：

首先感谢局领导和各位同人的信任和支持，给了我这个机会来参加竞职演讲。

采取竞争上岗产生中层领导干部的方式向全体职工传递了这样一个信息，那就是我局领导班子以人为本、锐意改革的创新精神和求发展、谋变革的决心。这种精神、这种决心，必将成就国家税务局明天无限的生机和活力。

站在台上，面对这么多的评委，面对这么多真诚而又鼓励的目光，我的心绪难以平静。今天，对于像我一样上台演说的同人来说，不仅是一次展示自我、认识自己的机遇，更是一次相互学习交流、接受评判的机会。

我竞聘的岗位是办公室主任。我清楚地认识到，要成为一名合格的办公室主任不容易，他不仅是一位部门的负责人，同时又是一个单位的管家；不仅要有实干精神，还需要善于谋略；不仅要熟悉税收业务，还需要有广博的知识；不仅要有高超的组织管理水平，还需要有良好的人际沟通能力。虽然，我也积累了不少经验，做了一些工作，但离领导的要求和全局职工的希望肯定有不少差距。××××年即将过去，回顾过去的一年，在局党组的正确领导下，我与办公室全体人员一起，紧紧围绕税收中心工作，尽心尽力地做好日常的各项事务工作，努力为业务科室、基层税务所的工作提供优良的服务；围绕全局改革和发展中出现的新情况、新问题，认真进行调查研究，为领导出主意、想办法、制规定，搞好协调，推进工作，积极发挥参谋助手和桥梁纽带作用。按照×××局长提出的新形势下税务系统办公室工作的总体要求，认真履行局领导赋予办公室的工作职责，保证全局各项工作的顺利开展，使办公室在全局工作中真正发挥了参谋助手、协调综合、审核把关、运转保障、督促检查的五大作用。这一年多的时间，办公室的工作实践使我深切地感受到，要做好工作，最重要的是能得到领导和同志们的理解、帮助和支持。在此，请允许我向你们表达我深深的谢意。随着征管改革和信息化建设的不断推进以及经济社会的飞速发展，国税工作面临着极大的发展机遇和更为严峻的考验。办公室作为领导机关的参谋部、信息库和智囊团，客观上要求办公室主任具有良好的素质。

假如本次竞争我能荣幸担任此职务，我的主要目标和工作思路概括为以下四个方面：

一是献计献策，当好“参谋员”。(略)

二是立足本职，当好“服务员”。(略)

三是搞好关系，当好“协调员”。(略)

四是加强管理，当好“管理员”。(略)

当然，除了担当好“参谋员”、“服务员”、“协调员”和“管理员”的角色以外，作为一名合格的办公室主任，还必须具备无私奉献、吃苦耐劳的精神，要善于做一头忠诚的牛、一匹老实的马、一只受气的羊、一匹忙碌的骆驼；要像蜡烛一样，燃烧自己，照亮别人；像竹子一样，掏空自己，甘为人梯。要成为一名合格的办公室主任，还必须善于学习、勤于思考，除了提高政治理论水平以外，还必须不断学习吸收新的科技知识、宏观经济知识和税收专业知识，以丰富内涵，拓展视野。

回顾自己的成长历程，我深深感谢各位领导、同事对我的教育和帮助；感谢局领导教我怎样做人，怎样处事；感谢历任办公室领导为我打下良好的基础；感谢办公室全体成员对我工作的配合；感谢各兄弟科室和税务所的同志对我的大力支持。这些都将是我宝贵的政治财富、精神财富，都将使我终身受益，相伴永远。

我深信在座的每一位同人也必定会迎来更加美好的未来。朋友们，让我们一起风雨同舟，为国税局的美好明天而努力奋斗吧。

◎领导干部就职讲话稿

××镇人民政府镇长就职讲话

×××

(××××年××月××日)

各位代表、同志们：

今天，我当选为××镇人民政府镇长，这是人民代表和全镇人民对我的信任和重托。在此，向各位代表和全镇人民表示真诚的感谢！

在新的工作岗位上，我深感自己身上的责任与分量。我必将恪尽职守，不辱使命，励精图治，不负众望，认真履行人民赋予的权力，不遗余力地做好各项工作。

镇长的任期是有限的，但责任是无限的，我决心从今天开始，用三句话来书写自己的任职档案：

一是把维护人民群众利益作为一切工作的出发点和立足点。镇长是人民代表选出来的，为人民服务就是镇长的天职，要带着对人民的深厚感情去工作，努力做到权为民所用，情为民所系，利为民所谋，立党为公，执政为民，关注弱势群体，为老百姓办实事，解难题，谋福利，把自己的全部力量和才智献给××人民的事业。

二是以经济建设为中心，千方百计促进经济和社会事业全面发展。镇长和政府的工作说到底就是七个字："落实、落实、再落实。"就是落实镇党委的决策。我决心和镇政府班子一道，在以×××同志为班长的镇党委领导下，在镇人大、政协的监督支持下，紧紧依靠全镇人民群众，围绕"创现代化强镇，建生态型××"的总体目标，坚持以人为本，突出抓好三农问题、工业强镇和城乡一体化等三个方面的工作，为确保本次大会通过的经济发展总体目标而努力奋斗。

三是建设一个服务型的政府领导班子，进一步优化发展环境。我作为镇主要领导之一，将身体力行，率先垂范，努力实践"执政成本经济型、机关办事效率型、政策措施效果型"的执政理念，团结和带领政府班子成员，认真担负起全面建设小康社会的领导责任和历史使命。

当前，××镇政通人和，正面临一个解放思想、干事创业、加快发展的大好机遇，我相信，有镇党委的坚强领导，有镇三套班子、老领导、老同志、全体代表和全镇人民的支持、配合和监督，有历届政府打下的良好的经济发展平台，××人民有能力建设一个更加开放、富裕、美丽的新××！

谢谢大家！

第二节　述职、调动讲话稿写作

一、述职讲话稿概述

1. 述职讲话稿概念

述职讲话稿是指国家工作人员就一个阶段的任职情况，向有关部门及领导、群众作出全面说明的一种文体形式。

述职讲话稿的撰写和提交，是管理和考核干部的重要方式之一。对于相关工作人员来说，撰写述职讲话稿，可对自己的任职情况加以回顾和反思，有利于自审和提高思想认识，也有利于改进工作；对于一个单位或部门来说，要求领导干部提交述职讲话稿，有利于考核干部，也便于群众民主监督。

2. 述职讲话稿的应用范围

述职讲话稿可以说是工作总结报告，多用于提交大会进行讨论，如各级政府向同级人民代表大会所作的“政府工作报告”讲话稿。正文结构中有基本情况、成绩经验、教训不足和今后计划等部分。述职讲话稿要对已经做过的工作进行全面回顾，包括做过什么工作，是否达到预定目标，达到目标后有哪些经验值得借鉴，如果没有完成预期目标，是什么原因造成的，今后有什么打算。

3. 述职讲话稿分类

述职讲话稿的分类，可以从几个不同的角度进行划分，因而存在着交叉现象。

（1）从内容上划分

①综合性述职讲话稿：讲话稿内容是对一个时期所做工作的全面、综合的反映。

②专题性述职讲话稿：讲话稿内容是对某一方面工作的专题反映。

③单项工作述职讲话稿：讲话稿内容是对某项具体工作的汇报。这往往是临时性的工作，又是专项性的工作。

（2）从时间上划分

①任期述职讲话稿：对任现职以来的总体工作进行叙述和评价。一般来说，任期述职讲话中涉及的工作时间较长，涉及面较广，要写出一届任期的情况。

②年度述职讲话稿：一年一度的述职，要写出本年度的履职情况。

③临时性述职讲话稿：担任某一临时性的职务，写出其任职情况。比如，负责了一期的招生工作，或主持一项科学实验，或组织了一项体育竞赛，要写出其履职情况。

（3）从对象上划分

①向本地区、本单位、本市的群众述职讲话稿：是指需要向本选区选民述职，或向本单位、本部门职工群众述职，用口语化的语言写成的述职讲话稿。

②向上级领导机关述职讲话稿：是指向上级领导机关或人事部门报告的书面述职讲话稿。

4. 述职讲话稿写作要求

（1）要充分反映自己在任期内的工作实绩和问题

述职是民主考评干部的重要一环，也是干部自觉接受组织和群众监督的一种有效形式。干部作述职讲话，是为了让组织和群众了解和掌握自己德才状况和履行职责的情况。

（2）要实事求是地评价自己

①处理好成绩和问题的关系。是指理直气壮地摆成绩，诚恳大胆地讲失误。

②处理好集体与个人的关系。不能把集体之功归于个人，也不要抹杀了个人的作用，分清个人实绩和集体实绩。

（3）要抓住重点，突出个性

抓住带有影响性、全局性的主要工作，对有创造性、开拓性的特色工作重点着笔，力求详尽具体。对日常性、一般性、事务性工作表述要尽量简洁，略作介绍即可。

5. 述职讲话稿写作格式

述职讲话稿通常由标题、正文和署名三个部分组成。

（1）标题

述职讲话稿的标题有单标题和双标题之分。单标题一般为“述职讲话稿”，也可以在“述职讲话稿”前面加上任职时间和所任职务。双标题由正标题和副标题组成，副标题的前面加破折号。正标题是对述职内容的高度概括，副标题与单标题的构成大体相似。

（2）正文

正文由导言、主体和结尾三个部分组成。

①导言。包括两方面内容：一是任职介绍，说明自己的任职时间、担任职务和主要职责，简要交代述职的内容和范围；二是任职评价，扼要介绍任职以来的工作情况，这一部分应力求简洁明了。

②主体。这是述职讲话稿的核心，主要陈述履行职务的情况，包括三个方面的内容：一是任职期间的任务完成情况，取得的主要工作成绩；二是存在的问题及经验教训；三是今后工作的努力方向、目标或打算。

③结尾。一般要求用格式化的习惯语来结束全文，采用谦逊式结尾、总结归纳式结尾或表决心式结尾等形式。

（3）署名

在正文之后，标明述职人所在单位的全称，述职人本人的职务、姓名，写明述职日期。如果在标题之下已说明，此部分可略去。

6. 写述职讲话稿应注意的问题

（1）要实事求是，切忌华而不实

述职讲话稿一定要讲真话，讲实话，讲心里话。无论称职与否，都要与事实相符，既不要自吹自擂，也不要过分谦虚。述职讲话稿一般要当众宣读，一些同志为了顾及面子，获取领导和群众的好感，对自己的工作成绩大肆渲染，夸大其词，只讲自己的优点和所取得的成绩，对工作中存在的问题和不足采取回避态度。其实，任何人无论做什么工作，即使非常尽职尽责，缺点、错误也不可避免。而且，每个人所取得的成绩并非一己之功，是全体同人密切配合、共同努力的结果。

（2）要突出重点、切忌报流水账

平时的工作材料是琐碎的、分散的、零星的，述职者在动笔之前，要对讲话材料进行筛选和整理，选择主要工作，抓主要政绩来写，不要事无巨细，一概罗列。

（3）要情理相宜，切忌只考虑个人

述职讲话稿在叙事说事过程中，要带有适当的感情色彩。但是个人情感不要融入过多，以免造成不良影响。述职者要对自己以往所从事的工作进行归纳、概括、提炼，围绕履行职责的实际情况进行认真、全面的反思，肯定成绩，找出差距。要与群众面对面地交流，以坦诚的胸怀虚心听取各方面的意见。特别是工作中群众反映较大、意见较为突出的问题。另外，述职讲话稿要如实阐述群众的反映，面对事实，将自己的真实想法公之于众，这样群众才会感到亲切，也能增强群众对自己的理解和信任。

（4）语言要朴实，切忌虚饰浮夸

述职者要有驾驭语言的能力，崇尚朴实，给听众以豁然开朗的感觉。在述职时，用朴实的语言叙事说理，不仅缩短了与群众的距离，也密切了和群众的关系。

7. 述职讲话稿的写作技巧

（1）标准要清楚

围绕岗位职责和任务目标来讲述自己的工作，尤其要体现出个人的作用，不能写成工作总结。

（2）内容要客观

必须实事求是、客观实在、全面准确。

（3）个性要鲜明

不同的岗位，有着不同的职责要求，即使是相同的岗位，因个性差异，其工作方法、工作业绩也不相同。写述职讲话稿，要从字里行间体现出自己的个性，要做到“文如其人”。

（4）语言要庄重

行文语言要朴实，评价要中肯，措辞要严谨，语气要谦恭，尽量以陈述为主，也可写一些工作的感想和启示，但不可添加描写、抒情，更不能使用夸张的语言。

二、调动讲话稿概述

1. 调动讲话稿概念

调动讲话稿是领导干部在工作调动或任职届满、离退休时，在原单位全体同志欢送会上发表的调动、离职告别讲话时用到的书面材料。

2. 调动讲话稿写作要求

（1）开头部分

阐明即将调动、离任时的心情，或说明调动、离职的原因，并感谢大家对自己的信任和支持。

（2）正文部分

总结成绩要实事求是，回顾失误要敢于承担；表示谢意要诚挚；提出希望要热切；语言表达要自然、真切，富有感情色彩。

（3）结尾部分

表达对原任职单位的深切希望和美好的祝愿，再次向大家表示感谢。

三、述职、调动讲话稿的写作范例

述职、调动讲话稿的写作范例如下：

◎镇长述职讲话

××镇副镇长述职讲话（节选）

×××

（××××年××月××日）

各位领导、各位同志：

××××年12月，在中共××乡党委换届和××××年元月××镇政府换届中，本人有幸当选中共××镇党委委员和××镇人民政府副镇长。在县委、县人民政府及镇党委、政府的正确领导下，本人始终坚持马克思主义、毛泽东思想、邓小平理论、“三个代表”重要思想、科学发展观和十八大会议精神作为自己的行动指南，坚决贯彻执行党和国家的路线、方针、政策，团结班子成员，和班子成员一起认真落实上级党委、政府安排的各项工作。严格要求自己，始终与党委保持高度一致，树立“立党为公、执政为民”的思想，以群众利益作为自己工作的重心，认真为群众排忧解难，解决群众中热点、难点问题，为群众办好事、办实事，保持艰苦奋斗、自力更生的优良传统作风，把改变××镇贫困面貌作为工作的出发点，带领××人民同贫穷作斗争。通过努力，较好地完成各项工作任务，得到全镇人民群众的信任和上级领导的肯定，现将本人主抓的工作汇报如下：

一、加强政治、理论、业务学习，牢固树立全心全意为人民服务的思想

从一般干部到镇党委委员、镇人民政府副镇长，我深感肩上的责任重大和自身知识的贫乏，为了弥补自身的不足，我经常利用业余时间学习党的理论、方针、政策，积极参加省、州、县组织的各种学习。先后两次参加省、州两级组织的贫困地区的扶贫开发业务学习，两次参加州组织部组织的乡镇企业学习培训，还参加县委组织部和县有关单位组织开展的各种学习培训和镇班子内部组织的学习活动。

通过学习，使我能够把握住正确的政治方向、思想方向，提高自身的政治鉴

别力和政治敏锐感，能够辨明是非，政治立场坚定，政治上和思想上始终与党中央、省、州、县委、县政府及镇党委、镇政府保持一致；通过学习，我的思想认识得到了一定的提高，树立了自己正确的世界观、人生观和价值观，把全心全意为人民服务、甘当人民公仆作为自己的唯一宗旨，牢固树立全心全意为人民服务的思想，为开展各项工作指明了方向并提供了精神动力。

二、正确把握工作思路和工作方法

××镇是一个农业大镇，在全镇人口多，面积大，底子薄，贫困面积大，在全镇13个行政村中，一类重点扶贫村有3个，二类重点扶贫村有7个，且大部分是深山区、石山区，但××也有很大的发展潜力和发展空间。在工作中，我紧紧围绕以经济建设为中心、农民增收为主题、发展才是硬道理这个思想来开展工作，不断完善工作方法，规范工作作风。在工作中，我始终坚持以下几个原则：

1. 坚持党的路线的原则。我始终认真学习并把握党的路线、方针、政策，在政治上、思想上和行动上与上级党委、政府保持高度一致。

2. 坚持实事求是的原则。历史证明，坚持实事求是的原则，是兴旺繁荣的根本保证，在制定经济发展和扶贫开发规划、处理问题时，我都遵循实事求是的原则，从镇情、村情、寨情的实际出发，不唯书、不唯上，只唯实，不吹浮夸风，做到集思广益，综合考虑。

3. 坚持群众路线的原则。在工作中，我虚心听取干部、群众的意见和建议，深入实际，认真调查研究，不断修正和完善自己的工作方法，坚持把群众拥护不拥护、赞成不赞成、高兴不高兴、答应不答应作为我的一切工作的出发点和宗旨。

三、工作开展和完成情况

1. 扶贫开发工作（略）

2. 农业生产方面（略）

3. 退耕还林工作（略）

4. 水利工作（略）

四、存在的问题和今后努力的方向

经过两年多的工作，自己还存在以下几个方面的不足：一是业务学习不够足，业务能力不够强。二是抓中心工作过多，向上跑项目少，不能为全镇多引进一些好的项目。三是工作方法过于简单，主动性不够，仅局限于完成上级交办的工作任务，没有大胆创新。针对自身的不足，在今后的工作中，我会不断加强学习，学习党的理论、方针、政策，不断提高自己的政治、思想素质，认真学习业务知识，加强自己的业务能力，还要利用一切可以利用的有利因素，积极向上级争取更多适合我镇实际情况的好项目，努力为群众办好事、办实事，不断使全镇群众增钱增粮，逐步提高他们的生活水平。

各位领导，同志们，本届党委任期将满，无论今后我从事何职务，我都坚决服从上级的安排，并竭力把工作开展好。由于本人的能力和经验有限，工作完成情况离上级和组织的要求还有一定的差距。在今后的工作中，我将用共产党员的标准严格要求自己，加强学习，发扬优点，克服自身的缺点，以更加饱满的精神状态和更高昂的工作热情投入到工作中，以报答组织对我的期望。

以上述职，如有不当，请给予批评指正。

◎办公室副主任述职讲话

××县政府办公室副主任述职讲话（节选）

×××

（××××年××月××日）

各位领导、同志们：

××××年××月根据组织安排，我任县政府办副主任、后勤服务中心副主任、××××宾馆经理，主要职责是协助主任分管接待服务、后勤管理和综合协调等工作。任职以来，在县政府及办公室领导的正确领导下，在各位同志的密切配合下，爱岗敬业，恪尽职守，作风务实，思想坚定，充分发挥岗位职能，以服务领导、服务群众为目标，开拓创新、埋头苦干，圆满完成了领导交办的各项工作任务，为保持县政府各项工作高效运转作出了应有的贡献。现将任职以来的工作开展情况述职如下：

一、政治学习

本人始终把加强理论学习作为提高自身素质、履行好工作职责的重要途径来抓，除积极参加办公室集体组织的学习外，坚持挤时间，抽空自学，特别是结合去年保持共产党员先进性教育活动，重点学习了“三个代表”重要思想，党的十六大和十六届五中、六中全会精神、关于树立科学发展观，构建和谐社会等方面的理论知识，切实加强对法律法规、市场经济、科技文化等知识的学习。学习中，认真整理学习笔记，撰写心得体会，积极参加各类专题学习活动，坚持理论学习与分管工作相结合，与推动当前工作相结合，努力在学深、学细、学透上下功夫，在掌握理论的科学体系和精神实质上下功夫。通过向领导学、向同事学、向实践学，不仅加深了对党的路线方针政策的理解，增强了政治意识、责任意识和大局意识，更重要的是把理论知识转化成了自己科学的世界观、人生观、价值观，成为自己观察事物、判断形势、解决问题、推动工作的有力武器，有效地提高了自身的理论素养和领导水平，为更好地开展工作奠定了坚实的基础。

二、德才表现

（一）政治立场坚定，思想素质好。（略）

（二）勤政务实，有较强的事业心和责任感。（略）

（三）工作思路清晰，有较强的组织协调能力。（略）

（四）自律较高，党性较强。（略）

三、存在的问题

过去的一年，我做了一些工作，也取得了一些成绩，这是领导重视和办公室全体干部职工共同努力的结果。但是我深知，我进入办公室的时间比较短，与上级要求和群众期望还有一定差距。

一是理论学习的深度、广度不够，参谋助手作用有待加强。

二是深入基层调查研究不够，掌握第一手材料不足，与基层联系有待加强。

三是创造性开展工作欠缺，服务领导、服务基层、服务群众的水平有待提高。在今后的工作中，我决心再接再厉，自我加压，与时俱进，开拓创新，努力把各项工作往深里做，往实里做，为确保县政府各项工作高效运转、推动全县经济社会和谐健康发展作出自己应有的贡献。

◎局长年度述职讲话

××县工商局长××××年度述职讲话（节选）

×××

（××××年××月××日）

各位领导、各位同志：

××××年以来，我始终坚持“以人为本、立足本职、求真务实、改革创新”的理念和作风，凝聚和团结分局一班人，以群众满意和社会满意为衡量我们工作的一把尺子，以队伍建设和党风廉政建设为基础，依法行政，切实履行监管职能，服从于县局及当地党委政府的领导，服务于地方经济的建设和发展，较好地完成了各项工作任务，实现了全面发展，稳中求进的目标。现将我一年来的工作、思想情况做如下述职。

一、抓党风廉政建设，提高队伍依法廉洁从政的意识

今年以来，我抓住“机关效能建设”和“保持共产党员先进性学习教育活动”的契机，扎实认真地学习，深刻领会精神实质，并从自身找原因，弥补不足，虚心听取群众的意见和建议，与党组织保持一致，从而树立正确的权力观、地位观、利益观和执政为民、廉洁奉公、求真务实的理念。

针对分局人员多，思想复杂，加之现行体制不完善，经费和待遇保障难以到位的情况，如何统一思想、步调一致、稳中求进最为关键，我与班子成员齐心协力，共谋发展，主要从以下几个方面入手。

一是加强机构建设和制度建设，把党廉工作和队伍建设工作当作分局第一要

务来抓，成立了党风廉政建设领导小组，建立了党风廉政建设责任制，分局与各管理片、分局与干部职工签订了党风廉政建设责任状，明确了目标及责任。

二是认真开展职务犯罪预防工作，建立长效监督机制，防微杜渐，用身边的事例教育警示大家遵纪守法、禁踏红线。严格落实禁令，加大对各片组明察暗访的力度，发现问题及时督促整改，有效地减少违规违纪行为的发生。

三是认真开展机关效能建设活动。大力开展对分局干部职工的宗旨观和政绩观、改革观和发展观、民主观和法制观以及诚信观的教育，规范了行政办事程序，完善了制度建设，严肃了工作纪律，重点对“政令不畅、作风不实、效率不高、效能不佳、服务不优、行为不端”六个方面的行为进行自查自纠，并进行了整改和提高。

四是结合保持共产党员先进性学习教育活动，促进了分局支部党建工作，强化了分局党员的宗旨观念和服务意识，充分发挥了党员弘扬正气、爱岗敬业的先进模范带头作用。

二、求真务实，开拓创新、确保分局工作全面发展

1. 改革创新，设立“三所（站）一室”的新模式。（略）

2. 全面推行辖区管理责任制。（略）

3. 切实履行市场监管职能。（略）

4. 配合当地党委政府的中心工作。（略）

三、廉洁自律，自我加压，提升自身形象

作为一个单位领导，手中握有一定的权力，如何正确行使这些权力，如何树立良好的威信，这些一直是我认真思考、谨慎行为的问题。“其身正，不令则行”，所以无论在思想上还是行动上我都对自己高标准、严要求，要求别人做到的，自己先做到，率先垂范，带头执行，努力提升自己的人格魅力。我严格遵守各项工作纪律和工作制度，带头执行系统禁令，不接受管理对象的吃喝宴请，不收受管理对象的礼物，不以权谋私，严格规范自身的行政行为。注重与班子成员之间的沟通和交流，以诚相待，以心换心，充分发扬民主，不耍权威、不搞特权，增强班子凝聚力和权威性。在内部管理上，严格按制度办事，一个标准、一把尺子到底，一视同仁，不厚此薄彼，不搞特殊。在生活上关心同志疾苦，最大限度地为干部职工谋取正当利益，解决他们生活和工作上的实际困难。在财务管理上，能严肃财经纪律和财务制度，严格遵守“收支两条线”，不私设“小金库”，没有违纪违规开支现象的发生。

◎领导干部离职退休讲话

领导干部退休离职讲话

×××

（××××年××月××日）

尊敬的各位领导，同志们：

今天，上级领导已经批准了我的退休决定，由×××同志接任我的位置，在这里我首先要对×××同志的任职表示祝贺！

今天是我在这里最后一次给大家讲话了，我在这个岗位上坚守了××年了，现在人已经老了，身体也大不如以前了，我知道自己该退休了，好好歇歇，让那些年轻人来接替我的位置，更好地为国家为社会作出贡献。

我感到欣慰的是从务农、求学、从军中，在青春年华岁月中，在刻苦自学和独立思考人生的长途中，历练了、完成了一个普通农家子弟到机关干部的蜕变，在党组织的培养下，在××年的工作历程中，尤其在各个关键的岗位上，都创造了一些成绩，留下了深深的印记，无怨无悔。

我要感激一贯关心支持帮助我的同志，尤其是在××工作的×年时间里，领导班子成员和×××、×××等同事给了我极大的支持和帮助。

人生短暂，××年的时间一晃就过去了，这里良好的环境，朴实的民风，真挚的情感，热情的同志，我会永远铭记于心。在这片我播撒汗水和希望的土地上，我度过了人生最重要的岁月，在大家共同的努力工作下，××局这些年来的发展状况是越来越好，我与同志们一道见证了它的发展。“人非草木，孰能无情”，如今我将要离去，真是“别有一番滋味在心头”！但是我想，无论走到哪里，今后，××都将是我魂牵梦绕的地方，我将时常想起它。

在过去的工作中，我尽最大的努力，做了一些有利于全局、有利于人民的事情，有一些还在实施之中，对于一些还没有实现的任务，我希望我的继任者可以很好地完成它。在这些年中，我也有过一些工作上的错误，有一些事情，难以做到恰到好处，虽然我讲原则重感情，但由于对工作要求过严、过急，难免会伤害一些同志的情感和自尊，在此我深表谦意恳请谅解！我相信，同志们都能从工作角度对我个人和我的工作给予理解，谢谢你们！

虽然离开了这里，但我会一如既往地关心××事业的发展，关注同志们的成长和进步。我相信只要同志们携手并肩，真抓实干，以×××同志为首的新一届领导班子一定会率领大家开创××更加美好的明天！

◎离职调动告别讲话

在年终总结会议上调动告别讲话

×××

（××××年××月××日）

同志们：

今天的年终总结会议我感觉非同寻常，一方面，我还挂着书记这个职位，而事实上又离开乡工作的情况下，×乡长带领大家取得了很好的成绩，可喜可贺；另一方面，今天是我以党委书记的身份最后一次与大家共聚一堂来回顾过去，畅谈未来，心情格外激动。后天新的书记就要到任，我是××××年1月8日隆冬时节来到这里。我清楚地记得，来到××的这一天阴雨连绵，而今我也将伴着雪风细雨离去。已到中年的我就要挥别这曾经工作过的地方，此时此刻，我的心情很不平静，回顾过去的7年，这几日我辗转难眠，有太多的感慨和留恋，依依不舍之情常常浮现在眼前。这里有我朝夕相处的同事，有给予我无私帮助的朋友，有以大局为重支持理解我的同志们，有视我为家人的农民兄弟姐妹。借此机会，我要向你们并通过你们向你们的家人及全乡广大干部群众致以诚挚的谢意！

我从机关到××任党委书记，时间7年零20天，在我人生的道路上可以说长，也可说短，长的是我只在一个乡工作，一个乡连续任职长达7年之多，所以说××是我的第二故乡；说短是感觉7年如过眼烟云，转瞬即逝，仿佛还是昨天。今天在此回顾过去工作的历程，可用四句话来概括：满腹怨恨地到来，茫然无助地探索，奋发图强地工作，满怀信心地离去。我虽然离开乡到机关工作已经半年多了，但因为一直还兼任了这里的书记，所以时刻不忘自己是一个××人。直到今天快要真正离开时，我才真正理解了来去匆匆的内涵，虽然区区7年不过是漫漫人生旅途中的弹指一挥间，但这里良好的环境，朴实的作风，真挚的情感，热情的同志，淳朴的农民，都给我留下了永不磨灭的印象。

在过去的工作中，作为党委一把手，在班子成员的支持下，我尽最大的努力，做了一些有利于全局、有利于同志们的事情，有一些还在实施之中，有一些没能够实现，我也备感遗憾！“人非圣贤，孰能无过”，我在工作中，肯定会有一些事情，难以做到恰到好处，虽然我讲原则重感情，但由于对工作要求过严、过急，难免会伤害一些同志的情感和自尊；虽然我在谋求××经济发展的同时，也曾大力培养和推荐过许多优秀干部，但总因受职数限制或各种因素影响，还有一些很优秀的干部没有得到重用，在此我深表歉意恳请谅解！也相信同志们都能从工作角度对我个人和我的工作给予理解。但让我备感欣慰的是这次乡镇主要领导调整，唯独我乡提拔了两个正职，加上早先的我，连提了三个，不仅在全县干部中反响很大，而且在××干部史上也是空前的，这是组织的关心，也是我们大家共同奋斗的结果。

“人生自古伤别离”，工作的需要不以我个人的意志为转移，我要遵照县委安排，离开我曾经生活和工作过的地方，离开与我并肩战斗的同志们。虽然离开了这里和大家，但我会一如既往地关心××社会事业的发展，关注同志们的成长和进步。新的书记后天就要到任，新任书记曾是我过去的同事，我们同时参加工作，他农村工作经验非常丰富，工作能力也很强，我希望新的书记到任后，在座的同志们能携手并肩，真抓实干，继续保持好良好的品行，认真的工作态度，执着的目标追求，打造新××，创出新特色，努力开创××更加辉煌的明天。最后让我把各种情感汇集成对同志们的良好祝愿！祝同志们身体永远健康，家庭幸福和睦，万事顺心如意！春节快乐！

请大家在路过或者去县城办事时到我家里和单位做客，我会热情地接待你们！

谢谢同志们！

第十三章　庆祝、纪念性讲话稿写作

第一节　庆祝、纪念性讲话稿写作概述

一、庆祝性讲话稿概述

1. 庆祝性讲话稿的含义

庆祝性讲话稿，是领导干部在重大节日或庆典上发表讲话时使用的稿件。

2. 庆祝性讲话稿的写作要求

（1）内容既要有理论性又要有针对性；既要有明确主题又要有充实材料。

（2）结构要合理，环环相扣，首尾呼应，逻辑严密。

（3）语言既简洁明快、生动流畅又通俗易懂；既朴实无华；又充满激情，语气要坚定有力。

二、纪念性讲话稿概述

1. 纪念性讲话稿的含义

纪念性讲话稿是领导干部在重大纪念性活动或会议上发表讲话时使用的稿件。

2. 纪念性讲话稿的写作要求

（1）内容上，既要有理论性和针对性，又要有明确的主题。

（2）在结构上，安排要合理、层次结构严谨，条理清晰，前后照应，逻辑严密。

（3）语言要简洁明快、通俗易懂、朴实无华、充满激情，坚定而有力。

第二节　庆祝、纪念性讲话稿写作范例

◎在庆祝“五一”国际劳动节大会上的讲话

在××省暨××市庆祝“五一”国际劳动节大会上的讲话

×××

（××××年××月××日）

同志们：

今天，我们在这里隆重集会，共同庆祝全世界工人阶级和劳动群众的盛大节

日“五一”国际劳动节。在此，我代表中共××省委、省人大、省政府、省政协、省军区，向辛勤工作在各条战线上的全省广大工人、农民、知识分子和全体劳动群众，向荣获“五一”劳动奖状、奖章的先进集体和先进个人致以崇高的敬意和诚挚的问候！

过去的一年，在中央和省委的正确领导下，全省上下紧紧围绕振兴××老工业基地和全面建设小康社会这一中心任务，坚持以科学发展观统领经济社会发展全局，我省国民经济实现了平稳较快增长，发展的活力、动力和能力进一步增强，为“十二五”时期的经济发展奠定了良好的基础。这些成就的取得，凝聚着全省人民的聪明智慧和辛勤汗水。今天荣获全国、省、市“五一”劳动奖状、“五一”劳动奖章的先进集体和先进个人，是我省工人阶级和劳动群众的杰出代表。在你们身上，突出体现了工人阶级和劳动群众坚定的理想信念、高昂的劳动热情、强烈的进取意识、良好的职业道德和无私的奉献精神。你们以自己的实际行动铸就了爱岗敬业、争创一流，艰苦奋斗、勇于创新，淡泊名利、甘于奉献的伟大劳模精神，不愧为我省改革和建设的功臣、社会的中坚、时代的楷模。

我们要在全社会大力弘扬伟大的劳模精神。劳模精神，是我们伟大民族精神的重要体现，是激励我们奋勇前进的重要精神动力。要在全社会广泛宣传劳动模范和先进工作者的先进事迹、优秀品质、高尚精神，推动全社会进一步尊重劳模、关心劳模、学习劳模，使劳模精神不断发扬光大。广大劳动模范和先进工作者要珍惜荣誉、谦虚谨慎，发扬成绩、再接再厉，为党和人民再立新功。各级政府要高度重视劳模工作，从政治上关心、生活上爱护劳模，切实为劳模解决实际问题。

工会作为党领导下的工人阶级的群众组织，是党联系职工群众的桥梁和纽带，是职工合法权益的表达者和维护者，也是国家政权的重要社会支柱。全省各级工会组织要紧紧围绕“加快发展、振兴××”这个主题，充分发挥自身优势，最大限度地把广大职工群众团结起来、动员起来，使他们改革和发展的积极性充分发挥出来。要认真履行维护职工合法权益的基本职责，推进协调劳动关系机制建设，支持配合有关部门依法严肃处理侵犯职工合法权益的行为，确保职工合法权益不受侵害；要切实为职工特别是困难职工做好事、办实事、解难事，协助政府做好下岗职工再就业和基本生活保障工作，扎实推进和谐社会建设。当前，工会要主动适应工人阶级内部的新变化和职工群众的新要求，以求真务实的精神把进城务工人员最大限度地组织到工会中来，不断巩固党的阶级基础，扩大党的群众基础，巩固党的执政地位。各级党委要充分认识新时期加强工会工作的重要意义，进一步加强和改进对工会的领导，认真研究工会工作面临重大问题，积极探索新的工作机制和工作方法，支持工会依照法律和工会章程独立自主地开展工作。各级人大、政府要继续支持工会工作，在制定有关政策、规范劳动关系等方面，提供有力的支持和保证，为工会依法履行职能创造条件。

同志们，让我们更加紧密地团结在党中央周围，为创造××更加美好的明天而努力奋斗！

◎庆“五四”颁奖文艺晚会上的讲话

在全县庆“五四”颁奖晚会上的讲话（节选）

×××

（××××年××月××日）

青年朋友们、同志们：

再过几天，就是“五四运动”××周年纪念日了。今天，团县委在这里隆重举行××“五四”颁奖晚会，表彰一批在××中涌现出来的杰出青年代表，很有意义。我代表县委向全县广大青年朋友们致以节日的问候！

××现有××多万团员青年，广大青年朋友们为把我县建成××发挥了突击队、生力军的带头作用，为我县三个文明建设作出了积极的贡献，县委、县政府感谢你们，并希望你们再接再厉，继续努力，再立新功，再创辉煌。借此机会，我对全县各级团组织和广大青年朋友们提三点希望：

一是要努力学习，坚定信念。（略）

二是要服务大局。（略）

三是加强建设，创新工作方式方法，努力开创共青团工作新局面。

多年来的经验表明，全县各级团的工作只有融入中心、服务大局，才能做到有为有位。当前，新的形势、新的机遇、新的挑战、新的要求，赋予全县各级团组织和广大团员青年共同的历史责任和历史任务，全县各级团组织要适应时代发展的需要，加强建设，创新工作方式方法，要不断在提升发展理念上下功夫，在提升能力素质上下功夫，在提高团组织的凝聚力和战斗力上下功夫，使团的各项活动成为各级领导的关注点和广大团员青年的兴奋点，使全县各级团组织充满生机和活力。

最后，祝愿全县广大青年朋友身心健康，工作顺利，事业有成！

◎“六一”儿童节庆祝大会讲话

在“六一”庆祝大会上的讲话

×××

（××××年××月××日）

亲爱的少先队员们、来宾们、辅导员老师们：

今天是“六一”国际儿童节，首先，我代表学校行政向同学们表示节日的祝愿！向支持我校少先队工作的××单位、少先队辅导员们表示崇高的敬意和诚挚的问候，同时我也代表学校行政领导祝贺新加入少先队的少先队员们！

推进新世纪大业，就要从小树立远大理想。理想是人生的太阳，是催人奋进的动力。少年有志，国家有望。不论今后你们想做什么，都要把个人的奋斗志向同国家的前途命运紧紧联系在一起，把个人今天的成长进步同祖国明天的繁荣昌盛紧紧联系在一起，牢固树立起振兴中华的雄心壮志，立志为民族争光，为祖国争光。

推进新世纪大业，就要从小养成优良品德。这是一个人做人做事的根本。只要人人心中有国家、心中有集体、心中有他人，我们的社会就会变得更加美好。你们要继承和发扬中华民族的传统美德，从一点一滴、一言一行做起，逐步养成文明礼貌、团结互助、诚实守信、遵纪守法、勤俭节约、热爱劳动的良好品行，努力成为一个品德高尚的人，一个有益于社会、有益于人民的人。

推进新世纪大业，就要从小培养过硬的本领。过硬的本领是一个人成功的基础，在科学技术飞速发展、竞争日趋激烈的今天更是这样。你们一定要有强烈的求知欲和上进心，发奋读书，刻苦学习各门功课，打好知识基础。还要积极参加形式多样的课外校外活动，接触自然，了解社会，开阔眼界，增长见识，敢于创新，不断提高实践能力。

推进新世纪大业，就要从小锻炼强健体魄。这是建设祖国的本钱。当代的少年儿童不应该做温室里的花朵，而要做搏击风雨的雄鹰。要坚持体育锻炼，养成良好的卫生习惯，不断增强体质。要磨炼勇敢顽强的意志，不向困难低头，不被挫折压倒，以乐观向上、积极进取的精神状态迎接未来的挑战。

少先队员小朋友们，儿童时代是美好人生的开端，远大的理想在这里孕育，高尚的情操在这里萌生，良好的习惯在这里养成，生命的辉煌在这里奠基。你们一定要珍惜、要努力啊！学校相信你们，相信你们一定能够成长为有理想、有道德、有文化、有纪律的"四有新人"，一定能够肩负起建设现代化中国的神圣使命。你们一定能行！

◎庆祝"七一"大会讲话

在镇庆祝建党××周年大会上的讲话（节选）

×××

（××××年××月××日）

同志们：

今天我们在这里隆重集会，为了庆祝中国共产党建党××周年。在此我谨代表××党委，人民政府向辛勤工作在各条战线上的共产党员，表示节日的问候，向今天受到表彰的单位和个人表示最热烈的祝贺。

中国共产党始终是无产阶级的忠实代表，它始终代表中国先进生产力的发展要求，代表中国先进文化的前进方向，代表最广大人民群众的根本利益。回顾党的历史，中国共产党自成立的那一天起，就把解放全中国、解救劳苦大众作为己任。在经历了两万五千里长征，八年抗日战争，三年的解放战争后，中国共产党带领全国各族人民终于推翻了压在人民头上三座大山，解放了全中国。新中国成立伊始，百废待兴，无数共产党人用自己的实际行动谱写了一曲曲奉献之歌。党的十一届三中全会的召开，为中国共产党指明了发展方向。随着改革开放的春风吹遍大江南北，广大共产党员用自己勤劳和智慧的双手，使祖国的面貌日新月异！以胡锦涛同志为总书记的党中央，沿着先辈的足迹带领全国人民奋发图强、艰苦创业、与时俱进、开拓进取，实现了国民经济的快速增长。随着中国加入WTO、成功申办××××年奥运会和××大的胜利召开，一个强大的社会主义中国已屹立于世界的东方。

一年来，××党委“一班人”带领广大干部、群众认真学习贯彻党的××大会议精神，大力发展农村经济，使全镇各族人民思想认识得到了统一和提高，极大地推动了基层党组织的建设、农村经济的建设和各项事业的发展。××党委积极响应党的号召，团结和带领全镇各族人民发展经济、维护社会稳定、抗震捐款、实施“两基”工程，扶贫帮困，使农牧民的人均纯收入有了较大幅度的提高，人民群众的生活质量得到了明显改善，各族人民的民族团结意识显著增强，取得了可喜的成就。

镇党委在抓好经济发展和社会稳定的同时，狠抓基层组织建设，坚持以党建目标管理为龙头，以带领农牧民全面奔小康为重点，以村级党支部“五好建设”为基础，狠抓落实，党员的“双带”作用和基层组织的战斗堡垒作用得到了充分发挥，党组织的整体功能进一步得到了增强。(略)

在肯定工作成绩的同时，我们还应看到面向新世纪党建工作还面临着十分艰巨的任务。一方面，把一个充满希望的××带入新世纪，对党建提出更高要求。另一方面，党建工作与新的形势还不相适应。主要表现在：一是村级领导班子建设方面，部分干部结构不够合理，后备力量不够充足。二是基层组织建设上存在一些村级组织维护社会稳定和带领各族人民全面奔小康的能力比较弱。三是部分党员的思想比较保守，没有真正地理解和领会十六大提出的发展要有新思路，改革要有新突破，开放要有新局面，各项工作要有新举措的新要求。上述问题必须引起各级党组织的高度重视，在今后的工作中既要不断发扬成绩，又要不断解决前进中出现的问题。用改革的、发展的观点来研究新情况，解决新问题。要用与时俱进、开拓创新的精神开辟我镇党建工作的新局面。

我的讲话完毕，谢谢大家！

◎庆祝建军节军民联欢晚会讲话

市常务副市长×××在建军××周年军民联欢晚会上的讲话

（××××年××月××日）

同志们：

在中国人民解放军建军××周年即将来临之际，我代表××市委、市人大、市政府、市政协，向与会的全体官兵表示节日的祝贺！并通过你们向××军分区、驻××部队、预备役部队、武警、消防部队和全市老红军、烈士军属、革命伤残军人、转业复员退休军人、军队离退休干部表示亲切的慰问！向参加会议的各位来宾和关心支持国防建设和拥军优属工作的全市广大人民群众表示衷心的感谢！

几年来，驻××部队官兵视人民如父母，把驻地当故乡，与地方党委政府和人民群众同呼吸、共命运、心连心，为我市“两个文明”建设作出了巨大贡献。广大官兵积极参与地方的资源开发、良种培育、人工增雨和基础设施建设，配合政法部门持续不断地开展严打斗争，防火灭火、力争把火灾损失降到最低限度。广大驻××官兵时刻以人民的幸福为己任，为驻地人民群众的脱贫致富，为贫困学生重返校园，为“军民共建活动”尽心尽力，无私奉献。最令人感动的是，在抗洪救灾等急难险重任务面前，部队始终站在最前列，做到政府有求必应，人民群众有难挺身而出，涌现出许许多多英雄模范，为广大群众树立了学习的光辉榜样。

全市广大红军老战士、转业、复退军人在我国几十年的革命和建设史上作出了突出的贡献。当年的雪山草地、八年抗战、三大战役、抗美援朝、自卫反击战和重大抢灾救灾都有他们留下的足迹和许多动人的故事。虽然目前他们年事已高，但他们仍然保持着军人的光荣传统，想国家之所想，急国家之所急，处处事事从国家的大局着想，甘于奉献，保持晚节，不给国家出难题不争待遇，维护了我市社会稳定的经济发展。许多复员退伍军人在农村经济建设中，成为勤劳致富的带头人。广大军烈属在农村经济建设中，克服生产生活中的重重困难，从不向政府叫苦叫难，从不因缺少家庭劳力而影响部队现代化建设，有力地支持了我国的国防建设。

军爱民，民拥军。各级党委政府在财政比较困难的情况下，千方百计地筹措资金，妥善解决了部队用地用电用水、子女入学入托、随军家属就业等问题，并为部队购买了电脑、电器和生活用品，有效地改善了部队官兵的生活。同时，全市社会各界和广大人民群众积极发挥自身优势，为军人和广大优抚对象开展优惠优待服务，提高了军人的社会地位，维护了优抚对象的合法权益，使优抚安置政策得到了较好的落实。

面对新情况、新挑战，我们要牢固树立政治意识、大局意识和责任意识，切实加强党对双拥工作的领导，持之以恒，常抓不懈。要深入开展群众性创建活动，注重办好实事大事，努力提高双拥工作整体水平。要积极支持军队的建设和改革，妥善安置军队转业干部、复员退伍军人、随军家属和军队离退休干部，继续做好优抚工作，为我市的改革开放和军队建设创造更好的环境。

◎庆祝教师节大会讲话

在××市庆祝××××年教师节暨优秀教师表彰大会上的讲话（节选）

中共××市委书记　×××

（××××年××月××日）

各位领导、老师、同志们：

在“千载至福”的时刻，在“飞龙呈祥”的龙年，我们高兴地迎来了第××个教师节。今天，市委、市政府在这里隆重召开“××市庆祝××××年教师节暨优秀教师表彰大会”，值此光荣节日到来之际，我谨代表中共××市委、市人民政府，向辛勤工作在教育战线上的广大教育工作者致以节日的热烈祝贺和亲切的慰问，向受表彰的我市各类优秀教师致以崇高的敬意，向所有热心支持我市教育事业的社会各界人士表示衷心的感谢！

百年大计，教育为本。我市各级党政部门在中央正确决策的指引下，坚持科教兴国的基本国策，始终把教育摆在优先发展的战略地位，带领全市人民艰苦奋斗，励精图治，在我市经济比较困难的条件下，坚持发动全民兴教，多渠道筹集办学经费，不断加大对教育的投入，改善了办学条件，加快了教育信息化和现代化建设；坚持大兴尊师重教风尚，全面提高了教师待遇，加强了师资队伍建设，启动了“百、千、万”工程，逐步建设了名师群体；全面加强了学校管理，提高了办学水平和质量，创立了××中、××中学、××中学、××中学、市一小、附一小、市第一幼儿园、××幼儿园、××中学、××小学、××中心小学、××镇小、××镇小等省、市、县一级学校和幼儿园，取得了显著的名校效应；全面贯彻党的教育方针，推进了学校素质教育，加强了学校精神文明建设，提高了师生思想素质；大力发展了成人教育和职业教育，加快了“三教”统筹步伐，形成了普教、职教、成教共同发展，多形式、多渠道办学的崭新局面。

盛世兴学，业绩辉煌，饮誉社会，名扬海外。（略）

我市教育取得如此巨大的成就，归功于党政重教和社会的崇文支教，但广大教师的无私奉献更是功不可没。长期以来，我市广大教育工作者在较为艰苦的条件下，不负人民重托，忠诚党的教育事业，在育人的园地上，不为名、不为利，甘为人梯，默默奉献，为发展我市教育事业、培育万千栋梁之才，在平凡的工作岗位上，作出了伟大的贡献，老师们，你们崇高的品格和辉煌的业绩，将永载史册。

国运兴衰，系于教育；教育兴衰，系于教师。教育是永恒的伟大事业。在世界科技激烈竞争的今天，我们必须充分认识我市教育的不足，要全面实施科教兴国战略，要加大对教育的投入，全面推进教育信息化和现代化建设；要继续加强教师队伍建设，努力培养适应新时期要求的教师队伍；要改革教育管理体制，加强对学校的科学管理，全面提高学校管理水平；继续加强教学研究和改革，全面实施素质教育，全面提高教育教学质量；要加快教育发展步伐，提高义务教育的水平和质量；争取××××年实现普及高中教育；要积极推进成人教育和职业教育，为全面增强我市教育综合实力、建设教育强市作出我们的不懈努力。

老师们，20世纪中国从守旧走向改革，从封闭走向开放，从落后走向进步，要使21世纪的中国在科技、经济激烈竞争的时代不再落伍，实现中华民族的伟大复兴，就必须不断改革，不断创新，构建创新的中国和教育的中国。为此，关键在于有创新的教师和创新的教育体制。

放眼未来的教育，前途光明，任重道远，广大教师必须充分认识培养人才的历史重任，要以我市优秀教师为榜样，继续发扬辛勤耕耘，开拓创新，无私奉献的精神，把自己的毕生精力倾注于崇高的教育事业，为祖国的振兴和××的繁荣作出新的贡献。

最后，祝愿全市教育工作者家庭幸福，工作顺利。

谢谢大家！

◎在庆祝老人节大会上的讲话

在县人民政府庆祝老人节大会上的讲话

××县人民政府　×××

（××××年××月××日）

同志们、老年朋友们：

岁岁重阳，今又重阳。今天是我国的传统佳节重阳节，也是我省第××个老人节。值此节日到来之际，我代表县委、县政府，向全县广大老年人致以节日的问候，祝全体老年朋友们节日愉快、身体健康、家庭幸福。向今天受表彰的全县敬老助老先进单位、敬老助老先进个人、老有所为先进个人和十佳孝星表示热烈的祝贺，同时向关心支持老龄事业的社会各界人士、向辛勤工作在老龄岗位上的同志们致以诚挚的慰问！

老龄工作是党政工作的重要组成部分。县委、县政府历来重视老龄工作，关心老年人的生活。先后出台了一系列有关加强老龄工作和发展老龄事业的政策文件，为60岁以上老年人提供各项优待服务，定期举行一年一度的老人节庆祝活动，走访慰问百岁老人，为百岁老人发放长寿补贴金，出台了《××县老龄事业发展“××”计划纲要》，不断加强对老龄工作的领导，适时调整老龄班子，充实人员。各级各部门认真贯彻落实有关的法律法规，坚持“党政主导、社会参与、全民关怀”的老龄工作方针，扩大为老年人服务的窗口，实施涉老法律援助，保障老年人的合法权益，推动了全县老龄事业健康发展，全县涌现出一大批敬老助老以及老有所为的优秀典型。××办事处新兴社区居委会，想老年人所想，办老年人所需，他们为社区所有60岁以上老年人建立了健康档案，建起了健身活动场地，组建了80人的“夕阳红”艺术团，开展丰富多彩的健身娱乐活动，受到了市级表彰。

尊老敬老是中华民族的传统美德，保障老年人的合法权益是全社会的共同责任。目前，我县有60周岁以上老人73447人，占全县总人口的12.3%，已经步入老龄化社会，今后还将以每年3%的速度递增，老龄事业面临的任务十分艰巨。广大老年人在过去的岁月里，兢兢业业，任劳任怨，勤奋工作，为社会主义革命和现代化建设作出了积极贡献，今天的物质文明和精神文明成果蕴含着他们的智慧和劳动，凝结着他们辛勤的汗水。如今他们仍然在关心下一代，继续为经济建设和社会发展献计出力，积极贡献。老年人是社会财富的创造者，理应受到全社会的尊敬、爱戴和照顾，理应享受社会发展成果。

各级、各部门以及社会各界都要重视老龄工作，关心老年人事业。必须顺应人口老龄化发展的趋势，正确处理和解决人口老龄化过程中出现的各种矛盾和问题，树立为老年人服务无上光荣的思想，做到认识到位，感情到位，责任到位，为老龄工作创造条件，努力把老龄工作做得更好。要进一步加大老龄事业的投入，全面落实优待老年人政策，切实为老年人排忧解难办实事，确保老年人的晚年生活幸福、快乐。各级老龄机构要充分发挥职能作用，尽职尽责地为老年人搞好服务。各服务单位要为老年人着想，开办好为老年人服务的业务。民政、劳动等部门要继续健全完善养老保险和最低生活保障线制度，特别要关注农村孤寡、贫困老人和城镇亏损企业的退休职工的生活问题，为他们提供基本生活保障和必要的补助；卫生医疗部门要加强对老年病防治的研究，尽可能为老年人看病就医提供方便；财政、计划和经济主管部门要重视做好老年事业的发展规划，鼓励和支持企业及个人积极开发老年产业，对老年人兴办实体、发挥余热给予支持和照顾；文化、体育、教育等部门要多为老年人提供精神食粮、活动场所和学习机会；城建、公用事业管理等部门在城镇、小区建设中要充分考虑老年人特点，多兴建一些适合老年人的住房、商店、医疗和活动场所与设施，对老年人乘车、游园等给予优待和照顾；司法部门要及时处理涉老案件，及时为老年人提供法律援助，坚决维护老年人的合法权益；新闻单位要把老龄宣传纳入工作计划，加大宣传力度；工会、共青团、妇联等群团组织要深入开展各种尊老敬老的宣传教育活动和评选表彰活动，组织号召广大青年志愿者为老年人服务。各乡镇、街道要认真兑现优待老年人的各项政策，保障老年人的合法权益；要加强村级老工委建设，理顺体制健全机构，为老龄工作提供组织保证；要认真做好农村家庭赡养协议书签订兑现工作，进一步巩固家庭养老功能；要从实际出发，搞好老年人活动场地建设，配备必要的设施，组织开展适合老年人特点的文化体育活动，丰富他们的精神文化生活。其他部门和企事业单位以及社会各界，也要从实际出发，尽可能为老年人多办实事，为老龄事业多贡献一份力量，使广大老年人切实享受到改革开放和社会发展的成果。总之，全社会都要关心老年人，善待老年人，为老年人献上爱心和孝心，把我县老龄事业提高到一个新的水平。

最后，再次祝愿广大老年朋友身体健康，合家欢乐，节日愉快！

◎在周年庆祝大会上的讲话

在××××林区开发建设××周年庆祝大会上的讲话（节选）

×××

（××××年××月××日）

同志们、朋友们：

今天，我们在这里隆重庆祝××××地区开发建设××周年。值此之际，我代表省委、省政府，向××××地区各族人民表示热烈的祝贺！向××年来扎根林区、艰苦创业的广大干部群众致以亲切的问候和崇高的敬意！向××年来积极参与、大力支持××××地区开发建设的各位领导、各界朋友表示衷心的感谢！

××年来，××××地区走过了一条不平凡的艰苦创业之路，创造了物质文明、政治文明、精神文明建设的丰硕成果。1964 年，党中央、国务院发出了开发××××林区的号召，第一代林区开发建设者积极响应党和政府的号召，从全国各地汇集到这片茫茫林海，爬冰卧雪，风餐露宿，用辛勤的汗水和聪明的才智，谱写了一曲曲雄壮豪迈的创业者之歌。

××年来，××××人把一片人迹罕至的原始森林建设成为一个社会主义新林区和国家重要的木材生产基地，不仅创造了为国家提供木材×亿立方米、上缴利税××亿元的辉煌成就，而且推动了××××地区经济社会事业的长足发展，人民群众生活水平日益提高；不仅创造了物质文明的辉煌，而且在改天换地的伟大实践中，创造了突破高寒禁区的伟大精神。这是××××人的骄傲！是××××地区宝贵的精神财富，也是全省人民宝贵的精神财富！是我们在新世纪新阶段实现“努力快发展，全面建小康”奋斗目标的强大精神动力！

今天，我们隆重纪念这个不平凡的日子，就是要高扬艰苦创业、突破高寒禁区的伟大精神，动员全区广大干部群众，向着全面建设小康社会新的伟大征程奋勇前进。希望全区广大干部群众以纪念××××开发建设××周年为新的起点，在推进“努力快发展，全面建小康”新的伟大实践中再创新辉煌。

第一，希望你们继续发扬负重奋进、敢为人先的精神，努力开创大兴安岭各项工作的新局面。(略)

第二，希望你们坚持用科学发展观指导工作，加快经济社会转型步伐。(略)

第三，希望你们继续发扬求真务实、真抓实干的优良作风，努力开创强区富民的新局面。(略)

同志们、朋友们，让我们全面贯彻党的十八大精神，紧紧围绕“努力快发展，全面建小康”这个中心，大力弘扬“艰苦创业、开拓进取、求真务实、无私奉献”的创业精神，抓住机遇，乘势而上，为建设一个青山常在、绿水长流、永续利用和人民生活幸福的生态型新林区而努力奋斗！省委、省政府相信，只要全区上下同心同德，艰苦奋斗，××就一定能够重振雄风，一个充满生机与活力的绿色屏障就一定能够以更加昂扬的姿态屹立在祖国的北疆！

◎纪念全民义务植树节会议讲话

在××××年全民义务植树节电视会议上的讲话

××市市长　×××

(××××年××月××日)

市民朋友们、同志们：

在这春暖大地、万木葱茏的时节，我们又迎来了一年一度的全民义务植树节。我受×××同志的委托，代表市委、市政府，号召全市机关、学校、人民团体、企事业单位和全体市民踊跃动手多植树，为建设美好家园，造福子孙后代，作出自己的努力和贡献。

我们中华民族是一个热爱大自然的民族，自古就崇尚“天人合一”、人与自然和谐共生。植树造林，绿化祖国，是维护和改善自然生态环境的重要内容。每逢植树节，党和国家领导人都亲自带头植树，为全国人民作出了表率和榜样。

××建市以来，积极探索新兴城市可持续发展的路子。在地区经济高速发展和城市规模急剧膨胀的同时，高度重视生态环境的建设和保护，大力开展造林绿化工作。

当今世界，环境是文化、是生产力。一个城市的环境和面貌，已成为城市综合竞争力的重要组成部分，成为城市文明程度的重要标志，成为提高人民生活质量和水平、增进人民群众利益的重要因素。

国际上先进城市都是绿树成荫，树木成林，城在林中。现代化国际性城市的环境指标中，树冠覆盖率应达到40%以上，我市经过多年努力，虽然绿化覆盖率已达到45%，但是花草多、树林灌木少，离这一国际指标尚有较大差距。

进一步而言，树木是人类在自然界须臾不可离开的、最好的朋友。森林和树木有着良好的生态效率、社会效率，每公顷森林制造的氧气，可供1000人呼吸之用，树木还具有较好的杀菌、降尘、蓄水等功能，是空气的“过滤器”和绿色的“消声器”。根据科学测算，同等面积的树林与草坪的生态效益综合比值为6∶1，也就是说，树木净化空气、保护环境的效益是草坪的6倍，而种树的养护费和综合成本则比草坪低得多。森林和树木还可为城市增姿添彩，令人赏心悦目。

××要率先基本实现社会主义现代化，建设成为有中国特色社会主义示范地区，就必须以国际先进城市为标杆，精心规划部署，加大投入力度，认真扎实推进，埋头苦干三五年，务求整体提升城市规划、建设、管理的质量和水平；必须加大植树造林的力度，认真做好规划，精心挑选、培育集环保、遮阳、观赏、抗风性能为一体的优良树种，在全市范围多种树。从今年起，我们要力争每年植树500万株以上，持之以恒十年不断种树，把××这座现代化的国际性大都市建在树林里、花园里。

植树造林，绿化家园，是利于当代、造福子孙的一项伟大事业，是每个公民应尽的责任和义务。去年年底，市政府颁布了《××市全民义务植树管理办法》，希望全体市民以主人翁的姿态，认真履行自己的职责和义务，关心支持和积极参与植树造林活动。各级政府部门和有关单位要以对人民切身利益高度负责的精神，把组织专业队伍与发动全民参与植树结合起来，把全民义务植树活动与建设生态风景林、绿化城市道路、公园、工业区和商住区、整治植被采石场、采泥场等结合起来，精心组织实施，提高造林质量，做到种植一片、成活一片、美化一片。

市民朋友们、同志们，让我们携起手来，立即投身植树造林活动，使我们的家园处处绿树成荫、满城春意盎然，把××建设成为优美的生态城市、最适合人类居住生活的仙境宝地！

第十四章　庆功、表彰讲话稿写作

第一节　庆功、表彰讲话稿的写作概述

一、庆功讲话稿概述

1．庆功讲话稿的概念

庆功讲话稿是指领导同志在庆功大会上所发表的讲话稿。

2．庆功讲话稿的写作要求

庆功讲话稿的写作有以下要求：

（1）发人深省，内容积极而不庸俗。

（2）亲切热情，言辞热烈而不落俗套。

（3）形式新颖，语言诙谐而充满情意。

（4）篇幅短小，言简意赅而不单调。

二、表彰讲话稿概述

1．表彰讲话稿的概念

表彰讲话稿是指领导干部在表彰集体或个人作出优秀成绩，有突出贡献，有先进事迹的会议上所作的讲话稿。

2．表彰讲话稿的写作要求

（1）这类讲话稿的内容要充分揭示出被表彰、表扬者的可贵之处，抓住本质的、最能教育人的方面来写。

（2）对表扬和赞颂的话，要写得准确实在。

（3）文字要朴实、简洁，言辞热烈。

第二节 庆功、表彰讲话稿的写作范例

◎在夺冠庆功会上的讲话

××体育局领导在××火炬国际象棋队夺冠庆功会上的讲话

×××

（××××年××月××日）

尊敬的国家体育总局领导，尊敬的省政府领导，尊敬的××报业集团领导，各位棋手，各位嘉宾：

大家好！

今天，我们聚集在一起，为××晚报××火炬国际象棋队庆功，祝贺他们勇夺××××年的全国国际象棋甲级联赛冠军！首先，请允许我代表××省体育局向长期以来对我省棋类运动给予大力支持的国家体育总局致以崇高的敬意！向××报业集团、××晚报、××火炬集团以及多年来对××棋类运动关心支持的社会各界的朋友们表示衷心的感谢！

有着深厚文化底蕴的××是经济大省、体育强省，在各级领导的关怀支持下，××的体育事业取得了突飞猛进的发展。但是我们过去只是在一些显示体力的项目上占优势，而智力运动项目相对落后，尤其是棋类，多年来既没有专业队伍也没有专业棋手。但近几年来在××晚报和××体育局以及社会各界的共同努力下，××的棋类运动正出现一个新局面。我们不但有了自己的专业队伍和棋手，培养输送了很多全国冠军和世界冠军，而且围棋和国际象棋两个项目的水平，都走到了全国的先进行列。

××火炬国际象棋队成立×年来，一年上一个新台阶，从第四名到亚军，最终夺得了国际象棋冠军，为××体育赢得了荣誉。这支队伍获得的巨大成功，说明企业办体育非常成功，也是××体育产业的一个典范。希望××火炬集团和××晚报不断总结经验，密切合作，开拓创新，把这个队伍搞得更好。我衷心地祝愿这支棋队今后能更上一层楼，为××的体育事业和精神文明建设增添新的光彩！

谢谢大家！

◎在行业创新庆功会上的讲话

在××铝业庆功会上的讲话

×××

（××××年××月××日）

尊敬的各位同事：

此时此刻，此情此景，我想任何语言文字都很难表达出我复杂的心情。××年的路程，从××的××到××，再到今天的庆功会，我们走得很辛苦，走得很累。

但今天，我们有理由自豪，通过我们的劳动，我们建成了国内一流的××工厂，形成了年产××万吨的规模。设计的艰难没有难住我们，技术的封锁没有难住我们，投产时的天寒地冻也没有吓倒我们！

今天，我们有理由自豪，通过我们的努力，××月××日我们产出了××的首批××。

××铝业是以××大规模生产××的企业，××人以科学的态度，科学的精神，高度的责任心和高昂的斗志赢得了国内同行的尊敬！

在此，首先要感谢我们的领导××，感谢××给了我们××人一个展现自己的舞台，正是××在复杂的斗争中始终稳稳地把握住了前进的方向，克服了常人难以克服的困难，才有了今天××铝业的光荣。

另外，感谢××局领导××和集团公司的各级领导和部门，××的每一步，都离不开××局和集团公司各位领导和各级部门的关心、参与和支持！同时也要感谢兄弟单位热电厂、煤气厂、矿产公司等在××试生产期间的并肩战斗和全力支持！

此外，我还要特别感谢××，××氧化铝从开工建设到调试，再到投产，××始终和我们战斗在一起，与我们建立了深厚感情，这个工程凝聚了××的心血和汗水，更重要的是××给我们树起正直和敬业的典范。

各位同事，新的一年即将来临，我们也面临着新的挑战。从投产到达产达标还有很长一段路需要我们去走，如何抓住市场机遇，多产氧化铝是××交给我们的任务！

让我们共同努力，共同迎接挑战，待到明年达产达标时，我们再次欢聚庆功！

谢谢大家！

◎绿色创建活动表彰大会讲话

在全国绿色创建活动表彰大会上的讲话

×××

（××××年××月××日）

同志们：

在第××个世界环境日到来之际，环保总局和教育部、全国妇联在这里隆重召开全国绿色创建活动表彰大会，我谨代表环保总局向受到表彰的“绿色学校”、“绿色社区”、“绿色家庭”以及“优秀组织单位”、“先进个人”表示热烈的祝贺！向为绿色创建活动付出汗水和心血的所有同志表示由衷的感谢！向来参加这次会议的中宣部、中央文明办、教育部、全国妇联、共青团中央、联合国驻华代表处等有关部门、单位的领导和来宾表示热烈的欢迎，感谢你们对环保工作的大力支持！

党中央提出以人为本，坚持全面、协调、可持续的科学发展观，构建和谐社会，这是新形势下我国经济社会发展的重大战略思想和指导方针，不但为环保工作指明了方向，而且为环保事业的发展带来了难得机遇。各地蓬勃发展的绿色创建活动既是落实科学发展观、构建和谐社会的具体实践，也是推动环保事业发展的有效手段。绿色创建活动不但提高了公众的环境意识和环境道德素养，改善了学习、生产和生活环境，还带动了广大青少年、市民、家庭等积极参与环境保护，逐步形成有利于环境的社会新风，推动了社会进步。绿色创建活动已经成为我国环保事业的组成部分，社会公众已经成为推动环保工作开展的重要力量。

青少年是祖国的未来，也是环保的未来。开展青少年环境教育是关系到我国环保事业发展、可持续发展战略实施的一件大事。目前，全国已有23000多所中小学校、中等职业学校及幼儿园参加了创建活动，涉及约1500万名学生和儿童；488所学校受到环保总局和教育部的联合表彰。今天，我们将对第三批全国创建“绿色学校”活动“先进学校”进行表彰。经过环保、教育等部门的大力推动，“绿色学校”的社会影响越来越大，越来越多的学校自愿参加到创建活动中来，发展势头良好。与此同时，我们制定了符合我国国情的“绿色学校”创建、评估和管理指南，创建活动逐步走向规范、深入，“绿色学校”的质量不断提高。目前，“绿色学校”创建成为推动学校开展环境教育的有效形式和进行未成年人环境道德教育的主要载体。通过“绿色学校”创建，提高了广大师生的环境意识和社会责任感，改进了学校环境管理，改善了校园环境。在“绿色学校”创建活动中成长起来的广大青少年学生已经成为我国环保的一支重要生力军。

社区是城市的基础，是我们生活的家园。全国各地开展了创建“绿色社区”

活动，这是绿色创建活动的新进展。今天，环保总局要对首批全国创建“绿色社区”活动“先进社区”进行表彰。随着我国城市化步伐的加快，城市环境问题日渐突出，城市居民的生活和身心健康受到不同程度的影响。虽然保护城市环境是政府的主要职责之一，但是，广大市民也要承担起保护环境的义务。社区是城市的基本组成单元。开展创建“绿色社区”活动就是要激发社区居民的力量，推动社区居民开展环境自治，改变传统生活方式，实施可持续消费，从自己做起，从身边做起，从每个家庭做起，主动参与，积极监督，依靠广大居民自觉行动，努力改善城市社区环境质量。这项活动被纳入中央文明办工作部署之中，成为社会主义精神文明建设的内容之一。各级环保部门把“绿色社区”创建活动纳入了工作计划，大力推动这项活动。在各地社区管理部门的支持和配合下，社区居民积极参与，“绿色社区”创建工作进展很快，目前全国已有2300个省市级“绿色社区”。在“绿色社区”创建活动中，各地把建设社会主义精神文明、提高社区环境管理水平与推动环保公众参与结合起来，以贴近群众、走进生活的形式，开展环境宣传教育，倡导生态文明和绿色生活方式，推行绿色消费，大力解决社区环境问题。“绿色社区”创建活动增强了广大市民的环境意识和环境道德观念，提高了社区居民保护环境的自觉性和积极性，改善了社区环境，并带动了社区环境规划与建设，为城市环境保护与经济社会的可持续发展作出了贡献。

家庭是社会的细胞。由国家环保总局和全国妇女联合开展的创建“绿色家庭”活动是建设资源节约型、环境友好型社会的重要的环保细胞工程。随着环保工作的深入开展，我国的工业污染的比重逐渐下降，而生活垃圾、生活污水的比重逐渐上升，成为主要污染源，防治生活污染已经成为当前环保工作的重要任务。

明天就是世界环境日，今年中国的主题是“人人参与，创建绿色家园”。绿色创建活动就是动员人人参与，创建绿色家园的具体行动。今后，环保部门将继续加强部门之间的协调合作，对绿色创建活动给予切实的帮助和支持。我们将同有关部门一起，加强对绿色创建活动的指导和管理，开展绿色创建交流、研究和培训等工作，改进不完善的地方，解决存在的问题，使绿色创建活动持续、健康地开展下去，形成一个覆盖社会各个方面和各个层面的绿色创建网络；同时，要不断深化创建工作，提高绿色创建质量，扩大绿色创建影响，使之成为号召全民参与环保的绿色旗帜。

让我们携起手来，共同推进绿色创建活动，为构建社会主义和谐社会而努力奋斗。

谢谢大家。

◎助残、自强表彰大会讲话

在全国助残先进集体、个人暨自强模范表彰大会上的讲话

×××

（××××年××月××日）

同志们：

我代表举办这次表彰大会的中宣部、民政部、人事部、解放军总政治部、全国总工会、共青团中央、全国妇联和中国残联，向受表彰的全国助残先进集体、先进个人和残疾人“自强模范”，表示热烈的祝贺和崇高的敬意！并借此机会，向全国五千多万残疾人和两亿多残疾人亲属，表示诚挚的问候和良好的祝愿！

在全国开展的“扶残助残”和争当“自强模范”活动中，各条战线涌现出一大批助残先进集体、先进个人和残疾人“自强模范”。我们这次表彰的是他们中的突出代表。这些助残先进集体和先进个人，以高尚的道德情操和忘我的共产主义品格，满腔热情地扶助残疾人，创造了平凡而伟大的事迹。这些“自强模范”，身处逆境，乐观进取，顽强拼搏，克服常人难以想象的困难，为祖国繁荣和民族振兴，贡献了自己的汗水、心血和智慧。他们的行动表明，残疾人同样是物质文明和精神文明的创造者，是推进社会发展的力量。

从助残先进集体和先进个人的事迹中，我们看到了一种道德风尚，这就是团结互助、扶弱助残、友爱和谐、无私奉献。弘扬这种道德，我们的社会将更加文明、更加进步。从“自强模范”的身上，我们看到了一种精神，这就是自尊自信、不畏艰难、顽强拼搏、奋发进取。为了祖国的繁荣、民族的振兴，我们必须继续发扬这种精神。

同志们，依据《中华人民共和国残疾人保障法》，为倡导团结、友爱、互助的风尚，唤起全社会理解、尊重、关心、帮助残疾人，支持残疾人事业；为激励广大残疾人自尊、自信、自强、自立，投身祖国现代化建设，有关部门决定，在全社会继续深入、持久、广泛地开展“助残活动”，在残疾人中开展争当“自强模范”活动，在残疾人组织中开展“建家做友”活动。

《中华人民共和国残疾人保障法》规定：“对在社会主义建设中作出显著成绩的残疾人，对维护残疾人合法权益、发展残疾人事业、为残疾人服务作出显著成绩的单位和个人，由政府和有关部门给予奖励。”有关部门将根据法律规定，进一步完善评选标准和表彰办法，定期进行表彰。

我们号召：全社会要更深入地开展扶助残疾人的活动，保障残疾人的公民权利，为残疾人办实事，为国家的进步和社会的文明作出贡献！我们希望广大残疾

人向“自强模范”学习，以他们为榜样，为实现我国的第二步战略目标建功立业！

谢谢大家。

◎表彰优秀经营者大会讲话

在市××××年度十大突出贡献工业企业暨优秀经营者表彰大会上的讲话

×××

（××××年××月××日）

同志们：

今天，市委、市政府隆重召开××××年度十大突出贡献工业企业暨优秀经营者表彰大会。我代表市委、市政府向受到表彰奖励的企业和经营者表示热烈祝贺！向为全市经济发展作出重大贡献的工业系统广大干部职工表示衷心感谢！

去年，工业系统的广大干部职工，按照市委、市政府“四增一补”的要求，振奋精神，迎难而上，全面实施《××工业振兴计划》，坚持深化企业改革，不断加大技改投入力度，工业经济保持了持续健康快速发展的良好势头。全市工业增加值完成××亿元，占全市GDP的××%，拉动全市经济增长××个百分点；实现工业利税××亿元，实现利润××亿元，经济效益综合指数××，同比提高××个百分点。今天受到表彰的十户企业去年完成工业总产值××亿元，占全市××户规模以上工业企业总产值的××%，对全市工业发展作出了突出贡献。受到表彰的企业经营者，在企业创业、经营、改制、重组等方面取得积极的成果，在依法经营、诚信经营、企业文化建设、承担社会责任等方面发挥了示范和表率作用。

市委、市政府对作出突出贡献的企业和经营者进行重奖，就是要大力弘扬优秀经营者的开拓创新精神，在全社会形成尊重劳动、尊重人才、尊重知识、尊重创造、尊重纳税人价值的社会氛围，让劳动者受到尊重，让纳税人感到光荣，从而激发全市各条战线干部群众的积极性，形成一个争做贡献、比学赶超、奋发向上的良好发展局面。

工业是一个城市经济发展的脊梁。××作为一个特大城市，国民经济的大厦必须靠工业的强劲增长来支撑。没有发达的工业，财政收入缺少主体税源，兴市富民就无从谈起；没有发达的工业，物流、金融、服务等第三产业发展缺乏坚实的基础，城市经济就难以繁荣昌盛；没有发达的工业，不能提供更多的就业机会，提高人民生活水平和保持社会稳定就会受到影响。因此，加速工业化进程，是我市面临的重大任务。尽管我市工业基础较好，但存在的问题也不少，突出的是总体规模小，著名企业少，名牌产品少，与××这个特大城市的地位很不相称。我们要加快发展，尽早实现“建强创佳”和全面建设小康社会的目标，就必须切实增强发展工业的紧迫感和责任感，把握好21世纪头二十年这个必须紧紧抓住并且可以大有作为的重要战略机遇期，树立和落实科学发展观，按照走新型工业化道路的要求，加快振兴××工业经济。

要坚定不移地实施工业强市战略，把加快发展工业和支持工业发展放在更加重要的位置。认真分析自身的优势和差距，充分利用国家实施西部大开发和振兴老工业基地的政策，准确把握国家加强宏观调控的政策措施，积极承接发达国家和地区的产业转移，调整工业布局，优化产业结构。继续实施《××工业振兴计划》，加大资本投入，加快发展高新技术产业，以高新技术改造和提升传统产业，做精做专、做大做强制造业，推进我市工业经济的跨越式发展。全社会都要重视工业、关心工业、支持工业，为我市工业加快发展营造良好的环境。

企业的竞争，说到底是人才的竞争。企业发展离不开优秀的经营者，离不开企业家队伍的形成和壮大。要高度重视企业家队伍建设，建立健全科学有效的激励和保护机制，营造有利于企业家引进、培养、使用的政策环境和社会氛围，充分调动企业经营者的积极性和主动性。必须牢固树立人才是第一资源的观念，在研究人力资源、开发人力资本上狠下功夫。要千方百计留住人才，用好人才。不仅要以事业留人、以机制留人，还要以感情留人、以待遇留人、以企业家的人格留人，要把发挥经营者积极性同发挥广大职工的积极性紧密结合，形成强大合力。

实施名牌战略，是提升工业水平、增强市场竞争力的必然要求，也是发展工业的重要手段。要围绕我市优势工业，加大争创名牌力度。立志创出一批有广泛影响的品牌，既要勇创名牌，也要善请名牌，大力引进国际知名品牌，使名牌带动城市经济腾飞。

改革是工业发展的动力，建立现代企业制度是工业企业加快发展的体制保证。要按照“产权清晰、权责明确、政企分开、管理科学”的要求，不断深化企业改革，加快国有企业股份制改造，积极推进投资主体多元化，积极引进战略合作伙伴，大力发展混合所有制经济，培育和完善产权交易市场，使我们企业的体制、机制更加适应社会主义市场经济的要求。

创新是发展的灵魂，核心技术能力的创新是工业企业增强竞争力的关键。要坚持贯彻“科学技术是第一生产力”的重要思想，抓住技术进步和产业升级这个关键环节，加快技术创新，尽快形成具有自主知识产权的技术能力，增强企业核心竞争力。重视推广先进适用技术，加快淘汰浪费资源、污染严重的落后生产能力。积极建立企业信息化技术支撑体系，以信息化带动工业化。

同志们，今年我市经济发展任务很重。我们要认真落实中央加强和改善宏观调控措施，全力保持经济平稳、协调、快速发展。希望全市工业系统的广大干部职工，继续保持高昂的精神状态和饱满的工作热情，抢抓机遇，真抓实干，开拓创新，团结拼搏，确保全年任务顺利完成！希望全市各行各业都要向今天受到表彰的企业和优秀经营者学习，艰苦创业，奋发有为，为实现我市“建强创佳”和全面建设小康社会的宏伟目标作出更大贡献！

◎文明单位表彰大会讲话

在全市文明单位表彰大会上的讲话（节选）

×××

（××××年××月××日）

同志们：

春节刚过，我们就欢聚一堂，在这里隆重举行全市文明单位表彰大会。值此新春伊始、万象更新的美好时刻，我谨代表市委、市政府向受到表彰的先进集体、先进个人表示热烈的祝贺！

向今天到会的同志并通过你们向奋战在全市各行各业、各条战线的广大工人、农民、知识分子和各级干部致以亲切的慰问和美好的祝愿，祝大家在新的一年里，身体健康，万事如意！新年新气象，新年新作为！

刚刚过去的××××年，是我市经济和社会发展史上极不平凡的一年，是我们经受严峻考验并取得显著业绩的一年，是我们顽强拼搏、攻坚克难、全面丰收的一年。(略)

××××年，是我市贯彻落实××届×中全会精神、全面推进新一轮改革的开局之年，是加快经济社会事业发展、全面实现“××”计划的提速之年，更是加快推进沿江开发、实现跨越发展目标的冲刺之年。能不能抢抓机遇，乘势而上，确保完成和超额完成全年的指标任务？能不能奋发有为，跨越开拓，加速实现××××的奋斗目标？最关键的就是要继续保持昂扬向上的精神状态，继续创新与时俱进的发展理念，继续增强敢打胜仗的必胜信念，继续落实务求实效的工作举措，奋力开拓，勇争一流。

一、进一步确立科学的发展观，审时度势抢抓机遇（略）

……

四、进一步确立正确政绩观，争先进求跨越

新的一年，能不能圆满实现既定的目标任务，关键靠人，关键靠领导干部。各级领导干部特别是在座的各位一定要牢固确立造福百姓、富裕人民的政绩观，敢于负责，勇于承压，干出一番事业，做出一番成绩。

提高认识。做一个让党放心、让人民满意的干部，至关重要的是一定要有一个正确的政绩观。正确的政绩观，它是以为了维护党和人民的利益、为了推进一个地区经济和社会发展为主要标志，是衡量我们领导干部是否称职的试金石，是检验我们领导干部的重要标尺。

同志们，又是一年春来到，而今迈步从头越。方向已定，目标已明，现在正是不遗余力抓落实的大好时机。让我们围绕××××的目标，解放思想，奋力开拓，扎实工作，积极作为，努力夺取今年各项工作的新胜利！

◎表彰十佳青年大会讲话

在纪念“五四”运动××周年暨第××届“十佳青年”表彰大会上的讲话（节选）

×××

（××××年××月××日）

同志们、青年朋友们：

今天，我们在这里隆重集会，庆祝“五四”运动××周年，并表彰在我市全面建设小康社会中涌现出的“十佳青年”。在此，我谨代表市委、市人大、市政府、市政协向受到表彰的青年楷模表示热烈的祝贺！向广大青年朋友致以节日的问候！

××年来，在中国共产党的领导下，包括我市青年在内的一代又一代先进青年，自觉继承发扬爱国、进步、民主、科学的“五四”精神，踊跃投身革命、建设和改革的历史洪流，为民族解放、国家富强和人民幸福英勇奋斗，建立了不朽的功勋。就我市而言，近年来，国民经济快速发展，社会事业全面进步，改革开放不断推进，城乡面貌日新月异，人民生活水平大幅提高。尤其是××××年，是我市近几年来改革力度最大的一年，是经济增长速度最快、效益最好的一年，人均财力居全省第二，县域经济综合实力跃居全省第五位，成为我省首批经济强县（市）之一。这些成绩的取得，是全市××万人民励精图治、同心同德、艰苦创业、扎实工作的结果，也是全市广大青年顽强拼搏、团结奋斗、开拓进取、真抓实干的结果。今天，受到表彰的“十佳青年”，虽然来自不同行业、不同领域，但都是在我市全面建设小康社会这一新的历史时期涌现出的优秀青年的杰出代表，都体现了当代青年自强不息、乐于奉献、建功成才的精神风貌。你们在各自的岗位上，顽强拼搏，无私奉献，为我市的改革开放和现代化建设作出了积极贡献；你们的奋斗经历和感人事迹，对全市青年的健康成长，具有重要的示范和导向作用。我们召开这次大会，就是要大力倡导资兴青年立志创造、拼搏奉献的时代品格，弘扬发愤图强、艰苦奋斗的时代精神，在全市掀起学先进、赶先进、创先进的热潮。使“十佳青年”的事迹成为各行各业青年参与经济建设的强大动力，激励广大青年积极进取，开拓创新，为我市提前全面建成小康社会建功立业。下面，我讲三点意见。

一、十佳青年要珍惜荣誉，率先垂范，为全面建设小康社会再立新功

获得“十佳青年”这一荣誉，既是社会各界对你们取得的成绩的肯定，更是对你们的鞭策和鼓励。因此，“十佳青年”要珍惜荣誉，率先垂范，为我市提前全面建成小康社会再创佳绩、再立新功。(略)

二、广大青年要立足岗位，勇于实践，在促进资兴经济社会发展中发挥主力军作用

一要充分发挥青年作为先进生产力发展的主力军作用，服务经济发展大局。(略)

二要充分发挥青年传播先进文化，倡导文明新风的作用，推动精神文明建设。(略)

三要充分发挥青年先锋模范带头作用，努力实践全心全意为人民服务的宗旨。(略)

三、各级团组织要立足新起点，探索新规律，推动共青团工作实现新发展

新形势、新任务对共青团工作提出了新的更高的要求，各级团组织要紧跟时代步伐，适应时代要求，切实加强共青团自身建设。

一要坚持以人为本，充分发挥各类青年人才的作用。(略)

二要坚持求真务实，加强青年组织作风建设。(略)

三要坚持与时俱进，努力做好新形势下团的工作。(略)

同志们，青年朋友们，时代召唤青年，青年创造未来。让我们自觉肩负起时代赋予的神圣使命，大力弘扬“五四”精神，认真学习贯彻党的重要会议精神，与时俱进，开拓创新，奋勇争先，为实现我市提前全面建成小康社会的奋斗目标而努力奋斗！

最后，祝青年朋友们节日愉快，学习进步，事业有成，万事如意！

◎环境教育表彰大会讲话

在市环境教育表彰大会上的讲话

×××

(××××年××月××日)

同志们、同学们：

今天是“四二二”地球日，为了纪念这个全球关注的环境节日，市环保局、市教委、市科协等有关市级部门在这里隆重集会，共同表彰两年来在全市青少年环境教育工作中取得优异成绩的集体和个人以及在××市第×届中小学生环境征

文竞赛活动中的获奖者。借此，我代表市人大、市政府、市政协向受到命名表彰的绿色学校、青少年环境教育基地、绿色幼儿园和重庆市环境教育优秀教师、“环保小卫士”以及在环境征文竞赛中获奖的集体和个人表示热烈的祝贺！向辛勤工作在环境教育第一线的同志们表示亲切的慰问！向所有关心、支持我们环境教育事业的社会各界朋友表示衷心的感谢！

环境保护是我国的一项基本国策，是强国、富民、安天下的大事。全面建设小康社会，必须使可持续发展能力不断增强，生态环境得到改善，资源利用效率显著提高，促进人与自然的和谐，推动整个社会走上生产发展、生活富裕、生态良好的文明发展道路。为了确保这一目标的实现，在××届三中全会上，党中央又把科学发展观作为指导我国现代化建设的崭新的思维理念适时地提了出来。因此，我们要认真学习和领会科学发展观的基本内涵。科学发展观的基本内涵，我的理解是：一是全面发展；二是协调和可持续发展。所谓全面发展，就是要着眼于经济、社会、政治、文化、生态等各个方面的发展；所谓协调，就是各方面发展要相互衔接、相互促进，良性互动；所谓可持续，就是既要考虑当前发展的需要，满足当代人的基本要求，又要考虑未来发展的需要，为子孙后代着想。所以，牢固树立和认真落实科学的发展观和正确的政绩观是当前和今后相当长一段时期内，摆在全党面前的一个重要课题。

××地处长江上游、三峡库区腹心地带，搞好××的生态环境保护和建设，对于确保三峡库区可持续发展，维护整个长江流域乃至全国生态环境安全具有十分重要的意义，加之保护和改善生态环境又是党中央交办给重庆的四件大事之一。因此，市委、市政府高度重视，直辖以来，全市紧紧围绕“山水园林城市工程”、“青山绿水工程”两大战略和主城区大气环境质量改善、三峡库区水污染防治两个重点，实施了一系列重大决策和行动计划，取得了明显成效。但由于自然地理条件、能源结构、经济结构和发展滞后等因素，我市的环境形势仍然非常严峻。因此，进一步加强我市生态环境保护工作，继续加大环境宣传教育力度，全面提高市民的环境意识，对实现我市经济社会的可持续发展，尤其对实现“小康××”的奋斗目标，有着重要的作用。

当前的环境教育工作，就是以创建绿色学校、绿色幼儿园、青少年环境教育基地为切入点，积极探索环境教育的方法和途径，鼓励学生借助环境征文等多种形式，积极参与环境保护的社会实践中去，同时，要大力宣传和表彰在开展环境教育工作中作出优异成绩的老师和表现突出的学生，要典型引路、示范推进，形成良好的社会舆论氛围，使开展环境教育的绿色之风吹遍巴渝大地。

令人欣慰的是，近几年来，在环保和教育部门的通力合作下，我市开展环境教育、创建绿色学校的工作扎实推进，取得了较为显著的成绩，多次受到教育部、国家环保总局的联合表彰。一所所具有强烈社会责任感的绿色学校正在不断涌现，一批批具有较高环境文明素养的学生正在茁壮成长，一颗颗绿色的种子正在××大地生根发芽。当然，我们也应该看到，这项工作在有些区县发展还不平衡，还需要我们不断总结经验、加强领导、扎实工作。

同志们、同学们，今天大会表彰的绿色学校、绿色幼儿园、青少年环境教育基地和优秀教师、“环保小卫士”以及征文竞赛获奖者，都是我市近两年来环境教育工作中涌现出来的先进典型，希望全市的中小学校和广大师生向他们学习。学习他们强烈的环境责任意识，敬业爱岗精神，勤奋学习、勇于实践的作风。同时，我们也希望受到表彰的集体和个人，谦虚谨慎、再接再厉、不断创新，切实发挥先进的示范带头作用，为我市环境教育事业发展，为实现××大地山川秀美、清新洁净的奋斗目标作出新的贡献！

◎春运工作总结表彰会议讲话

市政府领导在全市春运工作总结表彰会议上的讲话

×××

（××××年××月××日）

同志们：

今年的春运工作在各镇政府和有关部门的支持配合下，经过春运战线上全体干部职工的共同努力，已于××月××日圆满完成。刚才，市春运办主任、交通局副局长×××同志代表春运办，对今年的春运工作作了全面总结，讲得很好。在此，我代表市政府向在这次春运工作中作出辛勤努力和贡献的所有干部职工表示最衷心的感谢！

今年四十天的春运，能比较顺利地完成，我认为主要做好了以下几项工作。

一、各级领导重视

今年，春运在面临安全形势严峻、客流量增大、社会对春运工作要求越来越高的新特点、新情况，市各镇政府和交通各部门以十八大会议精神为指导，把今年春运当作新年第一季度的重点工作，当作政府为民办实事来办。市春运办和各部门的分管领导根据春运准备、节前、节后三个阶段及天气、客流因素，抓部署、抓落实，并经常深入到车站、道路春运现场，认真检查，落实整改。交通等部门领导，春运高峰期，几乎天天服务在基层，抓好春运各个环节，保证了春运工作有序进行。

二、安全管理得到了进一步加强

今年，春运取得了无一起安全事故发生的良好成绩，我看关键一点，是各有关职能部门、各春运单位针对今年春运安全工作的新形势、新要求，按照“守土有责，确保一方平安”要求，切实加强了责任管理，抓好了现场措施落实。市春运办组织协调好春运各方面工作，及时做好上传下达，督促指导工作。各镇春运办抓好辖区内路、桥、渡安全管理，对重要路、桥、渡设施，各镇均与所在村、单位签订了确保安全的责任书。市交通局、公安局职能部门联手组织打击道路违章车辆的同时，还落实组织对所有春运机驾人员进行了安全教育，加强现场监督。客运单位加大了对运营工具，特别是租赁车主监控管理，有效限制了超载等违章情况的发生。公路、稽查、航道、海事加强了道路、航道、渡口、车辆的检查和管理，积极抢修道路、桥梁、清除航障，打击黑车、狠刹超载，确保了全市路航渡桥安全畅通。

三、文明服务又有新提高

搞好春运工作是全社会对交通行业文明建设的一次全面检查，检查的标准是群众满意不满意。今年春运期间，各客货运输企业继续深入开展“文明与春运同行”活动，不断提高改善服务环境，深化文明行业创建，优质服务、优良秩序、优美环境得到了进一步的体现。××火车站新客站正式启用，同时××火车站正式晋升为××铁路分局一级站，停靠列车的增多，为××旅客提供了良好的出行环境。客运公司、××客运总公司××公司不断加大对春运服务硬件投入，切实加强规范服务，公开服务承诺。总体来看，今年春运窗口单位服务质量上又有了新的提高。同时，交通货运单位春节期间加班加点，突击做好疏港任务和外配任务，得到了社会各界的好评。

四、各方协调配合好

春运工作关系到全局，需要各个方面的支持和配合，在交通、公安部门的干部、职工集中精力，全力以赴抓春运的同时，市工商、气象、物资等部门和市新闻单位大力支持和配合春运工作，其中“××××”的记者、编辑在春运期间经常到春运一线现场采访，及时报道好人好事和存在的问题，为动员全市干部群众重视春运、支持春运发挥了作用。各有关部门、单位热忱关心春运职工的生活，积极做好春运职工的生活后勤服务，办实事、做好事，保证了春运工作的顺利进行。

春运工作虽然告一段落，但我希望在座的各个单位，在春运成绩的基础上，继续加强对十八大会议精神的学习，观念上适应新形势的变化，把为人民服务、为社会办更多的实事、好事体现在日常工作当中。

今年是“××”计划的关键一年，也是党的“××”召开之年，交通部门要认真贯彻落实好市委第××次党代会确立的“富民强市、率先基本实现现代化”的战略目标，增强率行意识，加快××交通事业新一轮大发展，为××经济的大发展作出更大贡献。进一步加强交通行业管理力度，深化交通企业内部改革。抓好创建文明行业工作，对于人民群众关心的运输服务质量要强化管理，提高整个行业文明程度。

同志们，在新的一年中，我相信，在市委、市政府的高度重视下，在各镇政府、各有关部门积极努力下，春运工作中表现出的精神状态、工作作风一定会为××××年全年的经济建设和各项社会事业的发展作出新的贡献。

◎年度表彰大会讲话

在县××××年度表彰大会上的讲话（节选）

×××

（××××年××月××日）

同志们：

今天，县委、县政府在这里隆重召开表彰大会，表彰××××年度××县先进单位（集体）、先进生产（工作）者、十个“十佳”、文明单位（社区、村）、军（警）民共建先进单位，以及行政效能监察、党风廉政建设、科技、招商引资等工作先进单位和个人。这既是一次群英荟萃的盛会，也是一次振奋精神、鼓舞斗志的大会。在此，我代表县委、县人大、县政府、县政协向今天受到表彰的先进单位和个人表示热烈的祝贺和崇高的敬意！向为××改革开放和现代化建设事业作出贡献的广大工人、农民、知识分子、干部、驻军官兵、各界人士和全体劳动者表示衷心的感谢！

××××年是我县战胜困难加快发展，经济建设和社会各项事业取得显著成绩的一年。全县各族人民在上级党委、政府的正确领导下，全面贯彻党的××大和××届三中、四中全会精神，树立和落实科学发展观，团结一致、顽强拼搏、排除干扰、抢抓机遇、乘势而上，克服了严重干旱、电力严重不足等诸多困难，经济建设和社会各项事业发展取得了“××”以来的最好成绩，实现了全县地区生产总值突破××亿元、财政收入突破××亿元的“××”奋斗目标，全面完成了自治区、××市下达的经济工作“××”目标任务。经济建设取得了“四高一稳一强一同步”的好成绩，“四高”就是规模以上工业总产值、财政收入、固定资产投资、招商引资保持高速增长，总量和增幅均创历史新高；“一稳”就是农民收入稳步增加；“一强”就是工业生产后劲增强；“一同步”就是经济发展的速度与效益同步增长。年内被评为“××××年度××经济发展十佳县”、“全国粮食生产先进县”、“全国科技进步示范县”、“自治区双拥模范县”、“自治区社会治安综合治理先进县”、“××市人口与计划生育工作目标责任制考核一等奖”等多项荣誉称号。全县呈现出政治稳定、经济发展、民族团结、社会进步的大好局面。

一、国民经济强劲增长，综合实力明显增强（略）

二、基础设施不断完善，城乡面貌有了较大改善（略）

三、对外开放不断扩大，招商引资取得显著成绩（略）

四、统筹城乡发展取得新成效，县域经济活力不断增强（略）

五、社会各项事业全面进步，不断开创和谐发展新局面（略）

六、就业和社会保障工作不断加强，人民生活得到改善（略）

××××年是我县全面实施县委、县政府提出的“融入大××，谋求大发展，建设新××，实现新跨越”新的发展思路的关键一年。希望今天受表彰的单位和个人珍惜党和人民给予的荣誉，始终保持谦虚谨慎、戒骄戒躁的优良作风，发扬艰苦奋斗、无私奉献的精神，始终保持昂扬向上、奋发有为的精神状态，进一步保持和发挥表率和示范作用；希望先进模范人物加强学习、勤奋学习，不断提高科学文化素质，努力掌握新知识和新技能，争做智能型、知识型、创造型劳动者，为我县的“三个文明”建设再接再厉、再创佳绩、再立新功；希望全县广大干部群众以先进模范人物为榜样，学习他们爱岗敬业、艰苦奋斗的创业精神，学习他们勇于改革、争当先锋的进取精神，学习他们胸怀大局、高度负责的主人翁精神，在全县形成学先进、赶先进，立足本职岗位，争创一流业绩的热潮，为建设新××实现新跨越营造良好的创业环境。

同志们，建设新××实现新跨越的意义重大，责任重大。让我们紧密团结在党中央周围，倍加顾全大局，倍加珍惜团结，倍加维护稳定，以饱满的精神，百倍的信心，万众一心，扎实工作，为建设更加美好的新××，率先在全区实现跨越式发展，全面建设小康社会而不懈奋斗！

◎政风行风工作总结表彰大会讲话

在全县政风行风工作总结表彰暨动员大会上的讲话（节选）

×××

（××××年××月××日）

同志们：

今天，在这里召开××××年民主评议行风工作表彰暨××××年政风行风评议工作动员大会，主要任务是贯彻省、市政风行风评议工作会议精神，全面落实市行评办安排部署的××××年政风行风评议工作，认真总结我县××××年的民主评议行风工作，表彰在行风评议和行风建设工作中涌现出的一批优秀和先进单位，对今年进一步引深民主评议政风行风工作进行再动员、再部署。

下面，按照省、市的要求部署，结合我县实际，我讲两个方面的意见：

一、充分肯定民主评议行风工作取得的明显成效

去年以来，按照上级行评办的统一安排部署，我县在巩固××××年民主评议行风工作成效的基础上，劲不松、力不减，积极筹划，精心组织，创新工作思

路，改进工作方法，在全县××个部门和单位全面开展了形式多样、丰富多彩的以“树行风、正形象、创环境、促发展”为主题的行风评议活动，逐步形成了“党政领导齐抓共管、行评办组织协调、参评部门高度重视、社会各界大力支持、人民群众积极参与、新闻媒体密切配合”的行风评议长效机制，为全县“三五”战略的顺利实施和“调百强、奔小康”目标的顺利实现，提供了宽松优良的发展平台。

（一）营造了浓厚的氛围（略）

（二）加大了整改力度（略）

（三）行业形象得到改善（略）

（四）发展环境得到优化（略）

在肯定成绩的同时，我们也看到，全县行风建设中还存在不少问题：一是有的部门（单位）对行风建设的长期性、艰巨性还认识不足，工作上时紧时松。二是有的部门（单位）对人民群众反映的热点问题解决不力，改进不大。三是有的参评部门（单位）没有把行风评议和创优发展环境结合起来，甚至应付评议，为评议而评议，做表面文章。四是群众对有些部门（单位）工作态度和工作作风还不满意，门难进、话难听、事难办的现象还时有发生。五是有的部门（单位）的领导只注重评议结果，不认真开展工作，以为评议是形式，最后弄个好名次就行了。这些问题的存在直接影响着行风评议工作的深入开展，影响着全县经济发展环境的进一步优化，我们必须引起高度重视，在今后的工作中认真加以解决。

二、进一步引深政风行风评议工作

加强政风行风建设，是加强政府各部门自身建设的需要，是提高党的执政能力的需要，是落实发展这个执政兴国第一要务的需要。各单位各部门一定要站在这样的战略高度，更加重视和强化政风行风评议工作。

下面，我对今年的政风行风评议工作具体讲几点意见：

（一）要突出重点，把握要点（略）

（二）要创新评议办法，规范评议行为（略）

（三）要明确奖惩，推广典型（略）

（四）要加强领导，抓好落实（略）

同志们，政风行风工作是党风廉政建设的重要内容，是改善发展环境的重要举措。各级各部门一定要认真贯彻落实这次会议精神，进一步加强自身建设，增强服务意识，提高履行职责的能力，创优发展的大好局面，为建设一个更加和谐、稳定、健康发展的新的××县而努力奋斗！

◎文明创建工作表彰大会讲话

在××××年文明创建动员暨××××年文明创建工作表彰大会上的讲话（节选）

×××

（××××年××月××日）

老师们、同学们：

今天，我们在这里召开××××年文明创建动员暨××××年文明创建工作表彰大会，主要是回顾总结学院文明创建工作的成绩和经验，表彰××××年度在文明创建中表现出色的先进集体，同时部署××××年度文明创建工作任务，进一步动员全院师生更加积极地投身到文明创建活动中去，为我院创建市级文明单位和××市创建全国首批文明城市作出应有的贡献。下面我讲四个方面的问题：

一、我院文明单位创建工作的成绩和经验

我院自创办以来就十分重视文明单位创建工作。××××年明确了“以服务为宗旨，以就业为导向”的办学理念和创建全国示范性高职院校的奋斗目标。今年又提出了“树团队精神，建校园文化”十字方针。这些都十分符合我院的办学实际，符合高等职业教育的发展趋势，符合文明创建的总体要求。

认真回顾和总结以往的工作，主要有以下几个方面的成绩：

一是抓思想，抓纪律，抓作风，党建和思想政治工作取得大成绩。（略）

二是抓机遇，抓共建，抓拓展，校园硬件建设有大飞跃。（略）

三是抓治理，抓巩固，抓提高，校容校貌大变样。（略）

四是抓规范，抓制度，抓监控，教学质量有大提高。（略）

五是抓教研，抓成果，抓立项，教科研水平有大提高。（略）

六是抓特色，抓重点，抓精品，学科专业课程建设有大突破。（略）

七是抓师德，抓培养，抓引进，教师队伍建设有大发展。（略）

八是抓载体，抓活动，抓落实，师生员工精神风貌有大改善。师生员工的精神面貌是文明建设成果的集中体现。我们高度重视师生员工的思想道德和校园文化建设，积极开展大学生青年志愿者和暑期社会实践活动，开展专业文化节、社团文化节、公寓文化节等校园文化品牌活动，整个校园充满着文明、健康、向上的氛围。

二、开展文明创建工作的重要意义

首先，加强文明建设是提升文明程度、全面实现小康社会的有效途径，是社会主义物质文明、政治文明、精神文明建设的重要举措。

其次，加强文明建设是培养有理想、有道德、有文化、有纪律的社会主义建设者和接班人的需要。(略)

三、文明创建工作的主要任务（略）

四、文明创建工作的几点要求

1. 加强领导，高度重视（略）

2. 层层布置，精心组织（略）

3. 突出重点，明确责任（略）

4. 狠抓落实，务求实效

一是要从大处着眼，小处入手。创建工作有许多是具体的事，要一件一件地抓，一项一项地落实。二是要措施得力。文明创建要借鉴以往精神文明建设的一些好的做法和经验，要敢抓、敢管，动真格。三是要加强考核。对制订的计划、承担的任务要逐一进行考核和督察，要把工作任务完成情况作为年度考核、晋职评优的重要依据。

同志们，为了建设更加文明的校园，为了创造更加美好的未来，让我们从小事做起，从身边做起，从自身做起，以文明之行，兴文明之风，创文明单位，为我院文明创建工作作出积极的贡献。

◎表彰岗位标兵大会讲话

在医学院岗位标兵表彰大会上的讲话（节选）

×××

（××××年××月××日）

同志们：

正值全院上下认真学习贯彻党的××大精神之时，我们在这里隆重举行表彰大会，表彰我院建院以来首次被授予荣誉称号的各类岗位标兵。这既是院党政和全院教职员工对岗位标兵们优秀的敬业精神和突出的岗位业绩的肯定和彰显，也是对××人艰苦创业、奋发图强、爱岗敬业、乐于奉献、求真务实、克难进取之精神的弘扬，更是我们发挥标杆作用，开展“学先进，创优质”活动，深化改革，加快发展，确保稳定，把党的十八大精神落到实处的重要举措。在此，我代表院党政向××年来为××医学院的建设和发展，奉献自己的青春年华和聪明才智的所有建设者们表示崇高的敬意和诚挚的感谢，向今天受表彰的××位标兵表示衷心的祝贺。

发展大计，关键在人。就此，我讲几点意见：

一、我们要学习岗位标兵们立足岗位，无私奉献

今天表彰的××位同志工作在不同的岗位，但他们具有一个共同的特点，那

就是自觉关心学院的事业发展，无私奉献自己聪明才智。(略)

二、我们要学习岗位标兵们立足岗位、求真务实的工作作风（略）

三、我们要学习岗位标兵们立足岗位、开拓创新的精神

与时俱进，开拓创新，对于我们党、我们国家的兴旺发达是真理，对于每个单位、每个岗位和每个人同样是真理。××的发展在质量，质量的提高在创新。坚持教育创新，推进素质教育，提高办学水平和质量，科研创新是先导，教学创新是基础，管理创新是保证，核心还是我们的教师科研队伍和管理服务队伍，都必须以强烈的忧患意识、责任感和使命感，去不断地增强自己的创新观念，积极探索教学、科研、管理、服务工作创新的途径和方法，努力实现各个岗位工作的新突破、新境界。因此，我们应该像岗位标兵们那样，有着一颗永不知足的进取之心，有着一股朝气蓬勃的创新精神。我想，有了这种精神，无论处在多么平凡、多么困难的岗位，都能闯出新的天地，干出喜人的业绩，××医学院也就随之发展壮大！

同志们，我们要庆幸自己生活、学习和工作在一个可以大有作为的好时代。尽管××医学院在前进的道路上不尽是鲜花和阳光，还会有不少困难和风险，但只要全体师生员工倍加顾全大局，倍加珍视团结，倍加维护稳定，倍加克难进取，倍加勤学敬业、求实创新，我们就一定能够在五年至十年之内，把××医学院建成具有相当实力和影响力，具有较高知名度的区域名校。

榜样的力量是无穷的。让先进之花开放在我们每位同志的心头，让优质之果结在我们每个工作的岗位上！

第十五章　节日、庆典（仪式）讲话稿

第一节　节日、庆典（仪式）讲话稿的写作概述

一、节日讲话稿概述

1. 节日讲话稿概述

节日讲话稿是领导干部在固定的、重要的节日举行的庆祝会议上讲话时用到的书面材料，这种节日讲话稿可以加强节日相关人员情感和工作的交流。

2. 节日讲话稿的写作技巧

（1）首先要真诚地赞美节日相关人员对工作做出的努力，激发其上进心。

（2）强调节日相关工作的美好发展前景，增强相关人员的信心，调动广大人员的积极性。

（3）明确节日相关人员的工作要求，激发其事业心。

（4）整个讲话稿的语言要生动，充满情感，能营造出喜庆的节日气氛。

二、庆典（仪式）讲话稿概述

1. 庆典（仪式）讲话稿的含义

庆典（仪式）讲话稿是在某种特定场合讲话前所拟定的书面稿子。其作用是省时省力，能够集中有效地围绕庆典仪式把话讲好，避免走题或出现差错。这类讲话稿使用的范围很广，体现形式多用于各种重要会议、公共场合和机关企业等。

2. 庆典（仪式）讲话稿的特点

（1）祝愿性

庆典（仪式）讲话稿多是对人对事表达美好祝愿的言辞，应该突出它的祝愿性特点，用热烈真挚的情感把祝贺之情热情洋溢地表现出来。

（2）准确性

准确性是庆典（仪式）讲话稿写作的前提和基础。首先要了解讲话的对象，注意听众的组成结构，了解他们的性格、年龄、受教育程度、所在地域文化，分析他们的态度、观点、希望和要求。掌握这些以后，就可以决定采取什么方式来吸引听众，取得较好的效果。其次，应该既是对上级精神的准确表达，又是对实

践中是与非、质与量的真实反映。

3. 庆典（仪式）讲话稿的写作技巧

（1）标题

标题是指讲话内容的题目。有的标题包含讲话人姓名，如“×××在××庆典（仪式）上的讲话。”

（2）正文

正文一般包含开头、主体、结尾三部分。

开头是指讲话材料的开头语。开头是讲话思路的起点，它的任务在于提领整个讲话，需要具备赢得听众好感和引入正文的条件。

一般来说，正文的主体部分没有一个固定的模式，其内容要视讲话人的身份、会议的背景、讲话的主题以及听众的差异而定。但都必须做到内容充实、分析透彻，主题鲜明、观点正确，材料充实、详略得当，层次结构分明、条理清晰，言之有序。

结尾即讲话材料的结束语。结尾是讲话思路的终结，它要在一个很短的时间内，抓住听众的注意力，使其全篇的意义完整，因而必须用最有力量的语言，将思想升华，编织完成全篇的讲话。

（3）落款

落款要写讲话人的姓名、讲话的时间。如果在标题处已有讲话人姓名和标明时间的，可以不用落款。

第二节 节日、庆典（仪式）讲话稿的写作范例

◎元旦致辞

县长×××元旦致辞

（××××年××月××日）

同志们、朋友们：

金鸡辞旧岁，锦犬闹新春。沐浴新年的曙光，满怀胜利的喜悦，我们欣慰地告别××××年，豪迈地走进××××年。值此元旦佳节，我谨代表中共××县委、××县人民政府，向勤劳智慧的××县人民致以新春祝贺，向回家团圆、荣归故里的乡友致以亲切问候，向仍然坚守岗位的建设者和驻县官兵致以诚挚慰问。祝大家在新的一年里欢乐祥和、幸福安康、万事胜意！

年年花似锦，今年花更红。过去的一年，全县上下紧密团结在县委周围，坚持以经济建设为中心，以跨越式发展为主题，团结拼搏，开拓创新，务实求为，

经济社会事业发展再次夺得了“满堂红”：全年完成地方生产总值××亿元，完成财政总收入×亿元，农民年人均收入达到××××元，主要经济指标增幅均居全市前列，县域经济发展实现了量的增长、质的突破。与此同时，全县基础设施建设明显加快，招商引资持续升温，各项改革纵深推进，社会事业和谐发展，形成了一个人气高、财气旺、百业兴、万事荣的大好局面，全县经济社会事业开始步入了全面、快速、高效、协调发展的良性轨道。

过去一年，是全县上下锐意创新、励精图治的“拼搏年”，是各行各业捷报频传、硕果累累的“收获年”，是全局工作赶超迈进、和谐崛起的“发展年”。一年来，全县干部群众合力同心，真抓实干，为县域经济发展打下了坚实基础，为社会事业繁荣开创了新的局面。如今放眼巴陵，我们欣喜地看到了一种欣欣向荣、蒸蒸日上的景象！感受到了一种锐意进取、昂扬向上的精神！触摸到了一种无私奉献、不断燃烧的激情！

抚今追昔，我们风雨兼程一路走来，既欣慰万分，更感慨万千。所有成绩的取得是团结拼搏的结果，是群策群力的回报。××县的变化和发展，离不开全县人民的艰苦创业和辛勤耕耘，离不开各级领导的亲切关怀和真诚厚爱，离不开各位乡友的热情帮助和无私奉献，离不开社会各界的通力合作和鼎力支援。借此机会，我再次代表县委、县政府向长期战斗在各条战线上的全县人民表示崇高的敬意，向一直关心、支持我县经济建设和社会事业发展的各界人士表示衷心的感谢！

一元复始，气象万千。新的成绩催生新的起点，新的起点孕育新的希望，新的希望承载新的使命。在新的一年，我们县委、县政府围绕“立足民本、改善民生、维护民利”这一强县富民的宗旨，提出了“××××”的奋斗目标，绘就了发展蓝图，拉开了腾飞序幕。新的一年，我们将以××××统揽全局，全面推进三次产业结构优化升级，全面提高城镇综合承载能力，全面加快基础设施建设，全面推动社会事业共同进步，努力建设全省经济强县，实现县域经济社会事业新跨越。

东风浩荡满眼春，万里征程催人急。新的一年，我县经济社会事业发展的目标宏伟、任务艰巨、责任重大，但前景光明、前程似锦、前途无量。县委、县政府决心用大手笔、大动作、大举措来促进全县经济社会事业的大跨步、大发展、大飞跃。我相信，只要全县上下始终坚持以饱满的热情、必胜的信心、创新的精神、务实的作风干事创业，新的一年，我们就一定能够谋好篇、起好步，就一定能够夺取各项工作的“开门红”、“满堂红”，我们××县就必将腾飞在即、振兴在望！让我们协力同心，真抓实干，开拓进取，在新的一年里再开新局、再立新功、再创辉煌！

最后，衷心祝愿我们××大地物产富庶、民生安康！

衷心祝愿全县人民家庭幸福、心想事成、万事胜意！

◎春节讲话

××镇党委、政府××××年春节讲话

同志们、朋友们：

值此新春佳节，××镇党委、政府向各界朋友拜年了，祝大家万事如意。

××××年，××镇党委、政府紧紧围绕县委、县政府建设“四大中心，两大基地”的战略思路，坚持以党的十八大会议精神为指导，以建设平安和谐××，富民强镇为目标，以社会主义新农村建设为主题，以改善农村生产生活条件为工作重点，以增加农民收入为主线，一心一意谋发展，齐心协力促和谐，积极实施项目带动战略，全面加强基础设施建设，积极探索退耕还林后续产业建设，大力发展非公经济、劳务经济和特色农业，使全镇农村经济和各项事业稳步发展，主要经济指标保持快速增长，较好地完成了年初确定的各项工作目标和任务。

新的一年，我们将继续坚持以人为本，把关注民生、化解民忧、为民谋利放在首位；继续抓好拟办实事和项目工作的落实，全面改善农村生产生活条件，多渠道增加农民收入；确保我镇经济社会科学发展、和谐发展。

最后，让我们扎实工作，开拓进取，为创造××更加美好的明天而奋斗！

◎国庆讲话

在国庆××周年招待会上的讲话

×××

（××××年×月××日）

各位来宾，朋友们、同志们：

在这金秋送爽的美好季节，我们欢聚一堂，共同庆祝伟大的中华人民共和国成立××周年。首先请允许我代表中共××市委、市人大常委会、市人民政府、市政协，向在各条战线上辛勤工作的全市各族人民，致以节日的祝贺！向香港、澳门特别行政区同胞和台湾同胞、海外侨胞以及各位来宾，表示诚挚的问候！向出席今天招待会的各代表和所有关心支持××发展的海内外朋友，表示衷心的感谢和良好的祝愿！

新中国成立××周年，在中国共产党的领导下，××人民艰苦奋斗，励精图治，取得了社会主义现代化建设的辉煌成就。特别是改革开放以来，我们紧紧围绕经济建设这个中心，解放思想，扎实苦干，不断夺取新的业绩。即将过去的第××个五年计划时期预计国内生产总值年均增长××%，财政收入增长××%，

全市综合实力显著增强。社会主义市场经济体制初步建立；全方位、宽领域、多层次的对外开放格局正在形成，××新区作为××最大的经济增长点发展势头强劲；历史上规模最大的市区成片危陋平房改造目标胜利实现，一批重点基础设施项目相继竣工，载体功能进一步增强，城市面貌焕然一新。各项社会事业全面进步，人民生活水平不断提高。广大群众精神振奋，一个充满生机，充满活力的××已经展示在世人面前。

××过去的发展，很重要的一条是得益于对外开放。面对经济全球化和科学技术迅猛发展的新形势，我们要加快融入世界经济发展整体格局的步伐。我们热烈欢迎国内外企业和有识之士来××施展才华，创造业绩。我们将进一步改善投资环境，依法保护投资者的权益，竭诚搞好服务，让投资者满意。

朋友们、同志们，我们正依据政府对××城市定位，精心编制第××个五年计划。未来的五年，是××各项工作在更高起点上实现跨越式发展的五年，是××发生新的历史性变化的五年。我们将按照“乘势而上，开拓创新，全面上水平”的工作要求，着力抓好结构调整、技术创新和对外开放三件大事，并遵循现代化国际都市发展的一般规律，坚持开放型、科技型、服务型的方向，为把××建设成为现代化港口城市和我国北方重要的经济中心而不懈努力。

展望未来，××大有希望。我们坚信，在党中央领导下，全市人民同心同德，开拓创新，××跨世纪发展的宏伟目标一定能够实现！

现在，我提议：为中华人民共和国成立××周年，为××人民与各国朋友的友谊，为××的发展和各位朋友事业发达，为在座的来宾们、朋友们和同志们的身体健康，干杯！

◎春节团拜会致辞

××水利局××××年春节团拜会致辞

×××

（××××年×月××日）

同志们：

新春佳节到，心潮逐浪高。

今天，在全国各族人民辞旧迎新之际，我们水利局机关全体离退休干部职工、机关全体在职干部职工，局直各单位主要负责人，各乡镇水电站长，欢聚在××大厅，共庆新春佳节。首先，我代表县水利局党委，给大家拜个早年，向大家表示新春佳节的良好祝愿！

过去的一年，我县水利事业成就显著，稳步发展。防汛抗灾，实现了“两个转变”。坚持以人为本、依法抗洪，准备充分，调度科学，人努力，天帮忙，风调雨顺，灾害少有。水利建设，我们迈开了大步。×××水库南涵改建、×××电排增容扩建、×××闸接长、××分洪闸新建等，一批重点工程克服重重困难，全面有序地推进。堤防加固、水库除险、渠道清淤、机电冬修等，一些面上工程，死角少，进度快，标准高，特别是×××大堤培修工程还成为全市水利建设的样板工程。水利管理，我们加大了力度。今年来，我们大力推进水费改革，水费入库率有所提高；我们坚持依法治水、依法行政，完善管理体系，强化工作措施，全县乱耕滥种、乱搭滥建、乱堆滥倒、乱挖滥填的“四乱”现象得到了有效遏制。维护工作，我们确保了大局。基层领导亲自挂帅，班子成员分工负责，没有出现群访、越级上访事件，确保了不出乱子，确保了大局稳定。以上成绩的取得，离不开各级领导、社会各界人士的高度重视，离不开水利系统全体干部职工的辛勤努力。在此，我代表县水利局党委，向长期重视、关心和支持我县水利事业发展的各级领导、社会各界人士表示最崇高的敬意，向全县水利系统的干部职工表示最衷心的感谢，特别是向已经离退休的水利系统的干部职工、老前辈们表示最亲切的问候！

展望××××年，我们精神振奋，信心百倍。现在，水利基础设施的地位已得到各级党委、政府和全社会的高度重视，水资源的保护和利用备受全社会高度关注。我县水费难收、职工难生存、队伍难稳定的“三难”问题，已提到了县委、县政府的重要议事日程，最近县委又对水利局班子、副科级以上局直单位进行了适当调整，充实了人员，加强了力量。不仅如此，通过我们局党委反复汇报，多方努力，据透露，从××××年开始，全县水费征收，全部纳入县财政统收范围，而且还逐步解决一批乡镇水利站财政拨款的人员编制。可见，水利系统的冬天已经过去，水利系统的春天即将到来。因此，我们要紧紧围绕县委、县政府的工作部署，振奋精神，开拓前进，迎难而上，再创辉煌！

做好××××年的工作，主要狠抓四个方面：

1. 创新“两种机制”。一要创新人事管理机制。我们要放开视野找人才，不拘一格降人才，坚持“能者上、平庸者让、不称职者撤、违法乱纪者抓、老弱病残者退”的原则，选贤用能，真正启用那些想干事、能干事、会办事的同志，拧成一股绳，形成向心力，焕发每个单位的事业生机、每个同志的青春。二要创新财务管理机制。将机关财务、工程财务严格分开，大力增收节支；建立工程资金台账，按制度管理好项目专项资金。杜绝账外账、小金库，杜绝体外循环，形成资金管理使用上的良性运行机制。

2. 突出“两个争取”。我们既要争取项目投资，又要争取项目施工。认真研究国家水利产业政策，及时完成项目规划设计，加大项目汇报力度，搞好项目上下衔接，大力争取国家投资。不仅如此，我们还要强化项目管理，立足行业实际，利用多种优势，大力争取工程施工，增加单位收入，不断消化财政赤字，不断壮大各级财政。

3. 抓好“两费征收”。水费、规费是水利系统的生存之本，必须牢牢抓住，丝毫都不能放松。一方面，我们要千方百计抓水费征收。从××××年起，水费要全面争取实现财政统筹。从今天起，我们要天天想这个事，时时想这个事，真抓实干，确保实现。另一方面，水费统筹后，我们要把着力点放在征收保护费、水资源费、水土保持费等规费征缴上，局里将组织强有力的领导班子，常年专门抓，重点突击抓，加强水政执法队伍，加大水政执法力度，确保水政执法从严执法，确保规费收缴成倍增长。

4. 确保“两个重点”。防汛抗灾、水利建设始终是我们履行职能、服务社会的中心工作。我们要及早动手，充分准备，高标准、高质量、高速度、高安全，我们要统筹兼顾，突出重点，真抓实干，再掀高潮，争取夺得全省芙蓉杯水利建设“五连冠。”

同志们，鸡年是个好兆头，雄鸡报晓春来早。在新的一年里，我们要不断增强我们水利系统干部职工的时代感、责任感、紧迫感和使命感，团结战斗，振兴水利工程。

最后，祝大家在新的一年里，身体健康，工作顺利，家庭幸福，万事如意！祝大家在今天的团拜会宴会上，总结过去，展望未来，开怀畅饮。

谢谢大家！

◎国庆节、中秋节致辞

××××发电有限公司国庆节、中秋节致辞

×××

（××××年××月××日）

同志们、朋友们：

皓月当空，秋风送爽。值此国庆、中秋双节来临之际，我谨代表××××发电有限责任公司向各参建单位的全体人员、向监理公司和设计院的各位专家、向公司员工及家属同志们，向关心和支持项目建设的社会各界朋友致以节日的慰问和最美好的祝愿！

××公司热电项目是×××集团公司和省政府的重点电源建设项目，它凝聚着全体参建人员的心血、汗水和希望。该项目投资大，工期短，任务重。项目的建设和发展离不开各位的辛勤耕耘和无私奉献。一年来，我们在×××集团公司和××分公司的正确领导下，严格按照集团公司工程建设“四二二”管理目标的要求，经过广大建设者的共同努力，项目自××××年××月××日开工至今，我们已经取得安全文明施工272天的可喜战绩，工程建设质量、安全、进

度、造价四大目标均处于可控、在控状态，各项工作正朝着机组达标投产的既定目标而顺利进行。

当然，在成绩面前，我们不能自满，不能懈怠，不能停滞，我们要始终保持清醒的头脑。实践证明，摆在我们面前的困难还很多，工程建设任务还很重，需要我们咬定目标不放松，一步一个脚印地把各方面工作推向前进。需要我们认真贯彻执行集团公司和××分公司的工程建设要求，严格控制工程造价，注重质量，抓好安全，加快进度，努力创建优质精品工程。需要我们切实加强工程建设中的过程控制和管理，加大各方位的考核和监督力度，确保工程建设中人员到位、措施到位、组织到位、制度到位和落实到位。

同志们，朋友们！我们相信，有×××集团公司和××分公司的正确领导，有社会各界朋友的大力支持，有广大参建者的共同努力，我们一定能够做到知难而进、敢于创新、艰苦奋斗、务实求效，圆满地完成历史所赋予我们的光荣职责和神圣使命。让我们在十八大精神的指引下，精诚团结、扎实工作、携手共进，为创建我公司热电项目的优质精品工程，为确保两台机组如期投产发电的既定目标，为实现公司的健康、快速、稳定的可持续发展而不懈奋斗！

最后，祝愿大家身体健康、工作顺利、阖家幸福！

◎在启动仪式上的讲话

在共青团“××行动”启动仪式上的讲话（节选）

××市市委书记　×××

（××××年××月××日）

同志们、青年朋友们：

今天，能够和大家尤其是青年朋友们一起，共同参加由团市委、市××建委、市扶贫办举行的“××行动”启动仪式，我感到十分高兴。

实施“突破××”战略，是市委、市政府着眼于统筹城乡区域协调发展，加快建设社会主义新农村，努力构建和谐××所作的一项重大战略决策，也是用经营开发区的理念和支持重点区域突破发展的思路来推进扶贫开发的一次创新和实践。我们设想，力争用三到五年时间，完成西部山区69个扶贫重点村建设，实施移民搬迁5000人，实现水、电、路、通信、广播电视五到村，达到人均一亩基本农田，户有稳定收入项目，农民人均纯收入逐年提高，人均占有粮食300公斤以上，实现7万人脱贫。

我们高兴地看到，这个决策从提出到实施的半年来，得到了国家扶贫办和省委、省政府的充分肯定，引起了社会各界的普遍关注，一个关注××、帮扶××的热潮正在全市兴起。这次团市委等部门组织开展的“××行动”，就是服务全市工作大局、发挥共青团优势，进一步把“突破××”引向深入的一次有益尝试，创意很好，内容很实，也很及时。近年来我市共青团的工作实践也充分证明，只要始终坚持党有号召，团有行动，始终坚持围绕大局、服务大局，团的事业就会兴旺发达，团员青年就会在加快发展的实践中大有作为。希望各级团组织按照团省委××书记的要求，创造性地开展工作，扎扎实实地搞好这次“××行动”。借此机会，我就如何更好地发挥共青团的突击队和生力军作用，团结带领广大团员青年在建设“四市”、力创“双佳”的主战场建功立业，提三点希望，与青年朋友们共勉。

首先，要带领青年在志存高远上走在前列，做刻苦学习、坚定理想信念的先锋。青年正处在人生的起步阶段，解决好立志问题，对自身成长进步至关重要。各级团组织要教育引导青年把个人的理想融入到立志报效祖国、无私奉献社会上，体现在建设××、发展××的实践中去。尤其要把学习作为实现理想信念第一位的任务，组织青年刻苦学习新知识、新技能，在学习实践中加深对经济社会发展规律的认识，树立正确的世界观、人生观、价值观和荣辱观，用马克思主义的立场、观点和方法，正确分析和看待前进道路上的问题和挫折，把个人的前途同××的发展紧密结合起来，确定好人生坐标，找准自己的位置，自找差距奋斗，自加压力争先，实现自己的人生价值，做学有所成的先锋模范。

其次，要带领青年在解放思想上走在前列，做改革创新，推动发展的生力军。(略)

最后，要带领青年走在引领社会新风的前列，做构建文明和谐社会的标兵。共青团组织和团员青年素有开风气之先的传统，理应在加强精神文明建设、构建和谐社会中有更大的作为。全市各级团组织要教育和引导团员青年用科学理论武装头脑，用优秀文化陶冶情操，高举爱国主义旗帜，积极投身社会主义精神文明建设，始终成为引领社会风气之先的有生力量。尤其是当前，要按照“××××”的要求，教育广大青少年树立社会主义荣辱观，紧紧围绕《公民道德建设实施纲要》和我市精神文明建设总体规划，以创建文明城市为契机，深入组织开展各类群众性精神文明创建活动，广泛开展送温暖、献爱心活动，自觉同各种违法犯罪行为和社会丑恶现象做斗争，努力做中华民族传统美德的传承者，体现时代进步要求的新道德规范的实践者，新型人际关系和良好社会风尚的倡导者。

同志们、青年朋友们，国运昌盛系于青年，××的希望在于青年。希望广大青年不辱使命，走在构建和谐××的最前列，用自己的智慧和汗水，创造出无愧于时代的辉煌业绩，让青春在加快××发展的实践中熠熠闪光！

◎在挂牌仪式上的讲话

在××县农村党员干部科技培训示范第二基地挂牌仪式上的讲话

县委副书记　×××

（××××年××月××日）

同志们：

为了贯彻落实区党委、××市委关于“五村、两规范、一带头”建设的工作部署，为我县“五村、两规范、一带头”建设培养大批的党员干部人才，不断壮大农村党员带富队伍，××县农村党员干部科技培训示范第二基地，经过各级领导和各有关部门的共同努力，今天顺利挂牌投入使用了，这是全县广大农村党员干部的一件大喜事，我代表县委对此表示热烈的祝贺！

县农村党员干部科技培训示范第二基地建立之后，它的主要功能、任务和作用，就是围绕“四个培养”开展培训工作，大力提高农村党员干部队伍的整体素质，为我县农村建设小康社会提供强有力的人才保障。

按照全区深化村级组织“五村、两规范”建设经验交流会议的要求，各地要在深化村级组织“五村、两规范”建设中抓好党员干部人才的“四个培养”工作，即把农村党员培养成致富能手、把致富能手培养成党员、把党员致富能手培养成村干部、把党员村干部培养成村党组织书记。

抓“四个培养”，要突出能力培养。在对农村党员基层干部进行以“××××”重要思想为主要内容的思想教育的同时，要采取有力措施，想方设法提高他们的三种能力。一是调整经济结构、发展农村经济的能力。学习掌握科技文化知识，带头应用和普及农业实用技术，掌握致富的本领，掌握适应市场变化的本领，树立榜样，做好示范，带领群众发展生产致富。二是提高政策水平、依法办事的能力。做到全面理解党的政策，正确宣传落实政策，规范执行政策，增强民主法制观念，学法、知法、守法，开展工作和解决问题都能严格依法办事。三是解决农村矛盾的能力。要学会做深入细致的思想政治工作，不断增强思想政治工作的感召力、说服力和渗透力，把矛盾化解在萌芽状态，把问题解决在基层，维护社会稳定。各乡镇要着眼于村级组织建设的需要，切实抓好村级党员带富人才的培养工作，及早发现苗子，把他们输送到县农村党员干部科技培训示范基地来学习培训。

为了建设一支致富带富能力强的党员能人队伍，除大力争取上送参加市级培训之外，全县要以县农村党员干部科技培训示范基地为龙头，乡镇培训基地为骨干，形成培训网络，普遍培训农村党员干部及非党经济能人，实现“四个培养”的目标。力争到××××年，使全县农村党员干部的思想政治素质和科学文化素质有较大幅度的提高，使90%以上有劳动能力的农村党员普遍掌握1～2门实用新技术，20%左右的村“两委”成员达到农民技师水平，80%左右的青年党员获得绿色证书或成为农民技术员，40%左右的党员户成为科技示范户，80%以上的村级领导班子具有依靠科技发展农村经济、增加集体收入的能力。

进一步加大培训力度，县培训示范基地要发挥龙头作用，争取每季度要举办一期有100名农村党员干部和非党经济能人参加的培训班。各乡镇培训示范基地也要相应举办培训班，培训村委干部和有劳动能力的农村党员，做到每年普遍轮训村委干部和50岁以下党员一次以上，要做好培养工作计划，要建立把党员培养为致富能手、把致富能手培养成党员、把党员致富能手培养成村干部、把党员村干部培养成村党组织书记的培养花名册，并实施培养，不断加强农村致富能手队伍、党员队伍、村级干部队伍、村级党组织书记队伍建设。

我相信，县农村党员干部科技培训示范第二基地必将在我县“五村、两规范、一带头”建设中发挥巨大的作用，一定能在我县全面建设小康社会的进程中作出应有的贡献！

◎在开学典礼上的讲话

区委常委、区委组织部长×××同志
在××区委老干部党校成立暨开学典礼上的讲话（节选）

（××××年××月××日）

各位老领导、老同志：

今天我们在这里举行中共××区委老干部党校成立和开学典礼仪式。区委老干部党校的成立，体现了我区老干部工作的创新，体现了党组织对离退休老一辈同志在政治上的关心和爱护，同时，也是全区老同志在新的形势下不断加强政治理论学习、不断加强政治思想工作、不断加强党性锻炼的要求和心愿。为切实把老干部党校办好，下面我讲三点意见：

第一，要把老干部党校办成培训全区离退休干部的重要阵地

我们党历来十分重视党校工作，从延安时期直至改革开放的今天，党校在用马克思主义、毛泽东思想、邓小平理论武装全党、教育干部方面，发挥了十分重要的作用，可以说，党校是各级领导干部培训轮训的主渠道。我们不仅要重视对在职领导干部的培训，而且也要随着形势的发展，通过老干部自己的党校，加强对离退休干部的培训，以保证老同志思想常新、信念永存。

当前，我国的改革和发展正处在关键时期，面临着全面建设小康社会、开创中国特色社会主义事业新局面的艰巨任务。因此，老干部党校对离退休干部的培训工作，应重点把握以下几方面：

一是深入学习党的××大精神。今年是全党掀起学习贯彻党的××大精神的重要一年，所以，老干部党校要注意安排好这方面的学习内容，让参加培训的老同志通过学习，更加准确地把握邓小平理论的深刻内涵，不断地在解放思想中统一思想。

二是要学习党的路线、方针和政策。老干部是党和国家的有功之臣和宝贵财富，老同志在离职退休之后，仍然以天下为己任，时刻关心着党的建设和社会主义建设事业的发展，因此，老干部党校要注意结合形势的发展，结合党的各项工作，让参加培训的老同志学习党的路线、方针和政策，正确地认识当前经济社会中出现的矛盾和问题，澄清存在的各种思想困惑，保证老同志在政治上、思想上到行动上与党中央保持一致。

三是要开展好形势教育。老同志退下来后，非常关心形势的发展，这是老同志多年形成的良好习惯，因此，老干部党校要适时地安排好形势教育。通过形势教育，要让老同志正确认识国际国内形势发展带来的新的机遇和挑战，科学判断我们党所处的历史方位，不断增强忧患意识，居安思危，既能清醒地看到日趋激烈的国际竞争带来的严峻挑战和前进道路上的困难风险，又能不断增强责任感和使命感，为顺利实现××大确定的奋斗目标，倍加顾全大局，倍加珍视团结，倍加维护稳定。

总之，要针对老同志的特点和需求，努力把老干部党校办成培训全区离退休干部的重要阵地，并力求在两年时间内，对我区离退休干部基本培训一遍。

第二，要把老干部党校办成促进离休干部政治待遇落实的载体（略）

第三，老干部党校要从老同志的实际情况出发，办出自己的特色（略）

老干部党校在培训、轮训的方式上，要从老同志的实际情况出发，可采取相对集中的办法，每期的安排要适当，每天的安排不宜时间太长。学习的方法要灵活多样，可采取集体学习和自学相结合，面授辅导、座谈讨论、参观考察相结合等方法进行。

区委党校以及全区各级党组织，要大力支持和协助老干部党校的教学工作，区委老干部局要精心做好老干部党校的组织工作，要为老同志提供良好的学习条件和环境。各位老同志们：老干部党校第一期离退休干部培训班今天就要开学上课了，在此，我预祝参加第一期培训班学习的老同志们身体健康、精神愉快、学有所获。

谢谢大家！

第十六章　礼仪、文体活动讲话稿

第一节　礼仪、文体活动讲话稿的写作概述

一、礼仪讲话稿概述

1. 礼仪讲话稿的含义

礼仪讲话稿是领导干部在迎送宾客、寿辰庆典、结婚礼仪等特定场合中，宾主双方或一方发表祝贺的一种礼仪性的书面讲话材料。

2. 礼仪讲话稿的写作技巧

（1）在讲话稿的开头部分，要对客人表示热烈的欢迎、诚挚的问候和致意或感谢。

（2）在主体部分，讲话的语言要做到热情、谦逊、有礼，语言要简洁、精练，饱含真情。

（3）在结尾部分，有的要表示出良好的祝愿和希望；有的要谈今后的打算，表明继续努力的决心。

二、文体活动讲话稿概述

1. 文体活动讲话稿的含义

文体活动讲话稿是领导干部在各种社会活动特别是文体活动如联欢晚会、文艺演出、体育比赛等开始时，为了制造活动的热烈气氛、调动观众的参与热情而发表讲话时用到的书面材料。

2. 文体活动讲话稿的内容

（1）当地领导文体活动讲话

①对参加活动的领导和来宾表示欢迎或谢意。

②介绍本次活动的特定背景和意义。

③介绍活动的安排内容，对当地干部群众或参与者提出希望和要求。祝愿活动取得圆满成功，观众过得愉快，玩得开心。

（2）上级领导文体活动讲话

①表达参加活动的心情，对活动的举行表示热烈祝贺。

②阐述活动举行的背景，指出活动的目的、意义。

③向与会者提出办好本次活动的希望和要求，最后用“预祝活动取得圆满成功”或“祝参与者过得愉快”等祝愿语作结。

3. 文体活动讲话稿的写作技巧

讲话稿的语言要简洁明快，真情感人；篇幅要短小；语气要显得生动活泼，充满激情，感染力强。

第二节 礼仪、文体活动讲话稿的写作范例

◎在工程开工奠基仪式上的讲话

在××市×县××水库工程开工奠基仪式上的讲话

××市人民政府副市长 ×××

(××××年××月××日)

同志们、朋友们：

在全党全国人民高举邓小平理论伟大旗帜，认真贯彻落实科学发展观，充满信心全面建设小康社会的重要时刻，我市贯彻落实十七大精神的重要举措之一，市委、市政府确定的“八大民心工程”之一的×县××水库工程，在党中央、国务院的正确领导和国家有关部委的大力支持、帮助下，今天正式开工奠基了。在此，我谨代表中共××市委、市人大、市人民政府、市政协表示最热烈的祝贺！并借此机会，向××万勤劳、勇敢、善良、开拓的×县人民和向参加××水库工程的建设大军表示最亲切的问候！向关心、支持我市经济社会发展的各界人士、各位朋友表示深深的谢意！

当前，我市正处于经济社会发展快速提升时期，既面临着十分严峻的挑战，又有着千载难逢的机遇。为此，市委、市政府紧紧围绕党中央交办给我市的“四件大事”，审时度势，明确了“富民兴×，加快建设长江上游经济中心”的总体奋斗目标和建设小康社会的“三步走”阶段性目标。我市各级各部门一定要围绕这一目标，开拓进取，奋发图进，踏实工作，全面推进我市改革开放和现代化建设的各项事业。我市农业生产条件差，水利基础设施薄弱，水利化程度低，抗旱能力弱。要实现“富民兴×”的目标，要实现经济社会的可持续发展，要圆满完成党中央交办的“四件大事”，必须要加大水资源的综合开发利用和优化配置力度，加快农业、农村生产生活条件的改善。

×县是三峡库区淹没范围最大、搬迁人口最多、淹没损失最大、移民安置最重的县，同时还地处×××中心地区，按照市委、市政府提出的××要构筑×东北中心城市的要求，兴建我市第一座主要用于城乡供水和农业灌溉的鲤鱼塘大型

水库，不仅是改善农业生产条件、夯实农业基础，促进县域经济发展的需要，而且是确保新县城××万人生产生活用水的需要，也是拓展××库区移民安置容量，保证其搬得出、安得稳、逐步能致富的需要，同时还是市委、市政府认真实践和贯彻“三个代表”重要思想的具体体现，推进我市全面建设小康社会的重要举措，是实现市委、市政府向全体市民的庄严承诺。动工兴建集城乡供水、农业灌溉、兼顾发电和移民安置为一体的×县××大型水库工程，时刻凝聚着市委、市政府的关注和××万××儿女的目光。

因此，我希望市水行政主管部门要切实加强该项目的管理，严格投资控制，强化质量监督，确保工程质量，加快工程进度，力争早日竣工投产；×县县委、县政府要积极主动地为该工程的建设创造宽松、良好的外部环境，及时协调和化解各种矛盾和问题，正确处理好库区移民和工程建设的关系；工程业主单位要进一步加大筹资力度，加强工程建设的日常监督和管理，充分发挥资金的投资效益；建设施工单位要视工程质量为生命，精心组织，文明施工，科学合理安排工序，把该工程建设成为质量一流的标志性工程。与此同时，希望市级各有关部门要更加关心和支持××水库工程的建设，努力把这项民心工程及早建成并发挥显著的经济、社会效益。

同志们，风好正是扬帆时。让我们在党中央、国务院的正确领导下，以党的十七大精神为指导，全面贯彻落实科学发展观，与时俱进，开拓进取，求真务实，锐意创新，努力在建设小康社会的伟大实践中不断推进我市的改革开放和各项社会事业，力争早日实现富民兴×、建设成为长江上游经济中心的壮志雄心。

最后，我由衷地祝愿×县×××水库工程早日竣工投产！

由衷地祝愿×县以××大型水库开工为契机，挂云帆，济沧海，争朝夕，构筑成为×××中心城市！

由衷地祝愿××万××人民生活幸福！日子越过越好！

由衷地祝愿各位同志、各位朋友身体健康！合家欢乐！

◎在工程建成投用剪彩仪式上的讲话

在××市医疗废物无害化处置中心竣工暨二期工程建成投用剪彩仪式上的讲话

副局长　×××

（××××年××月××日）

各位来宾，同志们、朋友们：

××市医疗废物无害化处置中心的建成，是××市人民政府为全市人民办的一件好事，是确保××市环境安全的一件大事，是××市各有关部门共同努力的结果。我代表××省环境保护局向××市有关部门和单位、××××固废处置有限公司表示热烈的祝贺。

实行医疗废物集中处置，中华人民共和国《固废法》和国务院《医疗废物管理条例》都有明确的规定，《固废法》要求城市人民政府组织建设危险废物集中处置设施。国务院《关于全国危险废物和医疗废物处置设施建设规划》和国家环保总局《医疗废物集中处置技术规范》中对处置厂的建设数量、处置技术都有明确的要求。省政府对各地医疗废物集中处置设施的建设十分重视，特别是去年我国部分城市爆发“非典”疫情以后，省政府办公厅下发了《关于加快医疗废物集中处置设施建设的通知》，要求各市都要在去年年底建成医疗废物集中处置设施，并委托省局定期汇总上报各地的建设情况。××市委、市政府把医疗废物集中处置设施建设作为实践“三个代表”重要思想，树立和落实科学发展观，为群众办实事，确保全市环境安全的“民心工程”、“示范工程”和“重点工程”，按照国家的有关标准，精心组织施工，加快施工进度，确保施工质量，使这项民心工程建成并投入运行，使影响和危害全市人民健康的医疗废物得到了规范化的收集、无害化的处理，在全省带了个好头，为全市人民办了一件大好事。

医疗废物是危险废物的一种，对人民群众的生命健康有直接影响和危害，国家要求对危险废物实行特许经营，并按照规划和标准进行建设和经营。××市医疗废物无害化处置中心已获省局颁发的经营许可证，今后希望中心建成后，在申报登记的基础上，第一要加强管理。在全市建立完善的医疗废物收集体系，不仅把全市医院的医疗废物收集起来，还要将各县医院、乡镇卫生院、各社区诊所等分散的医疗废物都收集起来，不留死角、不漏一户；逐步实行转移联单制，由专门的运输车辆运输，逐步建成全市监验体系。第二要确保运行。要严格按照标准规范运行，建立严格的规章制度和责任制，层层把关，做到无害化处理，严防二次污染，对焚烧残渣要做到安全填埋。第三要不断总结经验，提高管理运营水平。省局准备在适当时候在××召开现场工作会议，介绍并推广××市的先进经验，推动全省进一步做好医疗废物安全处置工作。

环境保护工作是以人为中心的、以实现人类的发展和社会全面进步为目的的科学发展观的具体体现。现代经济社会的发展，对环境的依赖越来越高。环境越好，对于生产要素的吸引力、凝聚力就越强。实现经济社会的宏伟目标，必须要有良好的投资环境作支撑，而环境质量则是投资环境的重要依据。因此，环境保护工作不是哪几个部门、哪几个人的事情。希望全社会都要重视、参与环境保护工作，要树立保护环境，就是保护人类自己的思想，就是实施可持续发展。希望××市委、市政府及各有关部门，要进一步加强对医疗废物集中处置工作的领导；××公司和医疗废物处置中心，更要珍惜、爱护这项事业，一定要把“好事办好”。为消除医疗废物对环境的污染，保障人民身体健康，让我们全社会一起行动起来，为确保全省的环境安全，实施可持续发展作出贡献。谢谢大家！

◎在研究生党校开学典礼上的致辞

在第四期研究生党校开班典礼上的致辞

校党委副书记、副校长　×××

（××××年××月××日）

尊敬的×部长，尊敬的各位领导，各位学员：

大家好！

首先我代表学校党委祝贺第四期研究生党校顺利开班！同时也十分感谢×部长应我们的邀请来给我们作第一场讲座。参加这次培训，我感到很荣幸，作为一名老党员，我非常高兴能在此见到这么多在思想政治上积极要求上进的研究生同学！祝贺你们光荣成为第四期研究生党校的学员！

在新形势下，人们的思想正发生着深刻的变化。虽然研究生的知识层次比较高，视野比较开阔，但是总体而言，相对于我们将肩负的时代重任，在理论素质、党性锻炼、从政经验以及经受的各种考验等方面则显得不够。面对日新月异的世界和层出不穷的新情况、新问题，我们共产党人要增强执政能力，不断提高科学判断形势的能力、驾驭市场经济的能力、应对复杂局面的能力、依法执政的能力和总揽全局的能力，为此需要不断地学习锻炼，研究生党校正是为同志们提供了这样的学习锻炼机会，也为研究生党员们提供了一个互相学习和交流的平台。通过讲座，通过理论联系实际的思考，通过挂职锻炼等多方面、多层次的培养方式，使研究生党员的综合素质进一步提高。

从××××年至今，我校研究生党校已成功举办了三期六个班次，相关工作得到了××市和教育部的高度认可。如今，党校第四期的培训活动即将全面展开。为更好地贯彻党的××届×中全会精神，在研究生中大力培养政治素质高、综合能力强的优秀党员，使大家成为社会主义合格建设者和可靠接班人，本期党校在汲取前三期成功开展的经验基础上，不断研究新情况，探索适应研究生党员学习的新模式，在预备党员班、骨干班的班组模式上新增了书记班，为全校各院系的学生党支部书记提供了一个系统学习党务知识的机会，从而为更好地开展院系党建工作提供了人才支持和有力保障。在以前，没有对党支部书记进行专门的管理，这样就有一个问题，怎样才能做好党支部书记，做好学生支部的领导工作？这对于高校党建工作来说是一个很好的新课题。而支部书记班就是针对了这一新课题而开设的，它的开设也是我校党建工作的一项创新，而这种创新从本质上也体现了与时俱进、开拓进取的可贵精神。

同志们，在跌宕起伏、风云变幻的21世纪，世界格局发生着巨大变化，但我们中国的经济自改革开放以来始终保持高增长，至今已持续了××多年，中国的经济能够有今天的成就，是离不开我们党的领导，离不开无数在革命、建设和改革的征程中拼搏进取、自觉奉献的中国共产党人的。历史已雄辩地证明，中国共产党不愧是中国先进生产力的代表、中国先进文化的代表和中国最广大人民群众根本利益的代表。我们党肩负着民族振兴、国家富强和人民幸福的崇高历史使命。一切追求进步的青年，特别是怀有报国之志的学生青年，都应该自觉地在党的崇高使命中，追寻并积极地承担自己义不容辞的政治责任。只有这样，才能最大限度地实现个人价值，才能使自己的人生真正富有非凡的意义。为党的事业、为建设有中国特色社会主义的壮丽事业奉献青春、智慧和力量是当代青年最为崇高的人生境界。高尔基说过："人追求的目标越崇高，他的进步就越快。"希望在座的同学们把进入党校学习作为成长、进步的新起点，立志早日成为合格的共产党人，坚定信念、发奋学习、勇于实践、自觉奉献、奋发成长为高素质，特别是具有较高政治素质的社会主义建设者和接班人，成长为开创改革开放大业新局面和推动中华民族伟大复兴的青年马克思主义者！青年强则国家强，我坚信今天你们的努力与辛勤的付出将带来明天国家的昌盛与人民的幸福！

最后预祝同学们学习好、工作好、身体好！

谢谢大家！

◎在成立典礼上的讲话

在×××创新研修学院成立典礼上的讲话

副区长　×××

（××××年××月××日）

各位领导、各位来宾，各位关心×××发展的朋友们：

首先，请允许我代表×××科技园区××园管委会、×××创新研修学院董事会，对大家的到来表示热烈的欢迎！

在举国关注×××发展、××各界齐心协力落实国务院批复的时候，经×××的高新技术企业家、人民代表提议，××区政府和市教委大力支持的一所新型高等教育机构——×××创新研修学院成立了！这是具体落实"国务院关于建设×××科技园区若干问题的批复"，改善×××高新技术企业继续教育环境的一个实际步骤，对进一步发掘×××地区深厚的智力资源和教育资源，以改革的精神开展教育创新、推动产学研结合，加快创新人才的培养具有重要的意义，是提高×××凝聚力、改善高新技术企业创新能力的一条新途径。

创办×××创新研修学院，是把×××建成世界第一流科技园的需要，也是

×××管委会、广大科技企业、驻区大专院校和科研单位的共同心愿。在×××科技园区××园作为全国第一家国家级高新技术产业开发区成立××周年之际，中央领导视察××园“××××”公司，作出了加快建设×××科技创新基地，为推动我国高新技术产业发展作贡献的指示。不久《国务院对××市、科技部关于加快建设××村科技园区有关问题的批复》发表，这一切都充分表明党中央、国务院已经把××科技园的建设，纳入了我国21世纪可持续发展战略的重要规划。历史将赋予×××继深圳、浦东之后成为中国改革开放领头羊的使命。我们聚集在×××的科教工作者，一定要发扬光辉的“五四”革命传统，承担起中国新一代知识分子以科技、知识振兴中华的历史使命。

×××创新研修学院的办学宗旨是：适应×××高新技术产业的发展要求，充分利用××地区丰富的高等教育资源，开展对高新技术企业的全方位、多层次创新教育，目标着眼于提高企业创新能力，培养跨学科复合型人才，逐步形成适应××市高技术产业发展急需的、稳定有效的创新人才培养基地。同时，打破传统的办学思路和模式，探索一种地方政府、科技企业、高等院校、科研单位共同参与培养高新技术产业管理人才的途径和方式。

学院将与高等院校联合组织企业家进修讲座和研讨交流，提高企业家和中高级管理人员前瞻性、战略性决策能力和经营管理方面的能力；中高级管理人员继续教育、相关领域知识的介绍；企业技术研发人员专业知识前沿领域的跟踪学习、技术创新、知识创新能力的培养提高。还将对欲创办高新技术企业的人员进行创业入门前期知识传授和经营能力培养提高，开展技术创新、知识创新能力的培训提高，区域综合情况介绍及相关知识的学习。同时，开展园区管理人员的业务培训（财会、统计、工商法规、税务法规及其他相关领域知识等）并进行管理和运行××园博士后流动站以及与××为××园企业每年培养100名研究生的研究生工作站的工作。

学院在筹办过程中得到了××大学、××大学、××大学、××大学、××大学和××院等单位领导的大力支持和帮助，借此机会表示我们由衷的感谢！我们将遵循开放办学的原则，在业务上愿同所有驻区高校、科研单位、党政机关竭诚合作，同国内外知名高校建立合作渠道，同各方面一起把学院办好。希望大家仍像以往一样给予关注、指导和支持，使×××创新研修学院同×××高新技术产业一道走向全国、走向世界。

谢谢各位！

◎**在欢送劳模代表仪式上的讲话**

在欢送我市劳模代表赴×出席自治区劳动模范和先进工作者表彰大会仪式上的讲话

××市人民政府副市长　×××

（××××年××月××日）

各位劳动模范和先进工作者代表：

你们好！

等一会儿，各位就要赴×出席自治区劳动模范和先进工作者表彰大会了，在此，我代表市四套领导班子对你们表示衷心的祝贺和崇高的敬意！你们这次赴会代表的不仅仅是你们个人和单位，你们代表的还是我市伟大的工人阶级和数百万的劳动群众。这是你们的光荣，也是全市人民的光荣！

同志们，劳动最光荣，劳动最伟大，劳动创造一切物质文明、政治文明和精神文明。我市所取得的一切成就，无不是包括你们在内的全市工人阶级和各族人民同心同德，艰苦奋斗的结果。这些年来，尽管困难重重，职工群众们干得很苦很累，但是全市上下始终保持着蓬勃的朝气，开拓的锐气和高昂的志气。从而使我们的“再造一个工业××”的战略目标得以一步一步地实施，并取得了一个又一个的胜利！

你们是先进模范人物，是经过民主推荐，民主评议，层层选拔，具有广泛的群众性和典型性。在你们当中，既有身先士卒，锐意改革，经营成绩优异的领导干部，又有百折不挠，开拓创新，勇攀科技高峰的科技人员，还有爱岗敬业，无私奉献，在平凡岗位上做出不平凡业绩的普通员工。你们胸怀大局、信念坚定、对党的事业无限忠诚，是以实际活动投身改革和经济建设的典范；你们忘我工作，恪尽职守，正确处理集体利益和个人利益的关系，是立足本职建功立业的榜样；你们勤奋学习，努力掌握和运用科学技术，是不断推进技术进步和产业升级的标兵；你们严于律己，弘扬正气，以自己的先进思想和行动影响带动群众，是精神文明建设的先锋。你们的思想和行动，体现了先进模范人物的崇高品质，你们不愧是我们事业的中坚和全市各族人民的杰出代表和学习的楷模。我代表党和政府感谢你们！

当前，××总的发展态势很好，全市各族人民正在认真地贯彻党的××大精神，按照市委市政府确定的做大、做优、做强××工业的发展战略和目标，全力推进“再造一个工业××”的宏伟事业。同时，我们也必须看到，进一步深化企业改革和农村改革，保持全市经济持续、健康、稳定的发展，解决前进中出现的新情况、新问题，需要我们付出更加艰苦的努力。

我们要紧紧依靠职工群众才能成功。因此，我们的一切工作都必须有利于群众，有利于把群众的积极性引导好，保护好，发挥好。我们各级党委和政府要始终不渝地坚持为人民服务的宗旨，坚持依靠工人阶级的方针，创造和谐社会；始终倾听群众的呼声，满腔热情地帮助群众解决困难，扎扎实实地办实事，坚决同一切漠视群众疾苦的官僚主义作风和消极腐败的现象作斗争。只有保持同群众最密切的联系，一切依靠群众，我们的改革和建设才能获得最广泛和最可靠的力量源泉。

同志们，实现跨越式的发展，我们有着良好的机遇，也面临着严峻的挑战。我们肩负的任务光荣而艰巨。伟大的事业需要伟大的精神力量，我们要学习和弘扬先进模范人物的崇高精神，以坚定的信心和旺盛的热情投身到全市的各项改革、发展和建设事业中。实践反复证明，以先进思想和高尚精神武装起来的××人是能战胜任何艰难险阻的，已经并将继续创造出一个又一个的发展奇迹，到达胜利的彼岸。

同志们，你们即将踏上胜利之旅，我希望你们在大会期间，充分领会各级领导的指示精神，和全区各行业的劳模们切磋技艺，广泛交流，把宝贵经验带回××，为××的“工业立×”谱写“再造”的辉煌。

谢谢大家！

◎**欢送新兵大会讲话**

县领导在欢送新兵大会上的讲话

××县委武装部　×××

（××××年××月××日）

同志们：

今天，我们在这里隆重集会，热烈欢送我县优秀青年光荣入伍，这是我县人民政治生活中的一件大事。征兵工作开展以来，全县广大适龄青年，积极响应祖国召唤，踊跃报名参军，大家以实际行动依法履行兵役义务，体现了高度的爱国主义精神。经过严格挑选、层层把关，你们被批准光荣入伍，即将成为中国人民解放军中的一员，这不仅是你们本人的光荣，也是你们全家乃至全县人民的光荣。我代表县委、县政府、县武装部，向你们表示热烈的祝贺！

新兵同志们，中国人民解放军是中国共产党领导下的人民军队。作为伟大祖国主权的捍卫者，我们的人民军队始终坚持全心全意为人民服务的宗旨，为中国人民的解放事业和国家经济建设作出了巨大贡献。这个岗位光荣神圣，责任重于泰山，希望你们到部队后，要牢记人民军队的宗旨，继承我军的光荣传统，继续发扬我们××人民“团结拼搏、开拓进取、吃苦务实”的精神风貌，认真学习，积极磨炼，努力争做一名优秀的军人。新兵同志们，42 万父老乡亲在热切地期盼着早日听到你们建功立业的喜讯，早日收到你们立功嘉奖的喜报！

接兵部队的领导同志，你们继承发扬了部队的好传统、好作风，以实际行动密切了军政、军民关系，工作中坚持原则、密切配合，从新兵体检、家访到定兵整个过程，都做了大量卓有成效的工作，为保证新兵质量作出了重要贡献。在此，我代表县委、县政府和全县人民，向你们表示衷心的感谢！同时，欢迎你们常来××做客。最后，祝接兵部队的领导同志们和全体新兵一路平安！

谢谢大家！

◎在青少年科技创新大赛开幕式上的讲话

在第十九届××省青少年科技创新大赛开幕式上的讲话

省委副书记　×××

（××××年××月××日）

各位来宾、各位评委、各位老师，同志们、同学们：

在这生机勃勃、百花争艳的大好春光里，第十九届××省青少年科技创新大赛在×××市隆重开幕了！我代表省委、省人大、省政府、省政协，向辛勤工作在全省科技教育第一线的老师们和热爱科学的青少年朋友们表示热烈的祝贺！向与会的来宾和评委们致以诚挚的问候！

××省青少年科技创新大赛，是我省中小学各类科技活动优秀成果集中展示的一种主要形式，是我省开展的规模最大、最具影响力、最有权威性的品牌性青少年科技教育活动。青少年科技创新大赛是开展青少年科技教育和科普工作的重要组成部分，是贯彻“科教兴国”、“人才强省”战略加强未成年人思想道德建设的有效载体。这项大赛的开展，每年都吸引了全省上百万中小学生的广泛参与，促进了全省广大青少年“学科学、爱科学、用科学”良好风尚的形成，增强了同学们的创新精神和实践能力，为我国、我省经济社会的发展培养了浩浩荡荡的科技后备大军。理所当然地得到了省委、省政府的充分肯定和社会各界的大力支持。

当今世界已经进入知识经济时代，科学技术飞速发展，科技创新日新月异。“发展是第一要务，科学技术是第一生产力，人才是第一资源”已成为全省人民的共识。各国间、地区间日趋激烈的综合实力的竞争，归根到底是科技和人才的竞争，是国民思想道德素质和科学文化素质的竞争。青少年是祖国的未来，是民族的希望，肩负着实现中华民族伟大复兴的历史使命。青少年综合素质包括科学素质如何，将直接关系到我们能否巍然屹立于世界民族之林。创新是一个民族进步的灵魂，是国家兴旺发达的不竭动力。热切地希望青少年朋友们勤奋学习，积极探索，大胆实践，勇于创新，努力使自己成为振兴中华、振兴××的栋梁之才！

青少年科技教育工作，是促进青少年健康成长、推进科技持续发展的基础性工作，是为××省全面建设小康社会、奋力实现××崛起提供人才支撑的奠基性工作。全省各级党委、政府和各有关部门都要高度重视、更加关心青少年科技教育工作，社会各界都要广泛参与、大力支持青少年科技教育工作，共同营造有利于青少年科技创新的社会环境和舆论氛围。广大青少年科技教育工作者，要充分认识到肩上沉甸甸的分量，扎实工作，锐意进取，乐于奉献，努力培养出千百万名具有较高科学素养和创新能力的一代新人！

祝参加这次大赛的选手们取得优异成绩！祝第十九届××省青少年科技创新大赛圆满成功！

◎在田径运动会开幕式上的讲话

在第四十三届秋季田径运动会开幕式上的讲话

党支部书记　×××

（××××年××月××日）

各位老师、同学们、运动员们：

大家好！

乘我们党的××届×中全会胜利闭幕的东风，在金秋十月，秋风送爽的今天，我们欢聚在这里举行大团高级中学第四十三届秋季田径运动会，请允许我代表学校领导，全体教工向运动会的召开表示衷心的祝贺！

体育，作为我们学校教育的重要组成部分，作为由应试教育向素质教育转轨的重要方面，作为我们社会主义精神文明建设的重要载体，其体现出来的功能已远远超出了体育本身的范畴。同学们，当许海峰一枪打破奥运会零记录的时候，当女排的姑娘们一次次登上世界最高奖台的时候，当王军霞身披国旗的矫健身影出现在亚特兰大赛场的时候，你能说，体育仅仅是体育吗？不，我感到体育已成为我们爱祖国爱人民的最好体现！我想奥林匹克之所以提出“更快、更高、更强”的要求，其实也体现了一种精神的追求！

老师们、同学们，21世纪将是人才的全面素质的竞争。民族素质如何，关系到国家的前途和命运，我们要发展生产，繁荣科学文化，增强国家实力，就必须要完善和提高国民的整体素质，而身体心理的素质是整体素质中的最基本素质。为了把我们的学生培养成跨世纪的德才兼备的全面发展的人才，我们必须大力发展体育事业，开展体育运动，增强我们身心素质。

为此，学校历来十分重视体育，积极开展体育活动，我们曾先后被市、县命名为群众体育活动先进单位，我们的运动成绩也一直在区里领先，还多次代表区、局到市里参赛，获得好成绩。相信我们今天的运动员会在赛场上勇敢拼搏，奋勇争先，赛出水平，赛出风格，希望大家踊跃参赛，文明观看，注意安全。让我们一起为胜利者喝彩，为暂时落后者鼓掌！祝运动会圆满成功！

谢谢大家！

第十七章　社交礼仪文书写作

第一节　介绍信、推荐信、证明信写作

一、介绍信概述

1．介绍信的概念

介绍信是指行政机关、团体、企事业单位用来向有关单位介绍前去联系的派遣人的情况与任务的一种专用信件。它具有介绍与证明两种作用。

2．介绍信的特点

（1）介绍信是行政机关必备的具有介绍、证明作用的书信。使用介绍信的人，可以凭借此信同有关单位或个人联系，商量洽谈一些具体事宜；而受介绍信的一方则可从对方的介绍信中了解来人的职业、身份、要办的事情、要见的人，有什么希望和要求等。介绍信是连接双方关系的一个桥梁，其目的旨在证明来人的身份。

（2）介绍信可以帮助对方了解来人的身份、来历，同时也赋予对方一定的责任和权利。所以，介绍信通常都开出一定的时间期限，是在限期内才具备效力的一种专用书信。

3．介绍信的写作要求

（1）要填写被介绍人的真实姓名、身份，不得弄虚作假。

（2）所接洽办理事项要写清楚，介绍信要写得简明扼要。

（3）介绍信必须加盖公章，以免以后造成不必要的麻烦。查看介绍信时要核对公章和介绍信的有效期限。

（4）有存根的介绍信，存根联和正式联要内容完全一致。存根底稿要妥善保存，以备今后查考。

（5）介绍信书写不得涂改，要书写工整。有涂改的地方，要加盖公章，否则此介绍信将被视为无效介绍信。

二、推荐信概述

1．推荐信的概念

推荐信是指向单位或个人介绍某人担任某项职务或工作的信件。推荐信的收

信者可以是单位或单位负责人，也有向私人推荐的，收信者是个人。

2. 推荐信的种类

推荐信的种类按推荐对象分，有推荐人和推荐物两种类型；按作者分，有自我推荐和推荐他人两种类型。

3. 推荐信的内容

推荐信一般包括下列内容：

（1）推荐信主要写明被推荐者的身份及基本状况。

（2）表明推荐者的推荐目的和愿望。

（3）被推荐者一旦被任用将会产生的作用或好处。此项内容用语可模糊些。

（4）推荐信写作格式同一般书信写作格式，也有的以“推荐信”为题。

三、证明信概述

1. 证明信的概念

证明信是指以单位或个人名义书写的，用以证明有关人员的身份、职务、经历以及有关事项真实情况的一种专用公文。

2. 证明信的种类

（1）证明信从内容上可分为以组织名义出具的证明信和以个人名义出具的证明信。

（2）从格式上可以分为固定形式的证明信和无固定形式的证明信。

（3）从证明信的用途来看又可以分为作证件用的证明信和不作证件用的证明信。

3. 证明信的适用范围

（1）某人要入党或入团，组织在进行调查时，原单位或有关人员为其写出证明信。

（2）有些真相模糊不清的历史事实或事件由于被人歪曲，而当时亲身经历的人写出证明信以澄清事实。

（3）在公安机关寻求某些案件的目击者时，当时在场的群众写出证明信以说明案发时的真实情况。

（4）个人在单位办理某些事项或个人由于具体情况而必须向单位作出解释说明时，也可以请有关人员出具证明。

4. 证明信的写作格式

（1）标题。“证明信”，写在第一行正中位置。

（2）正文。开头顶格写送达机关名称，接着写要证实的具体事实，说明材料来源等。

（3）结束语。一般用“特此证明”。有的开头没写送达机关名称的，可用

“此致××单位”。

（4）落款。证明制发机关，日期，加盖公章。

总的说来，证明信的写作要实事求是，简明扼要，要有明确的结论，用语准确。

5. 证明信的写作要求

（1）以个人名义所发的证明信，要写明写证明信者本人的政治面貌、工作情况等，以便使审阅证明信的人了解证明人的情况，从而鉴别证明材料的真伪和可信程度。

（2）个人所写的证明信的内容如果本人不太熟悉，应写“仅供参考”的提示性语言。因为证明信有时是作为结论性证据的，所以要实事求是，严肃认真，要尽量言之有据。

（3）对于随身携带的证明信，一般要求在证明信的结尾注明有效时间、过期无效的期限。

（4）证明信的语言要十分准确，不可含糊其词。证明信不能用铅笔、红色笔书写，若有涂改，必须在涂改处加盖公章。

四、介绍信、推荐信、证明信的写作范例

介绍信、推荐信、证明信的写作范例如下：

◎介绍信

介　绍　信

×政介字（　）号

兹介绍×××、×××等××名同志（系×××），前往贵处联系×××事宜，敬请接洽并予以协助。

此致

敬礼

×××县人民政府（章）

××××年××月××日

◎推荐信

推　荐　信

尊敬的县委组织部领导：

根据《中共××县委员会关于科级后备干部选拔培养的暂行办法》（×字

〔××××〕××号）规定，特推荐我部门×××同志为科级后备干部人选。

×××，男，××岁，大学本科学历。该同志××××年××月到县委组宣部工作以来，一直从事新闻宣传工作，该同志态度认真，作风扎实勤奋，不辞劳苦，工作成绩突出。该同志撰写了大量宣传我县经济建设和社会事业发展的新闻稿件，在市级及以上重点媒体发表共计××篇，大大提升了我县的知名度和美誉度。因实绩突出，该同志××××年、××××年连续两年被评为"××县精神文明建设先进工作者"。同时，该同志坚持做好××县宣传部网站的编辑工作，自××××年××月起，该同志还参与了多篇综合性重要材料的撰写工作，较好地完成了领导交办的各项任务。

真诚地期望县委组织部领导能够给他一个提升自己的机会，谢谢。

××县委宣传部　×××

××××年××月××日

◎**证明信**

证　明　信

××公司负责同志：

今有我所副研究员、高级工程师××、××二位同志前往贵公司洽谈有关合作的具体事宜。特此证明！

此致

敬礼！

××技术研究所

（盖公章）

××××年××月××日

第二节　公开信、表扬信、批评信写作

一、公开信概述

1. 公开信的概念

公开信是指将信的内容公布于众，公开让人们周知和参与讨论的信件。

2. 公开信的写作要求

（1）开头

公开信的开头，即称呼部分，要顶格写。

（2）正文

正文写要公开表明的事项。

（3）结尾

结尾部分写上署名和日期。日期写在署名的下面。

二、表扬信概述

1. 表扬信的概念

表扬信是指用来表彰好人好事、先进思想、先进事迹的一种书信。表扬信可以以组织的名义写，也可以以个人的名义写。

表扬信具有公开的性质。先进的需要表扬，表扬可以起到鼓舞和带动的作用，对于提高人们的修养，优化社会风气，促进经济建设发展，有着不可估量的作用。

2. 表扬信的类型

表扬信主要有两种类型：

（1）以领导机关或群众团体的名义表彰其所属的单位、集体、个人。这种表扬信可以在授奖大会上由负责同志宣读，也可以登报、广播。

（2）群众之间的互相表扬，这种表扬信不仅赞颂对方的好品德、好风格，也有感谢的意思。

3. 表扬信的写作格式

（1）标题

正中写“表扬信”三个字，也可以写成“对×××的表扬信”。

（2）称谓

写被表扬的单位、个人的称呼。如果是写给个人的，应在姓名之后加上“同志”、“先生”等字样，后边加冒号，顶格写。

（3）正文

①交代表扬的缘由。主要讲述事实情况。

②适当加以评论，要热情赞扬，并表示向被表扬者学习。

③提出建议。写给单位的可建议单位领导予以表扬，写给个人的应强调值得我们学习等。

（4）结尾

如果是写给被表扬者所在单位或领导人的，可提出建议：“在×××中加以表扬”，“×××同志的优秀品德值得大家学习，建议予以表扬”等。如果是直接写给本人的，则要适当谈些“深受感动”、“值得我学习”等方面的内容。

（5）祝愿

最后要写上表示祝愿的话，如“此致敬礼”、“祝好”、“谨表谢意”、“向你学习”等。

（6）署名

署上单位名称或个人姓名。如果是以个人名义写的表扬信，应在后边详细写明发信人的地址，签上自己的姓名，并在下方注明年、月、日。

4. 写作表扬信应注意的事项

（1）在表扬信中，要充分反映出对方的可贵品质、动人事迹，做到见人、见事、见精神。不能以空泛的大道理代替突出的动人事迹。

（2）在表扬和赞颂时，要恰如其分，实事求是，不要以偏概全。哪件事好，就表扬哪件事，既不夸大，也不缩小。

（3）表扬信的语气要热情恳切，情尽文畅。文字要朴素，篇幅要短小。

三、批评信概述

1. 批评信的概念

批评信是对个人或单位的错误言行提出批评的信件。

2. 批评信的写作格式

批评信的写作格式如下：

（1）标题

批评信的标题一般不居中写“批评信”三个字，而是以批评事项作标题。

（2）称谓

顶格写被批评的单位或个人名称。如果是批评个人的，应在姓名之后加上“同志”、“先生”等字样，后边并加冒号。

（3）正文

写所批评的缘由。本部分须另起一行，空两格写。

（4）结尾

如果是批评单位或领导人的，可对被批评的错误事项提出正确建议。如果是批评个人的，则要谈些鼓励的话语。

（5）署名

签上批评者姓名或单位名称，并在下方注明年、月、日。

四、公开信、表扬信、批评信的写作范例

公开信、表扬信、批评信的写作范例如下：

◎致民众的公开信

致农民朋友的一封信

农民朋友们：

你们好！冬去春来，值此春耕繁忙时节，省委、省政府向你们致以亲切的

问候！

党中央高度重视农业和农村工作，十分关心农民群众。改革开放以来，通过实行以家庭承包经营为基础、统分结合的双层经营体制，调整农产品价格和购销政策，改善农村分配关系，采取一系列减轻农民负担的政策措施，调动了农民的积极性，农村发生了深刻的变化，经济社会蓬勃发展。

当前，农业和农村经济社会发展进入了一个新的阶段，出现了许多新情况、新问题。为了进一步保护和调动广大农民的积极性，巩固和发展农村大好形势，党中央、国务院作出了在农村实行税费改革的重大决策。农村税费改革的主要内容是：取消乡统筹费、农村教育集资等专门面向农民征收的行政事业性收费和政府性基金、集资；取消屠宰税；逐步取消统一规定的劳动积累工和义务工；调整农业税费改革顺利实施，达到农民减负的目的，还要进行配套改革。农村税费改革以后，农民承担的税费项目有：农业税及其附加、农业特产税及其附加，有的还要缴纳一定的公益事业金。村内兴办集体生产公益事业所需资金，采取“一事一议”的办法解决。考虑到目前劳动积累工和义务工仍是农村进行农田水利建设等公益事业的重要手段，对“两工”将采取逐步取消的办法。

这次税费改革的意义十分深远，是继农村实行家庭承包经营之后的又一重大改革，事关农村经济社会发展的大局，事关广大农民群众的切身利益。通过税费改革，规范农村分配制度，有效遏制向农民的乱收费、乱集资、乱罚款和各种摊派，体现农民应尽的义务，从根本上减轻农民负担。同时，又能够促进干部转变作风，密切干群关系。广大农民群众要充分认识税费改革的重要性和必要性，理解和支持税费改革，齐心协力把这项利国利民的好事办好。在税费改革中，将根据农民的承受能力，从轻确定农民负担水平并保持长期稳定，保护农民的合法权益。在保证农民负担明显减轻的前提下，注意兼顾其他方面的承受能力，使地方政府特别是乡镇政府和基层组织正常运转。实行符合农民意愿、能够为农民所接受的税收征收方法，便于依法征收和群众监督。税费改革将同精简乡镇机构、调整农村中小学布局、完善县乡财政体制和健全农民负担监督机制等项配套改革结合进行，压缩人员，量入为出。

建设社会主义新农村，使广大农民逐步实现共同富裕，归根结底要靠发展。要适应发展社会主义市场经济的要求，大力调整优化农业结构，深化农村改革，采用先进科学技术，增加农业投入，改善农业生产条件。积极发展第二、三产业，开辟新的生产门路，千方百计增加农民收入。进一步加强社会主义精神文明建设，实行依法治国同以德治国相结合，推进民主选举、民主管理、民主决策、民主监督和政务公开、村务公开。切实加强以党支部为核心的村级组织建设，充分发挥广大党员和基层干部的骨干带头作用。通过广大农民群众的共同努力和辛勤劳动，把农村建设得更加美好。

我省广大农民具有爱党、爱社会主义、爱国家、爱集体的光荣传统。改革开放以来，我省农村改革与发展有声有色，农民群众创造了许多好经验、好做法，谱写了绚丽篇章。在农村税费改革中，广大农民群众一定能继续发扬光荣传统，正确对待国家、集体、个人三者利益，增强公民意识，维护合法权益，自觉履行纳税义务，在各级党委、政府的领导下，圆满完成农村税费改革任务，进一步促进我省农村改革、发展、稳定。

让我们更加紧密地团结在党中央周围，解放思想，实事求是，艰苦创业，乘势前进，为建设更加富裕的小康生活，实现农业现代化而努力奋斗！

××省人民政府

××××年××月××日

◎**致选民的公开信**

致××市全体选民的一封信

××市全体选民：

市第×届人代会第二次会议将于××××年××月××～××日举行，为了不辜负全市选民的信任和希望，我们将广泛收集选民对市政府各方面工作的意见、批评和建议。主要内容可包括以下几个方面：

一、本市区内实施宪法、法律、法规中存在的问题及国民经济，社会发展，财务政策中存在的问题。

二、人民群众普遍关心和迫切需要解决的重大问题。

三、有关行政管理、审判、检察工作中的重大失误问题。

四、国家机关工作人员严重失职，以及违反为政清廉决定的腐败行为等。

希望广大选民充分利用各辖区内的意见箱，把自己的意见写上，我们将把意见带到人代会，并做到件件有回音。

过去的一年里，我们收集到选民意见10余条，其中有关市政府的占6条。如商业网点、蔬菜供应、垃圾清运、东市区道路、增设重点中学、居民区治安等。市政府对这些都及时作了答复。我们感到，人民代表只有认真行使法律赋予的权利，积极参政议政，才能真正代表人民。望全市选民充分行使自己的权利，把对市政府的意见及时反映上来。

××市第×届人代会筹备处信访办

××××年××月××日

◎**表扬信**

县委、县政府关于抗台风救灾先进事迹的表扬信

县直属机关、各单位：

从10月7日起，受第××号超强台风“××”影响，我县普降大到暴雨，农田受淹，受上游水库泄洪影响，××溪水位急剧上涨，沿岸4个乡镇11万多名老百姓遭受了自××××年以来最大的一次台风暴雨威胁，20余公里的堤防全线告急，多处出现危情，给我县造成了严重损失。

在抗台风救灾的过程中，全县上下党政军民认真落实省、市的决策部署，“以人为本、万众一心、百折不挠、敢于胜利”的抗台风精神，心连心、手牵手、肩并肩，齐心抗台风、合力救灾、携手奋战，把灾害损失减少到最低程度，夺取了抗台风救灾斗争的重大胜利，涌现出很多先进事迹，现予以通报表扬。

县四套班子领导高度重视，身先士卒，坚守一线，靠前指挥，科学调度，切实发挥了坚强的领导核心作用。全县各乡镇（街道、开发委），特别是××溪沿线的××、××、××、××桥等乡镇党委、政府处变不惊，沉着应对，开展了卓有成效的组织指挥工作；全体乡镇干部进村入户，深入险情，始终坚守在防台抗台风第一线，组织发动群众，准备防汛物资，加强土斗堤巡防，转移危险地带人员。县级机关各部门自觉服从大局，积极发挥职能，恪守职责，全力以赴，主动参与抗台风防汛工作。水利部门加强水利设施排查，指导基层排涝和抢修水毁工程，保障了排涝设施全力运行，并科学调拨防汛物资。气象部门及时做好天气预测工作，及时掌握台风走向，为县委、县政府抗台风决策提供了科学依据；发挥气象短信息服务系统功能，以最快捷的短信方式把台风信息发送给群众。国土部门加强36处地质灾害点监管，会同镇村干部转移危险地带群众。建设局积极调剂工地建设物资送到抢险一线，并从六个建筑工地紧急调集300多名抢险突击队员支援乡镇抢险。国土、建设、安监等部门加强对建筑工地和矿山企业的巡查，做到警报不解除、工地不开工。贸粮局提早准备，及时调配草包、麻袋、桩木、铁锹等防汛物资。公安交警、交通港航等部门做好太湖大堤封道工作，召回船舶回港避风，禁止船舶进入太湖，做到车船不出太湖。交通局开展道路、桥梁的安全检查，确保全县交通安全、畅通。××公司及时调配应急车辆，把抗台风防汛物资和人员及时送到抗台风一线。供电局全力出动技术人员，及时抢修变电设施，提供应急照明，确保了抗台风防汛用电。农业、民政等部门迅速组织工作组，深入乡村，了解灾情，指导基层开展生产自救，重建家园。卫生部门认真做好灾后防疫工作，消杀受害地区，发放消毒药品和防病宣传资料，确保了灾后无大疫。全县村级基层组织，尤其是××镇××村和××桥村、××桥港口村和×

×村、××乡××村和××村、××乡××村和××村积极发挥战斗堡垒作用，冲锋在前，凝心聚力，发动群众，与民同战，风里来，雨里去，以实际行动充当群众的“生命之舟”。特别值得关注的是，驻湖、驻长部队和武警官兵，民兵预备役人员和公安干警发扬特别能吃苦、特别能战斗的优良作风，始终奋战在一线，在完成急难险重任务中发挥了主力军和突击队的作用。一军通信团、武警××支队和驻长的×××××部队、×××××部队、×××××部队、武警××中队出动近千名战士，投入到抗台风防汛的最前沿，筑起了保卫人民生命财产安全的钢铁长城。县人武部在做好部队协调工作的基础上，及时调集了××镇、××镇、开发区等多个民兵应急小分队加入战斗行列。公安局全警动员，全力以赴，连续奋战，出动警力1400人次，深入急难险要之处，与当地百姓共筑起了一道道“防洪坝”。××空调、××机械、××建工等企业调集600多名抢险突击队员，奔赴抗台风一线，鼎力相助，支援了灾区抗台风防汛。

夺取抗击“××”台风的重大胜利，这主要归功于基层组织和广大党员干部顽强拼搏、合力防御，更归功于驻×、驻×部队武警官兵和社会各界的患难与共、全力支持。在此，县委县政府向参与、支持我县抗台风工作的各级党政领导，驻湖、驻长部队武警官兵，社会各界，广大党员干部群众，表示衷心的感谢！

抗台风成果，来之不易；抗台风精神，光芒永驻。经过抗击超强台风斗争的洗礼和考验，我们的信心更加坚定，精神更加坚强，意志更加坚毅。全县上下一定要深入贯彻落实科学发展观，保持和发扬抗台风救灾的那么一种冲天精神、那么一种迎战氛围、那么一种拼命干劲，克难攻坚，顽强拼搏，团结进取，狠抓落实，为加快建设山水园林型现代化新兴城市、实现全面小康社会作出新的更大贡献！

中共××县委
××县人民政府
××××年××月××日

◎**批评信**

用“拉”、“扯”的办法招徕顾客的做法不可行

编辑同志：

前不久，我去××市旅游，在一家个体饭店服务员的硬逼之下吃了顿饭。回味起来觉得不是滋味。

在那条街上有好多家个体饭馆，几乎每家店前都有一两个青年“女招待”。

她们看见有人往饭馆张望，便连拉带扯地把你弄进去，不容分说地把面条、水饺端到你跟前，硬逼着你吃。

做生意笑脸相迎、热情待客是应该的。但买不买东西、吃不吃饭，应由顾客自愿，怎能拉客逼客吃饭呢？生意的好坏，不仅与服务态度有关，更主要的是靠经营商品的质量、品种和价格的合理，来取得顾客的信任。因此，用“拉”、“扯”的办法是不能招徕更多客人的。

××县公平交易局：×××

××××年××月××日

第三节　倡议书、建议书、号召书写作

一、倡议书概述

1. 倡议书的概念

倡议书是指首先公开提出某种建议，希望别人能够响应，以共同完成某种任务或开展某种公益活动的信件。

2. 倡议书的写作格式

倡议书一般由标题、称呼、正文、结尾、落款 5 个部分组成。

（1）标题。在倡议书开端的中间，标明“倡议书”三个字，也可在“倡议书”三字前概括倡议的内容。

（2）称呼。根据受倡议对象选用不同的称谓。也有的倡议书不另起行写受倡议对象，而是在正文中指明。

（3）正文。另起一行，空两格，先总述倡议的根据、原因、目的和意义。然后，分条开列倡议的具体内容。

（4）结尾。表明决心和希望。

（5）落款。写发出倡议的单位名称或个人的姓名，下面注明年、月、日。

3. 倡议书的写作要求

（1）倡议书有个人发起与集体发起两种，要合乎身份地写明在什么情况下、为了什么目的、发出什么倡议、希望别人怎么做、自己打算怎么做，等等。

（2）倡议的内容应是于国于民有利而又可以做到的好事。因此，所提条件应当具有先进性与可行性，倡议内容虽然很好但一时做不到的，就不要提出来，以免成为一纸空文。

（3）语言要简练，条理要清晰，有一定的鼓动性。

二、建议书概述

1．建议书的概念

建议书，也叫意见书，是个人、单位和有关方面为了开展工作、完成任务、进行某种活动而提出见解主张的一种书面材料。

建议和提案不同，尽管二者都是用来提意见和建议的。提案必须由具有提案权的机构或个人提出，而建议则没有使用资格的限制，任何机构或个人都可以使用。提案一经提出，有关方面必须予以审理、答复，并转交有关部门处理落实，在有关会议上报告处理落实情况；而建议则不一定件件都必须进行专门研究，也不必都在会议上作出答复。对切实可行、确实合理的建议，应立即采纳，研究落实，其余则可作为工作中的参考。

建议书和倡议书也不同。倡议书虽然有所建议，但它一般要面对群众，提出号召性的主张；建议书主要是向有关领导或部门提出建议，是否发动群众，要由领导和有关方面考虑。

2．建议书的写作格式

建议书一般由标题、抬头称呼、正文、落款4部分组成。

（1）标题。建议书的标题可以直接用“建议”或“建议书”，也可以由建议的内容和文种组成，写成“关于××××的建议”，如“关于我校节约用电的建议”。

（2）抬头称呼。写上接受建议的单位名称或领导人的姓名和职务。也可以用“抄送”的形式代替抬头称呼。

（3）正文。是建议书的主要部分。先写明提出建议的出发点或原因，说明为什么要提出这个建议，以及与此建议有关的想法，以便使接受建议书的单位或领导联系实际情况，考虑其必要性和合理性。接着写建议的具体内容，这一部分可以分条开列，也可以分段叙述。所提建议内容必须具体，改进办法及采取的措施也应实在，以便接受建议单位、领导考虑建议的可行性。最后，可以表达一下期望建议被采纳的愿望。

（4）落款。在正文的右下方要写上建议者的单位名称或姓名，签署年、月、日。

3．建议书的写作要求

（1）提建议是行使国家公民的权利，要严肃对待，采取认真负责的态度。

（2）提建议要从实际出发，考虑具体情况、实际需要和客观条件，不能空想瞎想、不着边际。

（3）提建议要考虑建议的合理性和可行性，即考虑在现实条件下能否用得上、行得通。不应在建议中提过高的要求，说过激的言辞，要掌握好分寸。

（4）要求言简意赅地进行叙述，具体、准确地写明解决问题的办法，无须过多地分析和论证，更不能讲空话、套话、过头话，防止抽象、笼统。

三、号召书概述

1. 号召书的概念

号召书是指各级党委、政府借重大会议或节日之机，紧密配合形势，号召人民群众贯彻会议精神时所使用的专用书信。

2. 号召书的写作格式

（1）标题。在第一行正中用稍大的字体写上“号召书”字样。一般情况下不写明事情的主题。

（2）称呼。在标题下空两行顶格写明接受号召书的单位、组织、机关、团体的名称，有时可冠以“亲爱的”、“敬爱的”等修饰词。称呼后加冒号。

（3）正文。称呼后下一行空两格起写正文。正文是号召书的主体。号召有几条，最好分开行书写，以使正文内容清楚。

（4）结语。可以写“此致敬礼”，也可以不写。

（5）署名和日期。结语之后下一行靠右写署名，如果人数比较多，最好是每个人都签名；如果是单位、集体，写上名称后最好盖上公章。在署名的下方写上书写号召书的日期。

3. 号召书的写作要求

号召书要求语言生动，突出重点，有号召力。

四、倡议书、建议书、号召书的写作范例

倡议书、建议书、号召书的写作范例如下：

◎环境整治倡议书

×××镇环境整治倡议书

全镇广大干部群众、镇村各居民住户、朋友们：

为切实改变×××镇环境卫生状况，提高全镇人民生活质量，营造良好人居环境，镇党委政府向全镇广大干部群众提出如下倡议：

××是我们共同的家园，建设美好家园是每个人的职责和义务。自觉向不文明行为和不良现象作斗争，不乱堆乱摆、乱停乱放、乱画乱贴，不向房前屋后、河道乱扔乱倒垃圾。

积极参与创建文明村镇、卫生环保模范村镇，镇党委政府愿带领大家共建清洁、亮丽、开放、文明的居住环境。

大力支持×××镇的净化、绿化、美化、亮化工程，自觉规范行为，向“脏、乱、差”说“不!”，人人参与，从我做起。

乡亲们，让我们以实际行动来创建和呵护我们共同的家园，每个细小动作都会折射×××人的文明，每次点滴行为都会铸就×××镇的辉煌。我们相信，在广大干部群众的带领下，在大家的鼎力支持配合下，短期内一定会实现×××镇环境大改善、面貌大转变、形象大提升。

×××镇人民政府

××××年××月××日

◎流动人口管理建议书

××市流动人口管理建议书

公安局：

鉴于目前××市普遍存在的流动人口难以管理的问题，结合我们区街道办事处在这方面所取得的经验，特提出如下建议，以供有关部门参考借鉴。

首先，成立一个流动人口调查小组，对各建筑工地的外地民工、租私人住房居住的来×打工、当保姆等的流动人员作详细的调查，并把住在市内亲友家中来探亲、访友、治病、读书等人口数量也调查清楚，然后尽快为他们办理暂住证，设立管理卡片档案。

在此基础上，针对存在的和可能出现的问题，可以采取以下措施：

1. 与各施工工地签订《社会治安综合管理协议书》，加强对外地民工的管理。一般来说，外地民工占来×流动人口的最大数量。

2. 规定凡出租房屋的户主，必须在三日之内向街道综合治理办公室申报新来住户的情况，为住户办理暂住证，设立管理卡片档案。

3. 夫妇租房一定要有结婚证明，办理暂住人口计划生育证。

4. 每50户设一名流动人口户籍员，以掌握流动人口的职业状况，了解他们的去向等。

5. 对查出没有固定职业、没有证明的流动人员，责令其限期离×。

6. 对清查后补办暂住证的流动人员，街道综合治理办公室向其原籍发信调查他们在原籍的有关情况。

我们使用以上办法对管理好流动人口，维护社会治安起到了积极作用，建议有关部门采纳试行，共同做好流动人口管理工作。

此致

敬礼

××区××街道办事处

××××年××月××日

◎活动号召书

关于进一步开展“××××”活动的号召书（节选）

在全市人民深入学习贯彻党的××大和全国×届人大×次会议精神，广泛开展第二个“××××”活动的热潮中，我市召开了×届人大×次会议。会议认为，开展“××××”活动，是动员广大人民建设社会主义精神文明的一个创举。一年来的实践充分证明，这项活动对于提高人民群众的思想觉悟，树立良好的社会风尚，促进物质文明建设，都具有十分重要的作用。为了动员全市人民更广泛、更深入地开展这项活动，开创我市社会主义现代化建设的新局面，会议号召全市人民：

一、重视学习，做改革的促进派

改革是一场广泛而深刻的革命，是夺取现代化建设的可靠保证，要认真学习党的重要会议精神，要学文化、学科技、学技术、学业务。要积极地投身到改革中去，破除旧的、妨碍我们前进的老框框、老套套、老作风，努力钻研新情况，解决新问题，总结新经验，创立有益于社会主义现代化建设的新环境。

二、搞好优质服务

（略）

三、创造优美环境

（略）

四、建立优良秩序

要贯彻“人民城市人民建，人民城市人民管”的精神，人人争做遵纪守法的模范，做勇于同各种违法犯罪分子做斗争的模范。

五、坚持“十提倡、十反对”，争当建设“十文明”的标兵

（略）

我们要高举共产主义的伟大旗帜，积极响应并坚决执行党中央、国务院的号召和指示，坚决执行省委和省政府的指示，认真落实市×届人大×次会议提出的各项任务，为把我市逐步建设成为繁荣富裕、安定文明、清洁优美的社会主义现代化城市而努力奋斗！

××市第×届人民代表大会第×次会议

××××年××月××日

第四节 申请书、意向书、邀请书、聘书写作

一、申请书概述

1. 申请书的概念

申请书是指个人、单位、集体，向组织、机关、团体、领导提出要求实现和满足自己的希望、要求的一种文体。

申请书适用的范围十分广泛。个人要求参加党团组织可以写申请书向组织表达愿望；下级在工作、生活等方面对上级有所要求，也可以写申请书表达。总之，几乎工作、生活的各个方面，都会使用到申请书。有些事上级、组织、单位部门本来视情况可以为之办理的，但如若下级、个人不提出申请，可能就不予办理了；有些事项，申请要掌握时机，错过时机，申请事项的实现概率可能就小了，甚至不会有结果。因此，写申请书既是一种手段，也是一门巧妙的艺术。

2. 申请书的写作格式

申请书通常有固定的格式，其内容包括以下几部分：

（1）标题

在申请书第一行正中写申请书的名称，一般只写“申请书”三个字就可以了，有的则写出内容的主旨，如“入党申请”、“申请调换工种”，等等。标题的字体可略大于正文，也可和正文一样。

（2）称呼

称呼也叫“抬头”，就是在标题下空一行顶格处写出接受申请书的组织、机关、团体、单位、领导的名称。称呼后用冒号。

（3）正文

正文是申请书的主体，在称呼下一行空两格处写。正文部分要写明申请的事情和理由。如果内容和理由较多，特别是申请的事情有几件的情况下，每一件事都要分段写，以使眉目清楚，不致混合错漏。

（4）结尾

结尾部分往往是表示礼节或恳切的愿望，如“此致敬礼”、“恳请批准”、“不胜感谢”等。

（5）署名和日期

在结尾下一行的靠右写上申请人姓名或单位名称。如果是单位，要盖公章；如果是个人，可盖私章，也可不盖。在署名下面写上写申请书的年、月、日。

3. 申请书的写作要求

（1）申请的事情、要求一定要写具体、写仔细，有的细节也要写明，涉及数字的部分更要具体、准确。

（2）申请的理由，一定要实事求是，不能虚夸和杜撰。就是实在的理由，也要说充分、说具体、说全面，特别是最有说服力的理由，更要讲清、讲得感动人。特别要注意的是，一些无关紧要的、不起作用的所谓“理由”还是不讲为好，以免冲淡气氛，甚至起相反的作用。当然，更要避免出现相互矛盾的“理由”，那是要坏事的。

（3）申请书的语言，一要准确，二要朴实，三要简洁明了，四要恳切。要认识到，语言表达得如何，常常会影响申请事项的效果。

二、意向书概述

1. 意向书的概念

意向书是指社会组织内部各部门之间或组织与组织之间表达和记录某种意向的文书。

2. 意向书的写作格式

（1）标题

为了明确、醒目，意向书之前要加上项目名称，如：“合资兴建麦秆草席加工厂意向书”、“合作建立×××公司意向书”。

（2）开头语

写明合作各方单位的全称，双方接触的简要情况，磋商后达成的意向性意见，本着什么原则，兴建什么项目。

（3）正文

分条款叙写达成的意向性意见，即兴建项目所要涉及的最基本的内容要点，而且必须交代“未尽事宜，在正式签订合同或协议书时予以补充”，留有余地。

（4）结尾

写明签订意向书时间和洽谈意向书单位的全称和代表姓名，并签字盖章。

3. 意向书的写作要求

（1）严肃认真，忠实于洽谈会议记录。意向书是依据意向洽谈会议记录整理而成的。所达成的意向，洽谈双方均有义务履行，因此必须经双方认可，撰写者既不能随意编造，也不能把非会议记录的内容添上，而是要严格按会议记录整理。

（2）所达成的意向，必须按内容分条叙述。既然是意向，就不一定十分周全，允许有不完善之处，不能像订合同或协议那样周密。

（3）既然意向书是以后签订合同的一种准备，各种意向应参照合同或协议的条款排列，应以显示其“雏形”的特色为主，区别于“会谈纪要”的格式。

（4）语言要准确、表述要清楚。不能因为它是一种意向性的文件而过多使用模糊或者有歧义的语言。

三、邀请书概述

1. 邀请书的概念

邀请书实际上就是一种比较复杂的请柬，它除了起请柬的作用外，还有向被邀请者交代有关需要做的事情的作用。

2. 邀请书的写作格式

邀请书的写作一般包括 4 个部分：

（1）标题

在纸的上方中间用大于正文的字体写“邀请书”三个字，也可在“邀请书”三字前用小字标出发邀请书的单位名称。为示喜庆，标题可作适当装饰，如饰以花边，字体用美术字。

（2）称呼

在正文的上一行顶格写被邀请者（个人或单位）名称。姓名之后可加“书记”、“校长”等职称或“先生”、“女士”等尊称。单位名称要用全称，以示尊敬。称呼之后加冒号。

（3）正文

在称呼下一行空两格写正文内容。正文一般包括前言和事项两部分。前言只简单地说明何时何地有什么活动和邀请语就可以了，这一部分相当于一张请柬的内容。事项部分要分条列出这次活动的有关事项。

（4）落款

在正文右下方注明邀请单位的名称和发出邀请的时间。若单位名称在标题中已标出，这里可以从略，但为了表示郑重、礼貌，一般是要再次注明的。

3. 邀请书的写作要求

（1）起草邀请书的人在起草之前要对各方面的情况，如会议宗旨、食宿安排、报到时间、地点等，有全面、详彻的了解，这样写出来的邀请书才能准确、清楚、有条理。

（2）正文的前言部分的行文可参考对请柬的要求，这里从略；正文的后一部分——事项部分，事项要全面，语言要概括。因为邀请书和请柬的性质是相同的，都是作邀请之用，因篇幅有限，说明问题时要言简意赅。

四、聘书概述

1. 聘书的概念

聘书是聘请书的简称。它是用于聘请某些有专业特长或有名望、有权威的人完成某项任务或担任某种职务时的书信体文书。

随着机构改革，不仅聘用外单位的人到本单位工作要发聘书，就是聘请本单位其他部门的人员到本部门工作也要发聘书。聘书不仅起着告知被聘人的作用，而且表示聘者对受聘者的尊重。

2. 聘书的写作格式

聘书的写作一般包括六个部分：

（1）标题

一般是印刷好的，在封面上印上“聘书”两个字，字号要求较大，制作美观、大方，有的套红、烫金。书写的聘书在用纸的第一行中间书写“聘书”或“聘请书”字样。

（2）称谓

称谓要顶格写被聘人的姓名和职务，后加冒号。

（3）正文

第一行顶格写，写聘请人姓名、称呼，如“××先生”、“××同志”等。也可在第一行空两格写“兹聘请×××先生”，接着写聘请他担任什么职务，或做什么工作，期限多久，待遇多少等。

（4）敬语

敬语多用“此聘”、“此致敬礼”、“敬请台安，诸维垂鉴”、“专肃敬请台安，诸希朗照”、“敬请大安，诸维爱照”等。敬语因性别及职业性质不同而略有不同，使用时应斟酌。

（5）署名

一般在正文后边，另起一行，偏右，署上聘请单位名称，并盖上公章。

（6）日期

紧接聘请单位名称后，另起一行写上年、月、日。

五、申请书、意向书、邀请书、聘书的写作范例

申请书、意向书、邀请书、聘书的写作范例如下：

◎**建房申请书**

建房申请书

××规划局：

我厂拟建职工食堂1000m^2，已经××部（8×）×发×字×第×××号文批示，同意在本年完成设计并要求在第四季度施工，年前完成基础部分。该项工程已

委托××市设计院设计。食堂位置在本厂厂内（附地形图两张），请审查，并请批示红线图。

××市××××厂

（公章）

××××年××月××日

◎意向书

合作培训意向书

甲方：××市现代科技培训中心

乙方：××出版社

经双方商讨，拟合作举办一期编辑、校对技术短期培训班。初步意向如下：

一、培训期××个月。××××年××月××日开班，××月××日结业。

二、培训学员××名。由乙方选送××岁以下、具有高中文化程度的人员。

三、培训费××万元，由乙方在开班前支付给甲方。

四、甲方提供培训场地、师资、教材，并负责教学管理，发放结业证书。

××市现代科学技术培训中心　　　　××出版社

代表：×××（签字）　　　　代表：×××（签字）

××××年××月××日

◎邀请书

邀　请　书

××同志：

为纪念××诞辰一百周年，定于××××年××月××日至××日在×市举行“××诞辰一百周年学术讨论会”，敬请您届时光临。现将有关事项通知如下：

一、会议以××大精神作指导，内容为：

（一）宣读学术论文。

（二）交流教学、科学研究经验。

二、出席会议的代表原则上应向大会提交学术论文。

三、会议的住宿费、伙食补助费由大会负责，往返交通费由代表所在单位负担。

四、接到通知后，请即向大会筹备组寄回代表登记表（在会前三天不见寄回登记表，即视为不出席会议，不再安排食宿）。

五、报到时间：××××年××月××日。

六、报到地点：×市××宾馆（××路××号）。

七、代表登记表请寄×市××大学××研究所××同志（收）。

××大学（公章）

××××年××月××日

◎**聘书**

聘　请　书

因工作需要，特聘××为电力工程技术顾问。现将商定的有关事项简述如下：

一、我单位不干涉××同志的正常工作，不增加除技术以外的业务工作。

二、我单位给××同志每月酬金1000元，不另付其他补贴。如因工作需要除××地区外的差旅费、出差补贴等实报实销。如对本单位作出重大贡献，另行酌情发给奖金。

三、聘期自××××年××月至××××年××月，暂为1年。到期后，如需聘请，另发聘书。

四、聘期内，未经双方同意，一方不得中断聘约。

五、本聘书一式三份。受聘人、聘请单位、监证单位各执一份。

受聘人	聘请单位	监证单位
××(盖章)	××市××劳动服务公司(盖章)	××市电力局(盖章)

××××年××月××日

第五节　感谢信、慰问信写作

一、感谢信概述

1. 感谢信的概念

在社会生活中，单位或个人之间常常互相帮助、互相支援，涌现出许多好人好事。其后，受援的一方为了答谢和表彰援助方，往往采用感谢信的形式给对方写信，以谢对方相助。而对影响较大、事迹突出的还可同时送交报刊或电台广播。

2. 感谢信的分类

（1）从感谢对象的特点来分

①给集体的感谢信。这类感谢信，一般是个人由于在困难时，受到了集体的帮助，使自己渡过了难关，走出了困境，所以要用感谢信的方式表达自己的感激之情。

②给个人的感谢信。这类感谢信，可以是个人也可以是单位集体，为了表达对某个人曾给予的帮助、照顾而写的。

（2）从感谢信的存在形式来分

①公开张贴的感谢信。这种感谢信包括登报、电台广播，或是电视台播报的感谢信等。

②寄往单位或个人的感谢信。这种感谢信直接寄给单位或个人。

3. 感谢信的写作格式

（1）标题

第一行正中写“感谢信”或“致×××的感谢信”等字样，字体应大些。

（2）称谓

第二行顶格写被感谢方的单位名称或个人姓名。个人姓名应加上“同志”、“先生”或职务等，称谓后加冒号。

（3）正文

第三行空两格起写感谢的内容，一般有以下两个方面：

①简述事迹，说明效果。应交代清楚人物、事件、时间、地点、原因和结果，并扼要叙述在关键时刻由于受到对方帮助所产生的客观影响和社会效果。

②颂扬品德，表示决心。既表达感激之情，也谈今后如何用实际行动向对方学习。

（4）致敬语

最后写上诸如“此致敬礼”、“致以最诚挚的敬礼”等表示感激的敬意话语。致敬语前半截一般连接正文或另起一行空两格写；后半截另起一行顶格写，以表尊敬。

（5）署名、日期

在右下方写上发感谢信的单位名称或个人姓名，单位名称或个人姓名下写发感谢信的年、月、日。

4. 感谢信的写作要求

（1）内容真实

叙述事迹要真实具体，人、时、地及有关措词要绝对准确，关键部分要突出，并给予对方恰如其分的评价。

（2）感情丰富

做到以事表情，以情感人。既要感情充沛，讲究文辞，又要避免平铺直叙，辞藻惊人。表达谢意的行动要符合实际，说到做到，切实可行。同时要讲究礼貌，开头的称呼、文中的用词、结尾的敬语都要符合双方的身份和社会交往中的习惯。

（3）格式规范

篇幅要简短，语句要精练，格式要符合一般书信的要求。

二、慰问信概述

1. 慰问信的概念

慰问信是指以组织或个人名义对在某方面作出特殊贡献或遇到意外损失、遭到巨大灾难的集体或个人表示关切致意、问候同情的一种书信。

2. 慰问信的种类

这类慰问主要针对那些承担艰巨任务、作出巨大贡献甚至牺牲，取得了突出成绩的先进个人或集体，如“慰问抗洪抢险的解放军战士”、“慰问保家卫国的边防军人”、“慰问春节期间仍坚守岗位的铁路工人”等。通过慰问，鼓励他们戒骄戒躁，继续前进。

（1）对遭受困难或蒙受损失的单位或个人的慰问

这类慰问信，通常是针对那些由于某种原因（如车祸、火灾、地震、暴雨等）而暂时遇到困难或蒙受了巨大损失的集体或个人。对他们表示同情和安慰，鼓励他们克服暂时困难，进而努力工作，以期尽早改变现状。

（2）节日慰问

这是一种上级对下级、机关单位对广大群众进行的一种节日问候。一般表示对他们以前工作的肯定和赞扬。并祝福他们在今后的工作、学习、生活中心情舒畅，作出更大的成绩。

3. 慰问信的适用范围

慰问信适用范围较感谢信广，主要有以下 3 种情况。

（1）表彰慰问

如慰问在抗震救灾、保卫国家和人民生命财产安全等重大斗争中作出卓越贡献的人民解放军、公安干警等，并表彰其英勇行为和先进事迹。

（2）受遇灾慰问

如慰问由于某种原因（自然灾害、事故伤亡等）而遭受重大损失的人民群众，对其表示同情和安抚。并鼓励他们战胜困难，重建家园。对亲友的伤病等慰问也属于这种情况。

（3）节日慰问

如教师节来临之际，写信向教育工作者表示节日的问候和祝贺。

4. 慰问信的内容

慰问信的内容应根据时间、事件和对象不同而有所区别。如上面三种情况，由于各自对象和目的不同，有的赞扬革命和建设中的有功之臣，有的慰藉勉励受灾群众，有的慰抚各条战线中的无名英雄。写法不能千篇一律。

5. 慰问信的写作格式

（1）标题

第一行正中写“慰问信”或“×××致×××的慰问信”等字样。

（2）称谓

第二行顶格写单位名称、个人姓名。

（3）正文

第三行空两格起，写慰问的主要内容，包括以下 3 个方面。

①缘由。一般用简要文字陈述目前形势，写明慰问的缘由，以引起下文。

②叙述事实。应比较全面、具体地叙述对方的模范事迹或遇到的困难，要实事求是地肯定其功绩，然后向对方表示慰问和学习。

③结语部分。先结合形势与任务提出殷切的希望，接着表示共同的愿望和决心，最后用一句慰勉与祝愿的话作结。

（4）署名、日期

署名下一行写年、月、日。

6. 慰问信的写作要求

（1）对象要明确。根据不同的对象确定慰问内容和重点。如对死者家属：“为柯棣华大夫的逝世，向你们致以最深挚的悲悼。”（《周恩来致柯棣华大夫家属的慰问信》）

（2）感情要真挚。应以高度的政治热情，赞颂或慰勉对方，使人受到鼓舞。

（3）期待要殷切。如“望多休息并注意以后在工作中节劳为盼”。

（4）语言要亲切。慰问信的主旨是向对方表示慰问，语言要精练、朴实、亲切、诚恳。可适当运用抒情的表达方式，要忌用公式化、概念化的词语，也不宜套用呆板的公文语言。

三、感谢信、慰问信的写作范例

感谢信、慰问信的写作范例如下：

◎抗震救灾感谢信

抗震救灾感谢信

尊敬的各兄弟院校：

5 月 12 日下午 2 时 28 分，我省汶川县遭受特大地震灾害，此次地震波及成都及周边地区，我院正常教学秩序及师生学习、工作、生活也受到严重影响。

地震发生后，学院临时成立的抗震救灾临时指挥部立即启动突发事件应急预案，组织学生迅速有序地疏散到运动场、草坪等空旷地带。随后，学院对各建筑物的值守、后勤保障、医疗卫生、安全保卫和学生的生活、管理等工作进行了部署和安排，并确定了每项工作的责任人，实行24小时值班制度。学院要求全体干部职工紧急行动起来，听从安排，服从指挥，不惜一切代价保证师生安全，保证抗震救灾工作的有序进行。全体师生员工在安全区域顺利渡过了数百次余震及夜半阵雨。目前，虽然我们尚未解除余震的危险，但是全院教职工及学生情绪稳定，校园秩序井然有序，我们正团结一心、众志成城、共同克服重重困难，充满信心地去战胜这场自然灾害。

近几天来，我们陆续收到了××教育出版社、×××大学、××商学院、××商务职业学院、××商业高等专科学校等全国各兄弟院校及相关单位发来的慰问函电，值此危难之际，你们的关怀让我们感受到了暖暖深情，使我们深受鼓舞，更增强了我们战胜灾害的信心和勇气。在此，我院全体师生对你们传来的深情厚谊致以最诚挚的谢意和最崇高的敬意！

我们将在党中央、国务院和四川省委、省政府的坚强领导下，在各兄弟院校和相关单位的关心和支持下，团结一心，负重自强，夺取抗震救灾工作的胜利。

××商务职业学院

××××年××月××日

◎建军节慰问信

八一建军节慰问信

电车公司全体转业、复员、退伍军人：

值此中国人民解放军建军××周年光辉节日即将到来之际，公司谨向你们致以节日的祝贺和亲切的慰问！

中国人民解放军是中国共产党缔造和领导的人民军队。我军从诞生之日起，在中国共产党的领导下，牢记全心全意为人民服务的宗旨，忠实履行党和人民赋予的神圣使命，始终坚持听党指挥、服务人民、英勇善战的优良传统，为争取民族独立和人民解放，捍卫国家尊严，维护国家安全与统一，保卫改革开放和社会主义现代化建设的伟大成就，维护世界和平立下了不朽的功勋。中国人民解放军××年的光辉历程充分证明：人民军队始终是人民民主专政的坚强柱石，是保卫国家安全的钢铁长城，是党和人民完全信赖的不可战胜的力量。

从部队回来的同志们，你们多年来一直牢记全心全意为人民服务的宗旨，保持军人本色，自强不息，勇于拼搏，努力工作，扎实奉献，在各条战线上创造了新的业绩，为我公司的持续发展作出了突出贡献。在此，公司谨向你们表示衷心的感谢并致以崇高的敬意！

今年上半年，在市交委的领导下，公司推进企业改革和公交资源整合，强化企业经营管理，按照“精耕细作、科学管理”的工作要求，以降低企业运营成本为重点，继续深化公交智能调度应用，提高数据决策水平，落实安全生产主体责任，持续提升服务水平和员工素质，积极化解经营成本上升的压力，较好地完成了预期目标。

展望未来，我们将紧密团结在以党中央周围，认真贯彻落实党的××大精神，积极推进资源优化整合、继续深化企业改革，不断提高信息化手段和营运效益，强化企业服务品牌，打造高素质的员工队伍，实现企业可持续发展，不断开创我公司双拥工作的新局面。

祝同志们节日快乐，身体健康，工作顺利，家庭幸福！

××市武装部

××××年××月××日

◎受灾慰问信

慰问信

××省各上市公司：

5月12日下午四川汶川发生里氏8.0级强烈地震，震区人民的生命和财产遭受了严重损失，××水电、××电气等公司的部分员工不幸遇难，公司的财产和运营受到巨大破坏，上市公司监管部全体人员对此感到十分的痛惜！在此，上市公司监管部全体人员向灾区所有上市公司及全体员工表示诚挚的慰问和深切的关怀！向所有的遇难者表示沉痛的哀悼！

当前，在党中央、国务院的坚强领导下，灾区军民正争分夺秒，全力抢救人民的生命财产，各上市公司正克服重重困难争取恢复生产，对此，上市公司监管部全体人员向奋战在抗震救灾第一线的四川灾区所有上市公司表示崇高的敬意！感谢你们在自身遭受巨大损失的同时仍在默默支持资本市场！衷心希望你们和家人在今后的抗震救灾工作及灾后重建中继续确保安全！我们坚信，在党中央、国务院的坚强领导下，我们一定能战胜这场特别重大的地震灾害！恢复公司正常的生产经营秩序，展现公司驰骋资本市场的雄姿！

我们万众一心！我们众志成城！我们共同努力！我们一定会赢得胜利！

××证监会上市公司监管部

××××年××月××日

第六节　欢迎词、欢送词、答谢词、祝词写作

一、欢迎词概述

1. 欢迎词的概念

欢迎词是指领导在欢迎仪式上或宴会上向来宾发表的表示欢迎的讲话稿。它包括欢迎对象、欢迎事由、欢迎单位等内容要点。

2. 欢迎词的写作格式

（1）标题

第一行正中写标题，字体略大，可写“欢迎词”三个字或写“×××在欢迎×××大会上的讲话”。

（2）称谓

称谓要有敬辞并写全称。如“尊敬的×××总理阁下”、“亲爱的×××先生”等。如果来宾来自不同的方面，称谓也要照顾到。这样既表示了对主要来宾的尊重，也表示了对其他来宾的热忱欢迎。这样会使所有来宾都感受到欢迎仪式的庄重、亲切和热烈。

（3）正文

正文要表达三层意思：

①开头要对客人表示热烈的欢迎、诚挚的问候和致意。

②阐述来访的意义，赞颂客人各方面取得的成就，也可回顾双方之间的交往与友谊，赞扬双方之间的友好合作。

③最后表示良好的祝愿或希望。

（4）结尾

再一次对客人表示热烈欢迎和良好祝愿。

（5）署名、日期

正文右下方署名，如标题有名称，可不署名，署名下一行标明日期。

欢迎词要写得热情洋溢，真诚感人，语言简洁，礼貌适度。

二、欢送词概述

1. 欢送词的概念

欢送词是指领导在欢送仪式上或宴会上向来宾发表的表示欢送的讲话稿。

2. 欢送词的写作格式

欢送词的写作格式同欢迎词，只是正文部分的内容有所区别，欢送词正文应对客人表示热烈欢送并对客人在这一阶段取得的成绩予以肯定，给予适当的评

价。最后结束语要以生动感人的语言对客人表示希望和勉励，并显示出依依惜别的感情。

三、答谢词概述

1. 答谢词的概念

答谢词是宾客对主人的热情接待表示感谢的讲话稿。是为了制造和谐的气氛，交流主客之间的感情，以达到相互尊重、友好相处、以诚相待的目的。

2. 答谢词的写作格式

答谢词的写作格式与欢迎词、欢送词写作格式基本相同，只是正文的内容有所不同，答谢词首先是对对方致以衷心的感谢，然后对对方的成就和双方的友谊表示赞颂，结尾提出自己的希望和良好的祝愿。

答谢词要求语言生动，感情真挚、热情，有礼貌。

四、祝词概述

1. 祝词的概念

祝词也称祝辞，是对人或事表示良好祝愿言辞的讲话稿。

祝词是国际、国内人际交往活动中必不可少的交际工具和手段。

2. 祝词的分类

祝词根据祝贺对象的不同可分为节日祝词、寿诞祝词、事业祝词三种。

3. 祝词的特性

祝词的特性如下：

（1）事先性

祝词与贺词都表示祝贺之意，有时两个词也可以互用，但祝词一般用于对未成事情或正在进行事情的事先性预祝（有时也用于事后的祝贺）；而贺词一般用于事情已成，对之表示庆贺、道喜之意。

（2）广泛性

祝词的广泛性是指祝词的对象很广泛。以人为祝词对象，长辈、平辈、晚辈，上级、平级、下级，男女老少都可以，既可以是知名人士，也可以是平民百姓，都可以通过祝词的形式增进感情，加深交往。以事为祝词对象，范围也很宽，比如，生日聚会、庆祝诞辰、开业典礼、朋友联欢会、同学聚会等，都可以使用祝词来渲染气氛，活跃场面，增进彼此的友谊。

（3）严肃性

尽管祝词有调节气氛的作用，但由于祝词一旦脱口而出，就不便更改，从这个意义上说，祝词又具有一定的严肃性。在一些比较随便的场合，如在聚会、庆功会、喜宴等轻松愉快的气氛中，祝词人常常是触景生情，即兴而发，恰到好处。但要求祝词人必须机智灵活，善于表达，否则，就有可能闹笑话，出洋相。在一些比较正规的场合，如举行国宴、迎送贵宾时，祝词人往往是事先有所准备，起码要打好草稿，或口头、或书面，总之，祝词要准确无误，表达要自然得体。

4. 祝词的写作格式

口头祝词和书面祝词都需要一定的构思和酝酿，从广义上说，都属于“写作”，只是腹稿和手稿之分而已。祝词的写作没有固定的模式或格式。一般应包括以下几个方面的内容：

（1）标题

祝词的标题要写在正文的上方居中，如“元旦祝词”、“给××教授的祝词”等。有的祝词可不用标题。

（2）称谓

在标题之下顶格写称谓，如“××同学”、“××小姐”、“××先生”等，具体怎样称呼祝词的对象更合适，要根据对象的性别、职业以及身份地位等而定。

（3）正文

正文所列内容一定要条理分明，让人看了、听了一清二楚。或问候、祝愿；或赞颂、讴歌；或提出自己的想法和希望，都要以褒为主，以赞颂为主旨，而不要列出几大过错，那样就把祝词写成鉴定、评定书了。如果非提缺点不可，也要把握分寸，最好是不提。

（4）结语

这部分主要写敬语，如“祝×××健康长寿”、“祝×××先生生意兴隆，财源滚滚”、“祝×××与×××百年好合”等。

（5）落款

落款处应署上祝词者的姓名和祝词的年、月、日。在署名时，如果是晚辈向长辈祝词，落款时要写“学生×××”或“晚辈×××”等；如果是平辈之间或长辈向晚辈祝词，则只写上自己的名字就可以了。有的祝词可以没有落款，比如当场即兴祝词，祝词人和日期都是清清楚楚的。

祝词的基本格式和结构是由上述5部分构成的，但在写作过程中要依据具体情况灵活掌握，不能死板、教条，否则就会不合时宜。

5. 祝词的写作要求

（1）要了解祝词对象

好的祝词除了语言慎重、注重感情以外，还要了解祝词对象。“没有调查就没有发言权”，同样，没有对祝词对象的充分了解，也就没有祝词的依据，也就不可能写出非常理想的祝词。可见，了解祝词对象不但是重要的，而且是必要的，甚至是写祝词时的首要条件。只有了解祝词对象，才能避免在写祝词时张冠李戴，漏洞百出，闹出笑话。

(2) 语言要慎重

作为一种社会礼仪，祝词语言一定要达到以下几个标准：准确、简练、通俗、优美。准确是最基本的要求。对人、对事都要客观公正，实事求是，不能因为是祝词，就过分地夸张；当然，必要的、恰如其分的溢美之词是无可厚非的。简练是在准确基础上的又一高层次要求。祝词常常是很简短的，有时甚至少到几个字，言简意赅，既能给人以回味，又能节约时间，这样的祝词是普遍受人欢迎的。通俗，即深入浅出，雅俗共赏，而非流于庸俗，落入俗套。要达到这一标准并非易事，它需要祝词人具有更高驾驭语言的能力。优美是对祝词的最高要求：不仅要求祝词能传情达意，而且要同时给人以美的艺术享受，这种优美有时并不在于其华丽的辞藻，而主要在于其构思的巧妙，能够给人耳目一新之感。

(3) 要流露真情实感

祝词，表达的是美好的祝愿，是令人高兴和愉快的事。但是否能达到这样的效果，还在于祝词者的感情流露。如果祝词的内容是发自祝词者内心的，是有感而发的，那么就是真情，否则，就是虚情假意。人都是有感情的，对于真情假意，人们很容易识别出来。所以，写祝词一定要发自肺腑地祝愿，要流露出真情实感，否则，就会引起别人的反感，倒不如不说祝词为好。

五、欢迎词、欢送词、答谢词、祝词的写作范例

欢迎词、欢送词、答谢词、祝词的写作范例如下：

◎致国内外宾朋欢迎词

欢 迎 词

我谨代表第二届××国际论坛暨××××研讨会组织委员会和本届会议主办单位××水利委员会，热烈欢迎各位代表从世界各地来到××，参加第二届××国际论坛暨××××研讨会。

××××年10月21~24日，××水利委员会在中国××成功地举办了首届××国际论坛。会议共有32个国家和地区的350多位专家学者出席，收到论文258篇，出版了四部论文集。与会领导、专家、学者围绕着“21世纪流域现代化管理模式与管理经验、流域管理现代技术应用”的中心议题，进行了广泛的交流与对话，交流发表了许多具有创新价值的学术观点和先进经验，对流域管理工作起到了积极的推动作用。

这次会议是××国际论坛的第×届会议，会议中心议题是，维持河流健康生

命。中心议题下分维持河流健康生命、流域水资源一体化管理及现代技术应用、河流工程与非工程技术、水环境与水生态保护、跨流域调水技术及水资源配置和水权、水价及水市场政策六个专题。

目前，已有来自52个国家和地区的800多位专家学者报名参会，收到论文400多篇。经第×届××国际论坛技术委员会专家严格审查，选出340多篇编入会议论文集。

我相信，在会议顾问委员会、组织委员会、技术委员会，以及全体参会代表的努力下，本次会议一定能使各位代表在专业上有所收获，在生活上过得愉快。我也深信，你们在会议上交流的经验与为维持河流健康生命提供的良策，必定会对今后黄河及世界各流域的管理产生积极的影响。

最后，我希望本次会议能给大家留下美好的回忆，并预祝大会成功；祝各位代表身体健康，在××过得愉快！

××国际论坛组织委员会主席

××水利委员会主任　×××

××××年××月××日

◎欢送词

欢　送　词

尊敬的女士们、先生们：

首先，我代表×××，对你们访问的圆满成功表示热烈的祝贺。

明天，你们就要离开××了，在即将分别的时刻，我们的心情依依不舍。大家相处的时间是短暂的，但我们之间的友好情谊是长久的。我国有句古语："来日方长，后会有期。"我们欢迎各位女士、先生在方便的时候再次来××做客，相信我们的友好合作会日益加强。

祝大家一路顺风，万事如意！

××××

××××年××月××日

◎答谢词

在接受救灾粮仪式上的答谢词

亲爱的××领导，远道而来的客人们：

今天，我们怀着无比感激、无比振奋的心情，在这里迎接××红十字会给我县师生捐赠救灾粮的亲人。

今年7月以来，我县遭受了百年未遇的大旱灾。7月、8月、9月三个月中，炎阳连天，滴雨不下，池塘干涸，溪河断流，田地龟裂，禾苗枯死，真是赤地千里！虽经我们奋力抗灾，但自然灾害的肆虐，使10多万人饮水困难，30多万亩田颗粒无收。我县的中小学生，就有1万多名因受灾辍学，还有几万名靠同学、教师、亲属的接济度日。然而，党和政府没有忘记我们，兄弟县、市的乡亲没有忘记我们。省、市领导多次亲临视察灾情，组织救援，市、县国家干部职工争相解囊，捐粮捐钱。今天，我们又接到了你们无私捐助的大批救灾粮食。“一方有难，八方支援”，团结互助，无私奉献，只有在今天优越的社会主义制度下，只有在我们伟大的社会主义中国才能办到！

谢谢你们，远方的亲人。我们全县中小学生、全县人民，一定从你们的援助中汲取力量，奋发图强，重建家园；努力学习，奋勇攀登，以崭新的成绩，来报答党和人民的关怀，报答你们的深情厚谊！

××县教育局　×××

××××年××月××日

◎**节日祝词**

在第×届中国国际民间艺术节开幕式上的祝词

×××

（××××年××月××日）

女士们、先生们、朋友们：

由中国××主办的第×届中国国际民间艺术节今天在我国××市隆重开幕了，我怀着十分高兴的心情代表中国政府向艺术节的开幕表示衷心的祝贺，向远道而来的亚洲、非洲、欧洲、大洋洲、美洲15个国家的300多位民间艺术使者和海内外各界朋友表示热烈的欢迎和亲切的问候。

来自五大洲15个国家的艺术使者，把各自富有民族特色的优秀民间歌舞艺术带到中国，这不仅是艺术的交流，而且是我国人民和各国人民之间的传统友谊进一步加深的具体体现。艺术节的意义远远超出了文化艺术本身，随着时间的推移，它还必将在弘扬世界各国民间文化艺术，加深世界各国人民之间的团结、友谊，促进世界和平方面，发挥越来越大的作用。

愿各国艺术使者在中国期间生活愉快！

祝第×届中国国际民间艺术节获得圆满成功！

第七节　贺信、贺电、请柬写作

一、贺信概述

1. 贺信的概念

贺信是指表示庆贺的书信总称。当有关单位、个人有喜事时，任何人都可以使用贺信的形式表示祝贺。

2. 贺信的内容

贺信的内容十分广泛，可以贺家庭、个人婚嫁、祝寿一类的喜事，可以贺重大的会议或重要的纪念活动，可以贺对方取得的优异成绩，可以贺国家领导人任职等。重要的贺信往往对广大群众有很大的鼓舞和教育作用。

3. 贺信的写作格式

（1）开头

正中写“贺信”两个字，另起一行顶格写被祝贺单位或个人的称呼。如果是写给个人的，要加“先生”或相应的称呼。称呼之后加冒号。

（2）正文

另起一行，空两格起写贺信的内容。可分若干段落。

①简略叙述当前的形势，说明对方所取得成绩的社会背景，或重要会议召开的历史条件。

②简要说明对方在哪些方面取得了成绩，并要分析对方取得成绩的主观原因和客观原因。如果是寿辰贺信，应概括地说明对方的贡献和品德。如果是重要会议的贺信，应说明会议的内容及其重要性。

③表示热烈的祝贺、称赞。还要写出祝贺者的决心和准备怎么办。

④热情的鼓励，殷切的希望和双方的共同理想。

（3）结尾

写上表示祝愿的话，如“祝大会圆满成功”、“祝您健康长寿”等。

（4）署名

另起一行，在右下方写发信单位或个人姓名。署名下边写上年、月、日。

二、贺电概述

1. 贺电的概念

贺电又称为庆贺电，它是领导机关、单位或领导人以个人名义发给有关单位、集体、个人表示祝贺、赞颂的电报。

2. 贺电的写作格式

(1) 标题

在第一行正中写“贺电”两个字，有的贺电也可以不写标题。

(2) 称谓

在第二行顶格写收电单位或个人的称呼。

(3) 正文

正文部分直接写明祝贺的内容、成就、意义。

(4) 结语

写表示热烈祝贺和寄予希望的话语。可以紧接正文写，也可另起一行。

(5) 署名和日期

在右下方写发文单位名称或个人姓名，下边写上年、月、日。

三、请柬概述

1. 请柬的概念

请柬是指邀请客人时发出的专用信件，又叫请帖。

2. 请柬的应用范围

请柬应用广泛，召开庆祝会、纪念会、联欢会、招待会、宴会、订货会等许多会议和活动都可以发请柬，单位、团体、个人均可以发请柬。

3. 请柬的写作格式

请柬一般由标题、称谓、正文、敬语和落款几部分构成。

(1) 标题

标题一般即写“请柬”。如果请柬是折页纸，封面写“请柬”两个字，封面还要做些艺术加工，如图案装饰，文字用美术体，并可套红或烫金。如果请柬是单页纸，第一行正中写“请柬”两个字。

(2) 称谓

写被邀请单位和个人的名称。如“××研究所”、“××先生”、“××教授”等。称谓有时写在正文之上抬头顶格处，有时将请柬放入信封，称谓写在信封上，请柬上就不再写称谓。

(3) 正文

要写清被邀请人何时、何地、参加什么活动或会议等。

(4) 致敬语

可写“敬请光临指导”、“敬请届时出席”或“此致敬礼”等。

(5) 落款

注明发请柬的单位名称或个人姓名，并写明发请柬的年、月、日，如果是单位发请柬，有时还须加盖公章。

四、贺信、贺电、请柬的写作范例

贺信、贺电、请柬的写作范例如下：

◎贺信

贺　信

××市学生联合会第一次代表大会：

在祖国改革开放深入进行，四化建设蓬勃发展的大好形势下，在市委的直接领导下，我市学生联合会第一次代表大会胜利召开了。我们××学院全体学生谨向大会表示热烈的祝贺！

这次大会的召开是我市全体学生的一件大事。它将激励我们为推进改革开放，促进四化建设而努力学习。

我们全体同学绝不辜负党和人民的殷切期望，一定要努力学习，奋发进取，勇攀科学高峰，争做四有新人，以实际行动庆祝这次大会的召开。

预祝大会圆满成功。

××学院学生会

××××年××月××日

◎上级给下级的贺电

贺　电

××××总公司：

值此××××水电站开工典礼举行之际，国务院国有资产监督管理委员会对此表示热烈的祝贺！

××××水电站是我国西电东送的骨干电源点，是西部大开发的标志性工程，是全面建设小康社会的基础性工程。建设××××，开发××××，对于促进东西部区域协调发展、推动国民经济的可持续发展都具有非常重要的意义。××××水电站的开工建设，也标志着××××总公司在××流域梯级滚动开发方面迈出了实质性步伐，进入了可持续发展的新阶段。

希望你们继续坚持以科学发展观为指导，深入学习贯彻中共××届×中全会精神，正确认识和处理当前水电开发中面临的新形势和新问题，不断增强安全意识，注重环境保护和移民安置，提高自主创新能力，为我国水电事业的发展、为全面建设小康社会作出新的贡献！

国务院国有资产监督管理委员会

××××年××月××日

◎展览会请柬

展览会请柬

《中国山水画展》定于××××年8月18日在××市工人文化宫西展厅举行预展。敬请光临指导。

展出时间：××××年8月19～31日

上午：7时30分～11时30分

下午：2时30分～6时

中国美术家协会××分会（章）

××××年××月××日

附录一

党政机关公文处理工作条例

（中办发〔2012〕14号）
（2012年4月16日由中共中央办公厅和国务院办公厅联合印发）

第一章　总　　则

第一条　为了适应中国共产党机关和国家行政机关（以下简称党政机关）工作需要，推进党政机关公文处理工作科学化、制度化、规范化，制定本条例。

第二条　本条例适用于各级党政机关公文处理工作。

第三条　党政机关公文是党政机关实施领导、履行职能、处理公务的具有特定效力和规范体式的文书，是传达贯彻党和国家的方针政策，公布法规和规章，指导、布置和商洽工作，请示和答复问题，报告、通报和交流情况等的重要工具。

第四条　公文处理工作是指公文拟制、办理、管理等一系列相互关联、衔接有序的工作。

第五条　公文处理工作应当坚持实事求是、准确规范、精简高效、安全保密的原则。

第六条　各级党政机关应当高度重视公文处理工作，加强组织领导，强化队伍建设，设立文秘部门或者由专人负责公文处理工作。

第七条　各级党政机关办公厅（室）主管本机关的公文处理工作，对下级机关的公文处理工作进行业务指导和督促检查。

第二章　公文种类

第八条　公文种类主要有：

（一）决议。适用于会议讨论通过的重大决策事项。

（二）决定。适用于对重要事项做出决策和部署、奖惩有关单位和人员、变更或者撤销下级机关不适当的决定事项。

（三）命令（令）。适用于公布行政法规和规章、宣布施行重大强制性措施、批准授予和晋升衔级、嘉奖有关单位和人员。

（四）公报。适用于公布重要决定或者重大事项。

（五）公告。适用于向国内外宣布重要事项或者法定事项。

（六）通告。适用于在一定范围内公布应当遵守或者周知的事项。

（七）意见。适用于对重要问题提出见解和处理办法。

（八）通知。适用于发布、传达要求下级机关执行和有关单位周知或者执行的事项，批转、转发公文。

（九）通报。适用于表彰先进、批评错误、传达重要精神和告知重要情况。

（十）报告。适用于向上级机关汇报工作，反映情况，回复上级机关的询问。

（十一）请示。适用于向上级机关请求指示、批准。

（十二）批复。适用于答复下级机关请示事项。

（十三）议案。适用于各级人民政府按照法律程序向同级人民代表大会或者人民代表大会常务委员会提请审议事项。

（十四）函。适用于不相隶属机关之间商洽工作、询问和答复问题、请求批准和答复审批事项。

（十五）纪要。适用于记载会议主要情况和议定事项。

第三章　公文格式

第九条　公文一般由份号、密级和保密期限、紧急程度、发文机关标志、发文字号、签发人、标题、主送机关、正文、附件说明、发文机关署名、成文日期、印章、附注、附件、抄送机关、印发机关和印发日期、页码等组成。

（一）份号。公文印制份数的顺序号。涉密公文应当标注份号。

（二）密级和保密期限。公文的秘密等级和保密的期限。涉密公文应当根据涉密程度分别标注“绝密”“机密”“秘密”和保密期限。

（三）紧急程度。公文送达和办理的时限要求。根据紧急程度，紧急公文应当分别标注“特急”“加急”，电报应当分别标注“特提”“特急”“加急”“平急”。

（四）发文机关标志。由发文机关全称或者规范化简称加“文件”二字组成，也可以使用发文机关全称或者规范化简称。联合行文时，发文机关标志可以并用联合发文机关名称，也可以单独用主办机关名称。

（五）发文字号。由发文机关代字、年份、发文顺序号组成。联合行文时，使用主办机关的发文字号。

（六）签发人。上行文应当标注签发人姓名。

（七）标题。由发文机关名称、事由和文种组成。

（八）主送机关。公文的主要受理机关，应当使用机关全称、规范化简称或者同类型机关统称。

（九）正文。公文的主体，用来表述公文的内容。

（十）附件说明。公文附件的顺序号和名称。

（十一）发文机关署名。署发文机关全称或者规范化简称。

（十二）成文日期。署会议通过或者发文机关负责人签发的日期。联合行文时，署最后签发机关负责人签发的日期。

（十三）印章。公文中有发文机关署名的，应当加盖发文机关印章，并与署名机关相符。有特定发文机关标志的普发性公文和电报可以不加盖印章。

（十四）附注。公文印发传达范围等需要说明的事项。

（十五）附件。公文正文的说明、补充或者参考资料。

（十六）抄送机关。除主送机关外需要执行或者知晓公文内容的其他机关，应当使用机关全称、规范化简称或者同类型机关统称。

（十七）印发机关和印发日期。公文的送印机关和送印日期。

（十八）页码。公文页数顺序号。

第十条　公文的版式按照《党政机关公文格式》国家标准执行。

第十一条　公文使用的汉字、数字、外文字符、计量单位和标点符号等，按照有关国家标准和规定执行。民族自治地方的公文，可以并用汉字和当地通用的少数民族文字。

第十二条　公文用纸幅面采用国际标准 A4 型。特殊形式的公文用纸幅面，根据实际需要确定。

第四章　行文规则

第十三条　行文应当确有必要，讲求实效，注重针对性和可操作性。

第十四条　行文关系根据隶属关系和职权范围确定。一般不得越级行文，特殊情况需要越级行文的，应当同时抄送被越过的机关。

第十五条　向上级机关行文，应当遵循以下规则：

（一）原则上主送一个上级机关，根据需要同时抄送其他相关上级机关和同级机关，不抄送下级机关。

（二）党委、政府的部门向上级主管部门请示、报告重大事项，应当经本级党委、政府同意或者授权；属于部门职权范围内的事项应直接报送上级主管部门。

（三）下级机关的请示事项，如需以本机关名义向上级机关请示，应当提出倾向性意见后上报。不得原文转报上级机关。

（四）请示应当一文一事。不得在报告等非请示性公文中夹带请示事项。

（五）除上级机关负责人直接交办事项外，不得以本机关名义向上级机关负责人报送公文，不得以本机关负责人名义向上级机关报送公文。

（六）受双重领导的机关向一个上级机关行文，必要时抄送另一个上级机关。

第十六条 向下级机关行文，应当遵循以下规则：

（一）主送受理机关，根据需要抄送相关机关。重要行文应当同时抄送发文机关的直接上级机关。

（二）党委、政府的办公厅（室）根据本级党委、政府授权，可以向下级党委、政府行文，其他部门和单位不得向下级党委、政府发布指令性公文或者在公文中向下级党委、政府提出指令性要求。需经政府审批的具体事项，经政府同意可由政府职能部门行文，文中需注明已经政府同意。

（三）党委、政府的部门在各自职权范围内可以向下级党委、政府的相关部门行文。

（四）涉及多个部门职权范围内的事务，部门之间未协商一致的，不得向下行文；擅自行文的，上级机关应当责令其纠正或者撤销。

（五）上级机关向受双重领导的下级机关行文，必要时抄送该下级机关的另一个上级机关。

第十七条 同级党政机关、党政机关与其他同级机关必要时可以联合行文。属于党委、政府各自职权范围内的工作，不得联合行文。

党委、政府的部门依据职权可以相互行文。

部门内设机构除办公厅（室）外不得对外正式行文。

第五章 公文拟制

第十八条 公文拟制包括公文的起草、审核、签发等程序。

第十九条 公文起草应当做到：

（一）符合党的理论路线方针政策和国家法律法规，完整准确体现发文机关意图，并同现行有关公文相衔接。

（二）一切从实际出发，分析问题实事求是，所提政策措施和办法切实可行。

（三）内容简洁，主题突出，观点鲜明，结构严谨，表述准确，文字精练。

（四）文种正确，格式规范。

（五）深入调查研究，充分进行论证，广泛听取意见。

（六）公文涉及其他地区或者部门职权范围内的事项，起草单位必须征求相关地区或者部门意见，力求达成一致。

（七）机关负责人应当主持、指导重要公文起草工作。

第二十条 公文文稿签发前，应当由发文机关办公厅（室）进行审核。审核的重点是：

（一）行文理由是否充分，行文依据是否准确。

（二）内容是否符合党的理论路线方针政策和国家法律法规；是否完整准确

体现发文机关意图；是否同现行有关公文相衔接；所提政策措施和办法是否切实可行。

（三）涉及有关地区或者部门职权范围的事项是否经过充分协商并达成一致意见。

（四）文种是否正确，格式是否规范；人名、地名、时间、数字、段落顺序、引文等是否准确；文字、数字、计量单位和标点符号等用法是否规范。

（五）其他内容是否符合公文起草的有关要求。

需要发文机关审议的重要公文文稿，审议前由发文机关办公厅（室）进行初核。

第二十一条 经审核不宜发文的公文文稿，应当退回起草单位并说明理由；符合发文条件但内容需作进一步研究和修改的，由起草单位修改后重新报送。

第二十二条 公文应当经本机关负责人审批签发。重要公文和上行文由机关主要负责人签发。党委、政府的办公厅（室）根据党委、政府授权制发的公文，由受权机关主要负责人签发或者按照有关规定签发。签发人签发公文，应当签署意见、姓名和完整日期；圈阅或者签名的，视为同意。联合行文由所有联署机关的负责人会签。

第六章 公文办理

第二十三条 公文办理包括收文办理、发文办理和整理归档。

第二十四条 收文办理主要程序是：

（一）签收。对收到的公文应当逐件清点，核对无误后签字或者盖章，并注明签收时间。

（二）登记。对公文的主要信息和办理情况应当详细记载。

（三）初审。对收到的公文应当进行初审。初审的重点是：是否应当由本机关办理，是否符合行文规则，文种、格式是否符合要求，涉及其他地区或者部门职权范围的事项是否已经协商、会签，是否符合公文起草的其他要求。经初审不符合规定的公文，应当及时退回来文单位并说明理由。

（四）承办。阅知性公文应当根据公文内容、要求和工作需要确定范围后分送。批办性公文应当提出拟办意见报本机关负责人批示或者转有关部门办理；需要两个以上部门办理的，应当明确主办部门。紧急公文应当明确办理时限。承办部门对交办的公文应当及时办理，有明确办理时限要求的应当在规定时限内办理完毕。

（五）传阅。根据领导批示和工作需要将公文及时送传阅对象阅知或者批示。办理公文传阅应当随时掌握公文去向，不得漏传、误传、延误。

（六）催办。及时了解掌握公文的办理进展情况，督促承办部门按期办结。

紧急公文或者重要公文应当由专人负责催办。

（七）答复。公文的办理结果应当及时答复来文单位，并根据需要告知相关单位。

第二十五条 发文办理主要程序是：

（一）复核。已经发文机关负责人签批的公文，印发前应当对公文的审批手续、内容、文种、格式等进行复核；需作实质性修改的，应当报原签批人复审。

（二）登记。对复核后的公文，应当确定发文字号、分送范围和印制份数并详细记载。

（三）印制。公文印制必须确保质量和时效。涉密公文应当在符合保密要求的场所印制。

（四）核发。公文印制完毕，应当对公文的文字、格式和印刷质量进行检查后分发。

第二十六条 涉密公文应当通过机要交通、邮政机要通信、城市机要文件交换站或者收发件机关机要收发人员进行传递，通过密码电报或者符合国家保密规定的计算机信息系统进行传输。

第二十七条 需要归档的公文及有关材料，应当根据有关档案法律法规以及机关档案管理规定，及时收集齐全、整理归档。两个以上机关联合办理的公文，原件由主办机关归档，相关机关保存复制件。机关负责人兼任其他机关职务的，在履行所兼职务过程中形成的公文，由其兼职机关归档。

第七章 公文管理

第二十八条 各级党政机关应当建立健全本机关公文管理制度，确保管理严格规范，充分发挥公文效用。

第二十九条 党政机关公文由文秘部门或者专人统一管理。设立党委（党组）的县级以上单位应建立机要保密室和机要阅文室，并按照有关保密规定配备工作人员和必要的安全保密设施设备。

第三十条 公文确定密级前，应当按照拟定的密级先行采取保密措施。确定密级后，应当按照所定密级严格管理。绝密级公文应当由专人管理。

公文的密级需要变更或者解除的，由原确定密级的机关或者其上级机关决定。

第三十一条 公文的印发传达范围应当按照发文机关的要求执行；需要变更的，应当经发文机关批准。

涉密公文公开发布前应当履行解密程序。公开发布的时间、形式和渠道，由发文机关确定。

经批准公开发布的公文，同发文机关正式印发的公文具有同等效力。

第三十二条 复制、汇编机密级、秘密级公文，应当符合有关规定并经本机关负责人批准。绝密级公文一般不得复制、汇编，确有工作需要的，应当经发文机关或者其上级机关批准。复制、汇编的公文视同原件管理。

复制件应当加盖复制机关戳记。翻印件应当注明翻印的机关名称、日期。汇编本的密级按照编入公文的最高密级标注。

第三十三条 公文的撤销和废止，由发文机关、上级机关或者权力机关根据职权范围和有关法律法规决定。公文被撤销的，视为自始无效；公文被废止的，视为自废止之日起失效。

第三十四条 涉密公文应当按照发文机关的要求和有关规定进行清退或者销毁。

第三十五条 不具备归档和保存价值的公文，经批准后可以销毁。销毁涉密公文必须严格按照有关规定履行审批登记手续，确保不丢失、不漏销。个人不得私自销毁、留存涉密公文。

第三十六条 机关合并时，全部公文应当随之合并管理；机关撤销时，需要归档的公文经整理后按照有关规定移交档案管理部门。

工作人员离岗离职时，所在机关应当督促其将暂存、借用的公文按照有关规定移交、清退。

第三十七条 新设立的机关应当向党委、政府的办公厅（室）提出发文立户申请。经审查符合条件的，列为发文单位，机关合并或者撤销时，相应进行调整。

第八章　附　　则

第三十八条 党政机关公文含电子公文。电子公文处理工作的具体办法另行制定。

第三十九条 法规、规章方面的公文，依照有关规定处理。外事方面的公文，依照外事主管部门的有关规定处理。

第四十条 其他机关和单位的公文处理工作，可以参照本条例执行。

第四十一条 本条例由中共中央办公厅、国务院办公厅负责解释。

第四十二条 本条例自 2012 年 7 月 1 日起施行。1996 年 5 月 3 日中共中央办公厅发布的《中国共产党机关公文处理条例》和 2000 年 8 月 24 日国务院发布的《国家行政机关公文处理办法》停止执行。

附录二

党政机关公文格式（GB/T 9704—2012）

1　范围

本标准规定了党政机关公文通用的纸张要求、排版和印制装订要求、公文格式各要素的编排规则，并给出了公文的式样。

本标准适用于各级党政机关制发的公文。其他机关和单位的公文可以参照执行。

使用少数民族文字印制的公文，其用纸、幅面尺寸及版面、印制等要求按照本标准执行，其余可以参照本标准并按照有关规定执行。

2　规范性引用文件

下列文件对于本标准的应用是必不可少的。凡是注日期的引用文件，仅所注日期的版本适用于本标准。凡是不注日期的引用文件，其最新版本（包括所有的修改单）适用于本标准。

GB/T 148　印刷、书写和绘图纸幅面尺寸

GB 3100　国际单位制及其应用

GB 3101　有关量、单位和符号的一般原则

GB 3102（所有部分）　量和单位

GB/T 15834　标点符号用法

GB/T 15835　出版物上数字用法

3　术语和定义

下列术语和定义适用于本标准。

3.1

字 word

标示公文中横向距离的长度单位。在本标准中，一字指一个汉字宽度的距离。

3.2

行 line

标示公文中纵向距离的长度单位。在本标准中，一行指一个汉字的高度加3号汉字高度的7/8的距离。

4 公文用纸主要技术指标

公文用纸一般使用纸张定量为60 g/m² ~80 g/m²的胶版印刷纸或复印纸。纸张白度80% ~90%，横向耐折度≥15次，不透明度≥85%，pH值为7.5 ~9.5。

5 公文用纸幅面尺寸及版面要求

5.1 幅面尺寸

公文用纸采用GB/T 148中规定的A4型纸，其成品幅面尺寸为：210 mm×297 mm。

5.2 版面

5.2.1 页边与版心尺寸

公文用纸天头（上白边）为37 mm ±1 mm，公文用纸订口（左白边）为28 mm ±1 mm，版心尺寸为156 mm×225 mm。

5.2.2 字体和字号

如无特殊说明，公文格式各要素一般用3号仿宋体字。特定情况可以作适当调整。

5.2.3 行数和字数

一般每面排22行，每行排28个字，并撑满版心。特定情况可以作适当调整。

5.2.4 文字的颜色

如无特殊说明，公文中文字的颜色均为黑色。

6 印制装订要求

6.1 制版要求

版面干净无底灰，字迹清楚无断画，尺寸标准，版心不斜，误差不超过1 mm。

6.2 印刷要求

双面印刷；页码套正，两面误差不超过2 mm。黑色油墨应当达到色谱所标BL100%，红色油墨应当达到色谱所标Y80%、M80%。印品着墨实、均匀；字面不花、不白、无断画。

6.3 装订要求

公文应当左侧装订，不掉页，两页页码之间误差不超过4 mm，裁切后的成品尺寸允许误差±2 mm，四角成90°，无毛茬或缺损。

骑马订或平订的公文应当：

a）订位为两钉外订眼距版面上下边缘各70 mm处，允许误差±4 mm；

b）无坏钉、漏钉、重钉，钉脚平伏牢固；

c）骑马订钉锯均订在折缝线上，平订钉锯与书脊间的距离为3～5 mm。

包本装订公文的封皮（封面、书脊、封底）与书芯应吻合、包紧、包平、不脱落。

7 公文格式各要素编排规则

7.1 公文格式各要素的划分

本标准将版心内的公文格式各要素划分为版头、主体、版记三部分。公文首页红色分隔线以上的部分称为版头；公文首页红色分隔线（不含）以下、公文末页首条分隔线（不含）以上的部分称为主体；公文末页首条分隔线以下、末条分隔线以上的部分称为版记。

页码位于版心外。

7.2 版头

7.2.1 份号

如需标注份号，一般用6位3号阿拉伯数字，顶格编排在版心左上角第一行。

7.2.2 密级和保密期限

如需标注密级和保密期限，一般用3号黑体字，顶格编排在版心左上角第二行；保密期限中的数字用阿拉伯数字标注。

7.2.3 紧急程度

如需标注紧急程度，一般用3号黑体字，顶格编排在版心左上角；如需同时标注份号、密级和保密期限、紧急程度，按照份号、密级和保密期限、紧急程度的顺序自上而下分行排列。

7.2.4 发文机关标志

由发文机关全称或者规范化简称加“文件”二字组成，也可以使用发文机关全称或者规范化简称。

发文机关标志居中排布，上边缘至版心上边缘为35 mm，推荐使用小标宋体字，颜色为红色，以醒目、美观、庄重为原则。

联合行文时，如需同时标注联署发文机关名称，一般应当将主办机关名称排列在前；如有“文件”二字，应当置于发文机关名称右侧，以联署发文机关名称为准上下居中排布。

7.2.5 发文字号

编排在发文机关标志下空二行位置，居中排布。年份、发文顺序号用阿拉伯数字标注；年份应标全称，用六角括号“〔 〕”括入；发文顺序号不加“第”字，不编虚位（即1不编为01），在阿拉伯数字后加“号”字。

上行文的发文字号居左空一字编排，与最后一个签发人姓名处在同一行。

7.2.6 签发人

由“签发人”三字加全角冒号和签发人姓名组成，居右空一字，编排在发文机关标志下空二行位置。“签发人”三字用3号仿宋体字，签发人姓名用3号楷体字。

如有多个签发人，签发人姓名按照发文机关的排列顺序从左到右、自上而下依次均匀编排，一般每行排两个姓名，回行时与上一行第一个签发人姓名对齐。

7.2.7 版头中的分隔线

发文字号之下4 mm处居中印一条与版心等宽的红色分隔线。

7.3 主体

7.3.1 标题

一般用2号小标宋体字，编排于红色分隔线下空二行位置，分一行或多行居中排布；回行时，要做到词意完整，排列对称，长短适宜，间距恰当，标题排列应当使用梯形或菱形。

7.3.2 主送机关

编排于标题下空一行位置，居左顶格，回行时仍顶格，最后一个机关名称后标全角冒号。如主送机关名称过多导致公文首页不能显示正文时，应当将主送机关名称移至版记，标注方法见7.4.2。

7.3.3 正文

公文首页必须显示正文。一般用3号仿宋体字，编排于主送机关名称下一行，每个自然段左空二字，回行顶格。文中结构层次序数依次可以用“一、”“（一）”“1.”“（1）”标注；一般第一层用黑体字、第二层用楷体字、第三层和第四层用仿宋体字标注。

7.3.4 附件说明

如有附件，在正文下空一行左空二字编排“附件”二字，后标全角冒号和附件名称。如有多个附件，使用阿拉伯数字标注附件顺序号（如“附件：1. ××××”）；附件名称后不加标点符号。附件名称较长需回行时，应当与上一行附件名称的首字对齐。

7.3.5 发文机关署名、成文日期和印章

7.3.5.1 加盖印章的公文

成文日期一般右空四字编排，印章用红色，不得出现空白印章。

单一机关行文时，一般在成文日期之上、以成文日期为准居中编排发文机关署名，印章端正、居中下压发文机关署名和成文日期，使发文机关署名和成文日期居印章中心偏下位置，印章顶端应当上距正文（或附件说明）一行之内。

联合行文时，一般将各发文机关署名按照发文机关顺序整齐排列在相应位置，并将印章一一对应、端正、居中下压发文机关署名，最后一个印章端正、居中下压发文机关署名和成文日期，印章之间排列整齐、互不相交或相切，每排印章两端不得超出版心，首排印章顶端应当上距正文（或附件说明）一行之内。

7.3.5.2 **不加盖印章的公文**

单一机关行文时，在正文（或附件说明）下空一行右空二字编排发文机关署名，在发文机关署名下一行编排成文日期，首字比发文机关署名首字右移二字，如成文日期长于发文机关署名，应当使成文日期右空二字编排，并相应增加发文机关署名右空字数。

联合行文时，应当先编排主办机关署名，其余发文机关署名依次向下编排。

7.3.5.3 **加盖签发人签名章的公文**

单一机关制发的公文加盖签发人签名章时，在正文（或附件说明）下空二行右空四字加盖签发人签名章，签名章左空二字标注签发人职务，以签名章为准上下居中排布。在签发人签名章下空一行右空四字编排成文日期。

联合行文时，应当先编排主办机关签发人职务、签名章，其余机关签发人职务、签名章依次向下编排，与主办机关签发人职务、签名章上下对齐；每行只编排一个机关的签发人职务、签名章；签发人职务应当标注全称。

签名章一般用红色。

7.3.5.4 **成文日期中的数字**

用阿拉伯数字将年、月、日标全，年份应标全称，月、日不编虚位（即 1 不编为 01）。

7.3.5.5 **特殊情况说明**

当公文排版后所剩空白处不能容下印章或签发人签名章、成文日期时，可以采取调整行距、字距的措施解决。

7.3.6 **附注**

如有附注，居左空两字加圆括号编排在成文日期下一行。

7.3.7 **附件**

附件应当另面编排，并在版记之前，与公文正文一起装订。“附件”二字及附件顺序号用 3 号黑体字顶格编排在版心左上角第一行。附件标题居中编排在版心第三行。附件顺序号和附件标题应当与附件说明的表述一致。附件格式要求同正文。

如附件与正文不能一起装订，应当在附件左上角第一行顶格编排公文的发文字号并在其后标注“附件”二字及附件顺序号。

7.4 版记

7.4.1 版记中的分隔线

版记中的分隔线与版心等宽，首条分隔线和末条分隔线用粗线（推荐高度为0.35 mm），中间的分隔线用细线（推荐高度为0.25 mm）。首条分隔线位于版记中第一个要素之上，末条分隔线与公文最后一面的版心下边缘重合。

7.4.2 抄送机关

如有抄送机关，一般用4号仿宋体字，在印发机关和印发日期之上一行、左右各空一字编排。“抄送”二字后加全角冒号和抄送机关名称，回行时与冒号后的首字对齐，最后一个抄送机关名称后标句号。

如需把主送机关移至版记，除将“抄送”二字改为“主送”外，编排方法同抄送机关。既有主送机关又有抄送机关时，应当将主送机关置于抄送机关之上一行，之间不加分隔线。

7.4.3 印发机关和印发日期

印发机关和印发日期一般用4号仿宋体字，编排在末条分隔线之上，印发机关左空一字，印发日期右空一字，用阿拉伯数字将年、月、日标全，年份应标全称，月、日不编虚位（即1不编为01），后加“印发”二字。

版记中如有其他要素，应当将其与印发机关和印发日期用一条细分隔线隔开。

7.5 页码

一般用4号半角宋体阿拉伯数字，编排在公文版心下边缘之下，数字左右各放一条一字线；一字线上距版心下边缘7 mm。单页码居右空一字，双页码居左空一字。公文的版记页前有空白页的，空白页和版记页均不编排页码。公文的附件与正文一起装订时，页码应当连续编排。

8 公文中的横排表格

A4纸型的表格横排时，页码位置与公文其他页码保持一致，单页码表头在订口一边，双页码表头在切口一边。

9 公文中计量单位、标点符号和数字的用法

公文中计量单位的用法应当符合GB 3100、GB 3101和GB 3102（所有部分），标点符号的用法应当符合GB/T 15834，数字用法应当符合GB/T 15835。

10 公文的特定格式

10.1 信函格式

发文机关标志使用发文机关全称或者规范化简称，居中排布，上边缘至上页

边为 30 mm，推荐使用红色小标宋体字。联合行文时，使用主办机关标志。

发文机关标志下 4 mm 处印一条红色双线（上粗下细），距下页边 20 mm 处印一条红色双线（上细下粗），线长均为 170 mm，居中排布。

如需标注份号、密级和保密期限、紧急程度，应当顶格居版心左边缘编排在第一条红色双线下，按照份号、密级和保密期限、紧急程度的顺序自上而下分行排列，第一个要素与该线的距离为 3 号汉字高度的 7/8。

发文字号顶格居版心右边缘编排在第一条红色双线下，与该线的距离为 3 号汉字高度的 7/8。

标题居中编排，与其上最后一个要素相距二行。

第二条红色双线上一行如有文字，与该线的距离为 3 号汉字高度的 7/8。

首页不显示页码。

版记不加印发机关和印发日期、分隔线，位于公文最后一面版心内最下方。

10.2 命令（令）格式

发文机关标志由发文机关全称加“命令”或“令”字组成，居中排布，上边缘至版心上边缘为20 mm，推荐使用红色小标宋体字。

发文机关标志下空二行居中编排令号，令号下空二行编排正文。

签发人职务、签名章和成文日期的编排见 7.3.5.3。

10.3 纪要格式

纪要标志由“××××××纪要”组成，居中排布，上边缘至版心上边缘为 35 mm，推荐使用红色小标宋体字。

标注出席人员名单，一般用 3 号黑体字，在正文或附件说明下空一行左空二字编排“出席”二字，后标全角冒号，冒号后用 3 号仿宋体字标注出席人单位、姓名，回行时与冒号后的首字对齐。

标注请假和列席人员名单，除依次另起一行并将“出席”二字改为“请假”或“列席”外，编排方法同出席人员名单。

纪要格式可以根据实际制定。

11 式样

A4 型公文用纸页边及版心尺寸见图 1；公文首页版式见图 2；联合行文公文首页版式 1 见图 3；联合行文公文首页版式 2 见图 4；公文末页版式 1 见图 5；公文末页版式 2 见图 6；联合行文公文末页版式 1 见图 7；联合行文公文末页版式 2 见图 8；附件说明页版式见图 9；带附件公文末页版式见图 10；信函格式首页版式见图 11；命令（令）格式首页版式见图 12。

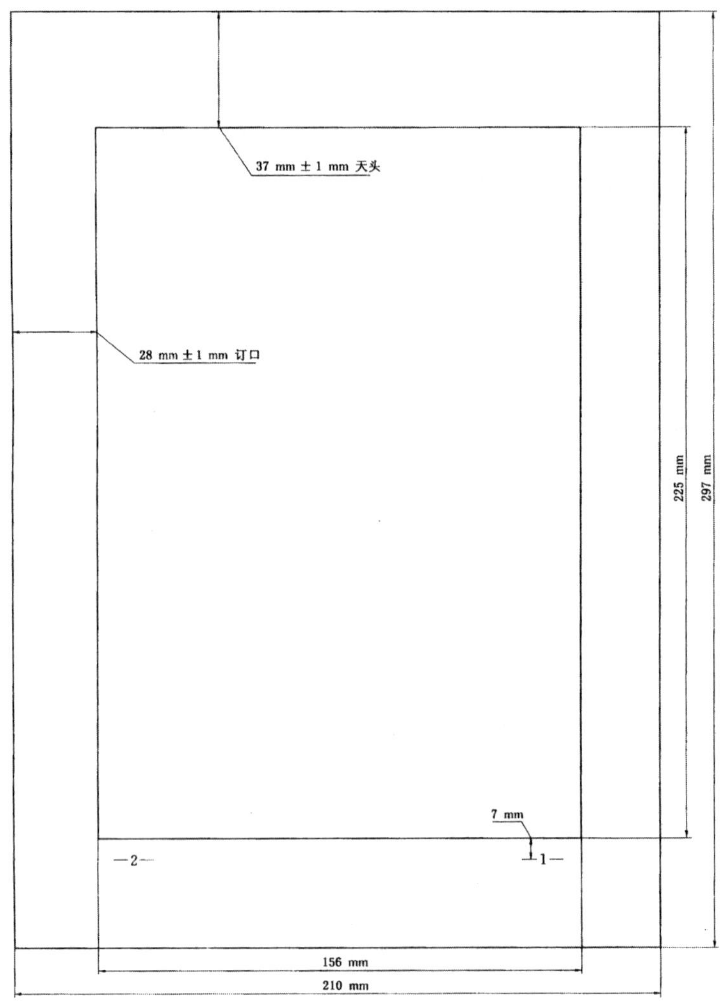

图 1 A4型公文用纸页边及版心尺寸

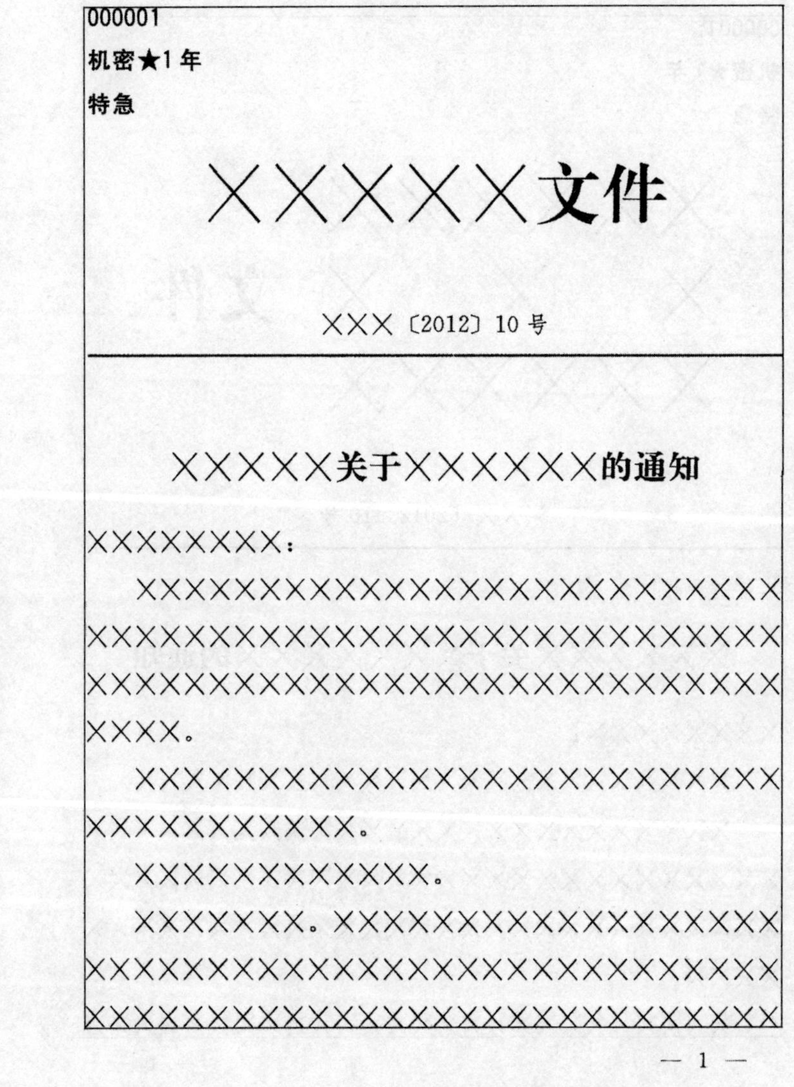

000001

机密★1年

特急

×××××文件

×××〔2012〕10号

×××××关于××××××的通知

××××××××：

××××××××××××××××××××××××××
××××××××××××××××××××××××××××
××××××××××××××××××××××××××××
××××。

××××××××××××××××××××××××××
×××××××××××。

××××××××××××。

×××××××。××××××××××××××××××
××××××××××××××××××××××××××××
××××××××××××××××××××××××××××

— 1 —

图2 公文首页版式

注：版心实线框仅为示意，在印制公文时并不印出。

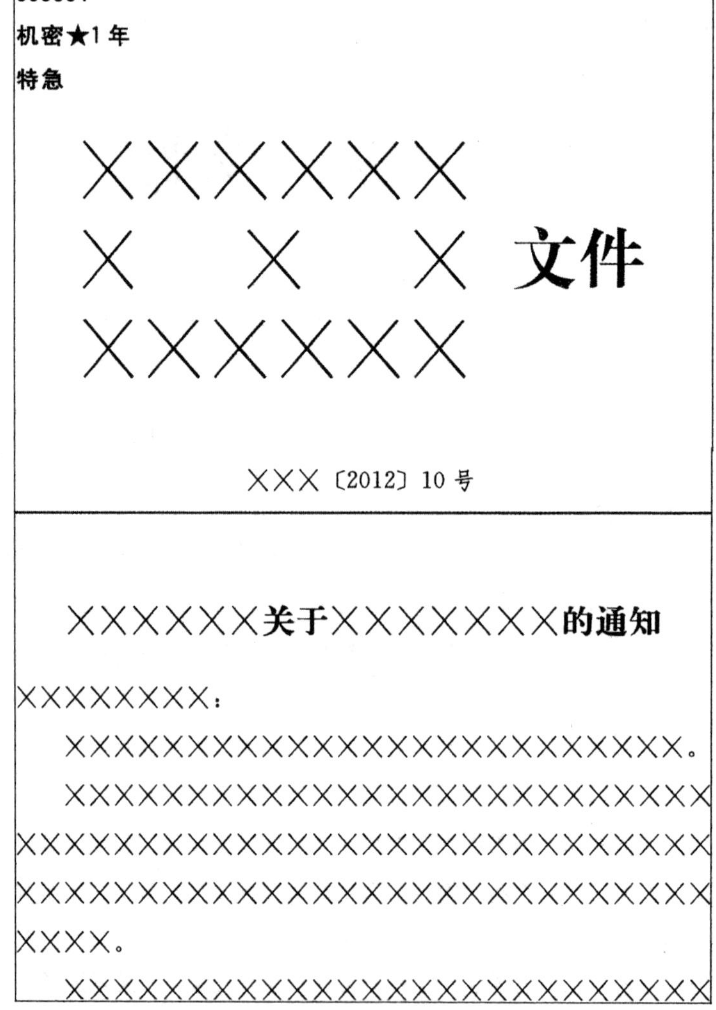
000001

机密★1年

特急

××××××
×　　×　　× 文件
××××××

×××〔2012〕10号

××××××关于×××××××的通知

××××××××：

××××××××××××××××××××××××××。

××。

×××××××××××××××××××××××××

— 1 —

图3　联合行文公文首页版式1

注：版心实线框仅为示意，在印制公文时并不印出。

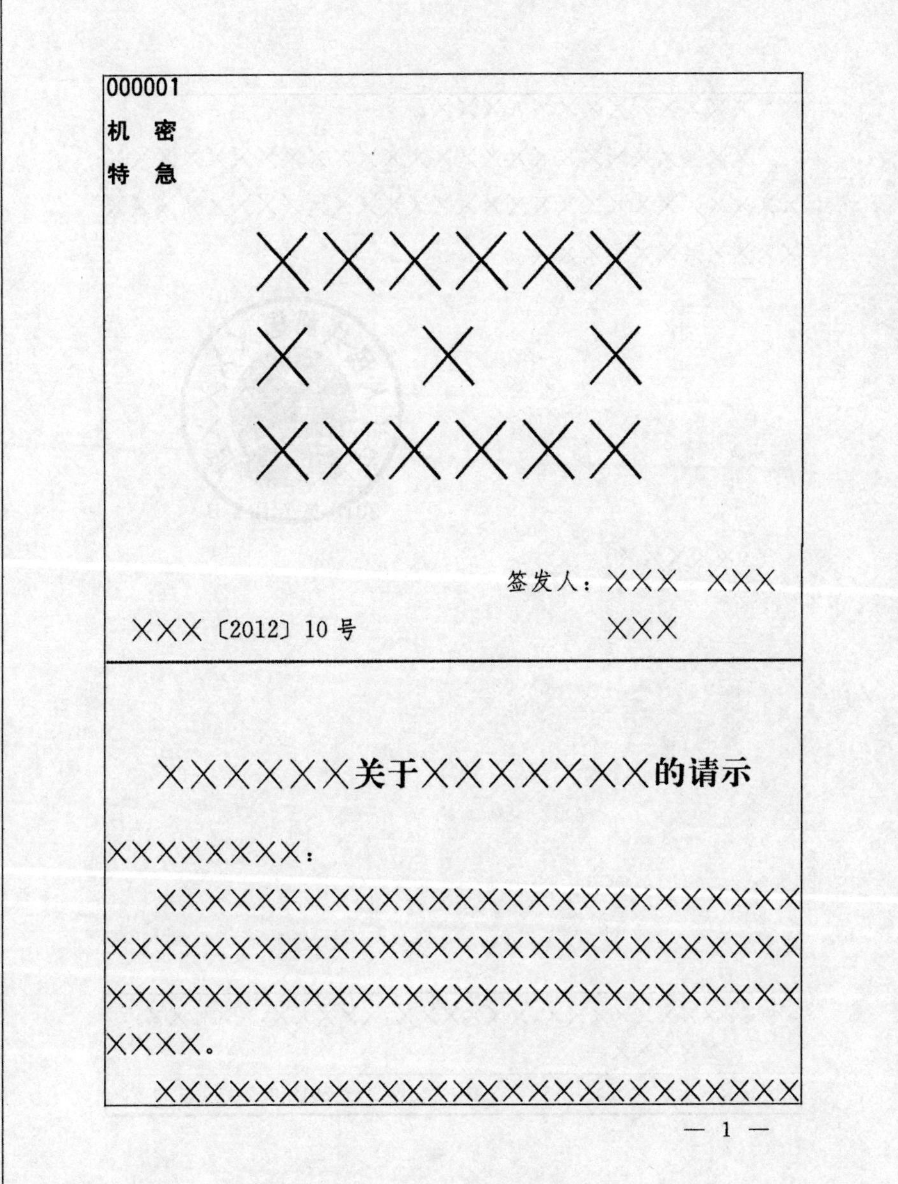

000001
机　密
特　急

×××××××
×　×　×
×××××××

签发人：×××　×××
×××〔2012〕10 号　　×××

×××××××关于××××××××的请示

×××××××××：

××。

××××××××××××××××××××××××××

— 1 —

图 4　联合行文公文首页版式 2

注：版心实线框仅为示意，在印制公文时并不印出。

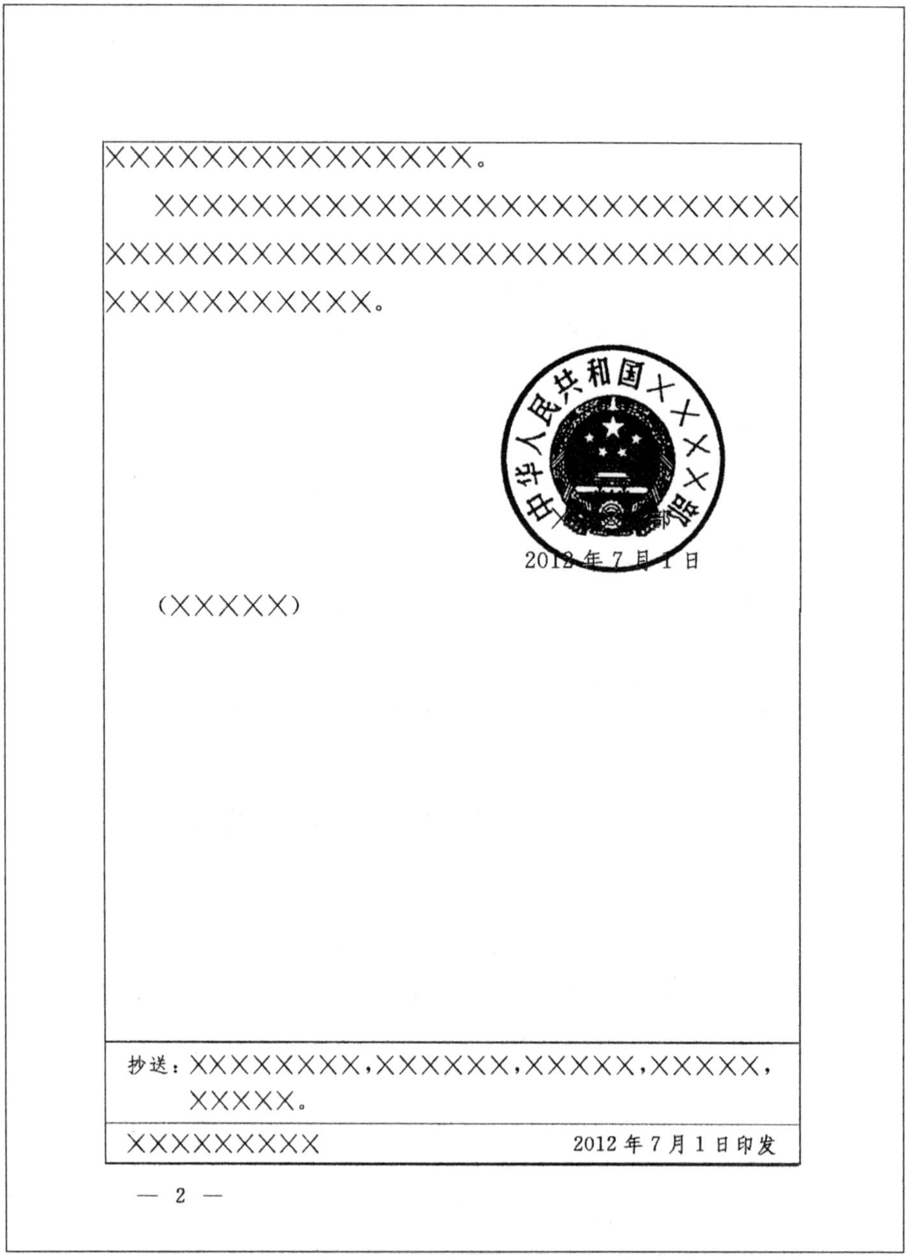

××××××××××××××。

××。

中华人民共和国××××部

2012 年 7 月 1 日

（×××××）

抄送：××××××××，××××××，×××××，×××××，×××××。

××××××××× 2012 年 7 月 1 日印发

— 2 —

图 5 公文末页版式 1

注：版心实线框仅为示意，在印制公文时并不印出 。

××××××××××××××××。

××。

××××××××××××

2012年7月1日

（×××××）

抄送：×××××××××，××××××，×××××，×××××，×××××。

×××××××××　　2012年7月1日印发

— 2 —

图6 公文末页版式2

注：版心实线框仅为示意，在印制公文时并不印出。

××××××××××××××××。

××。

2012年7月1日

（×××××）

抄送：××××××××，××××××，×××××，×××××，×××××。

××××××××× 2012年7月1日印发

— 2 —

图7 联合行文公文末页版式1

注：版心实线框仅为示意，在印制公文时并不印出。

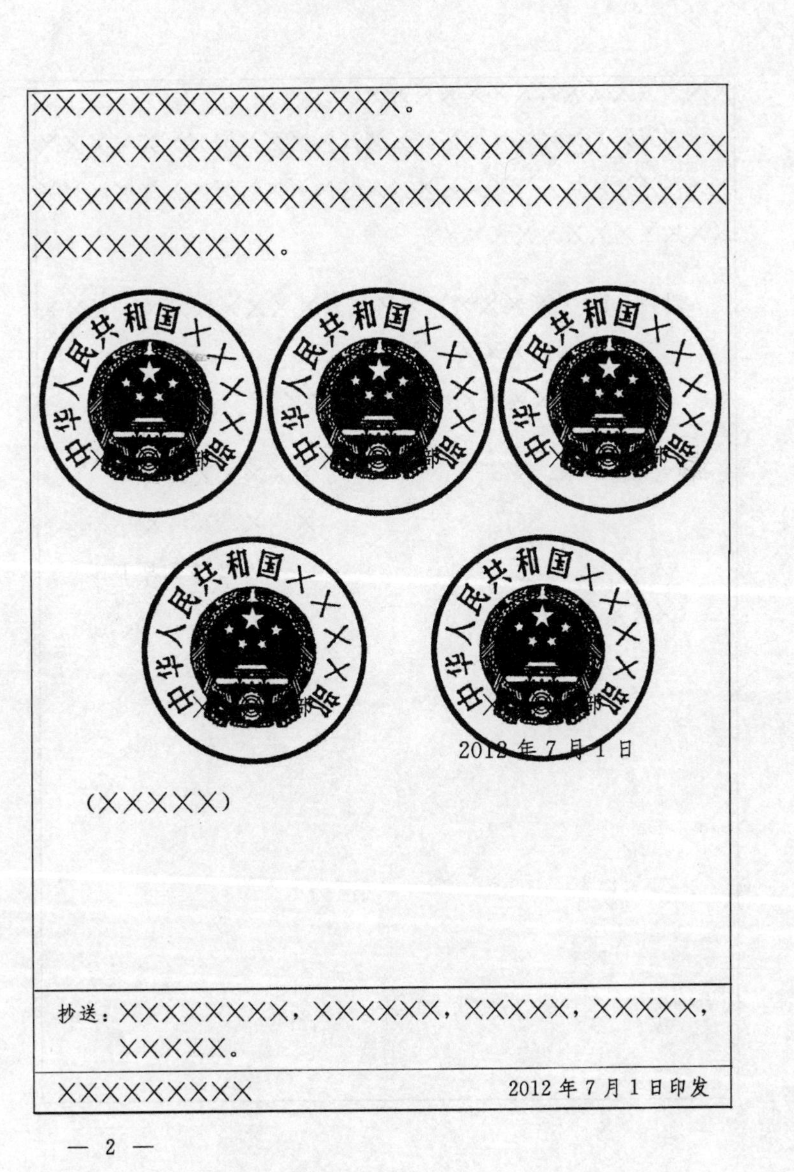

×××××××××××××××××。

××。

（×××××）

抄送：×××××××××，××××××，×××××，×××××，×××××。

××××××××××　2012年7月1日印发

— 2 —

图8　联合行文公文末页版式2

注：版心实线框仅为示意，在印制公文时并不印出。

XXXXXXXXXXXXXXX。

XXXXXXXXXXXXXXXXXXXXXXXXXXX
XXXXXXXXXXXXXXXXXXXXXXXXXXXX
XXXXXXXXXXXXX。

附件：1. XXXXXXXXXXXXXXXXXXXXX
XXXXX
2. XXXXXXXXXXXXXX

XXXXXXX
X X X X
2012 年 7 月 1 日

（XXXXX）

— 2 —

图 9 附件说明页版式

注：版心实线框仅为示意，在印制公文时并不印出。

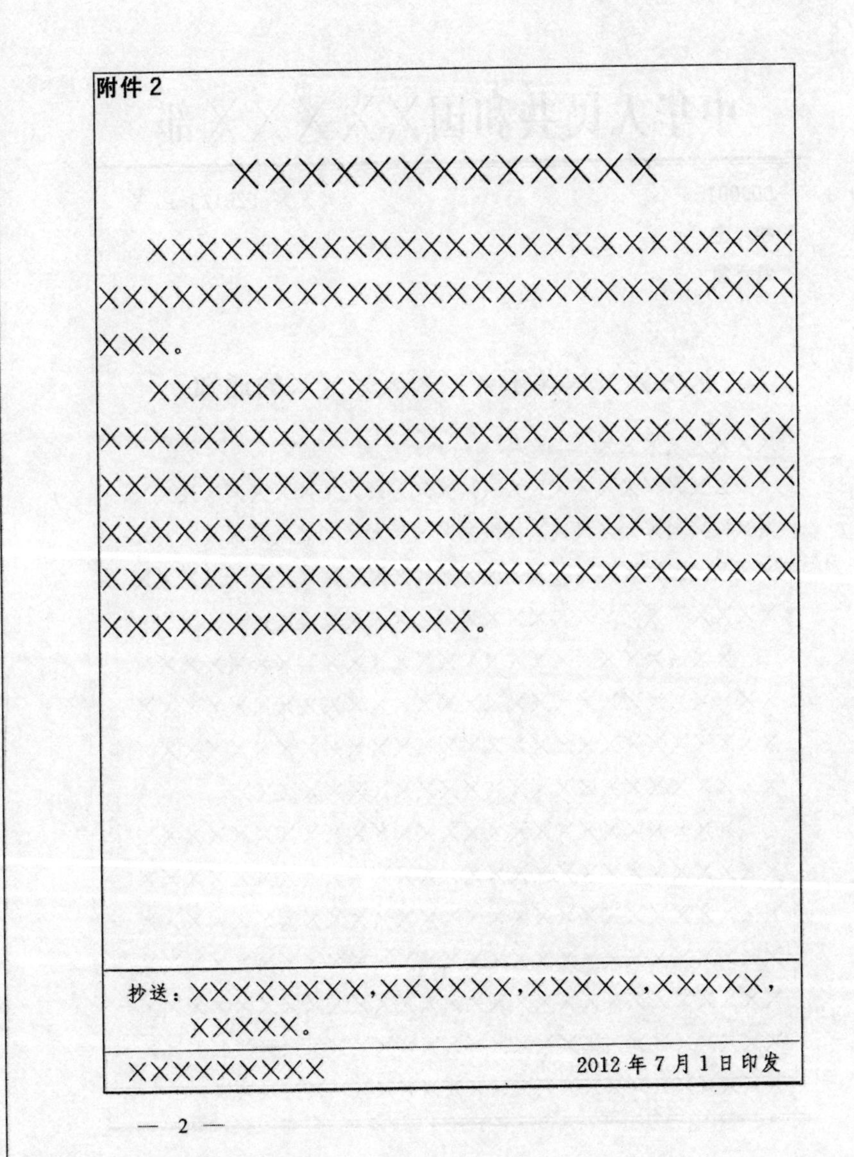
附件 2

××××××××××××××

××。

×××。

抄送：××××××××，××××××，×××××，×××××，×××××。

×××××××××　2012 年 7 月 1 日印发

— 2 —

图 10　带附件公文末页版式

注：版心实线框仅为示意，在印制公文时并不印出。

中华人民共和国×××××部

000001　　　　　　　　　　　　　　　　×××〔2012〕10号

机　密

特　急

×××××关于××××××××的通知

××××××××：

××××××××××××××××××××××××××
××××××××××××××××××××××××××××
××××××××××××××××××××××××××××
×××××××××××××××××××××××××。

××××××××××××××××××××××××××
××××××××××××××××××××××××××××
××××××××××××××××××××××××××××
××××××××××××××××××××××××。

××××××××××××××××××××××××××
××××××××××××××××××××××××××××
××××××××××××××××××××××××××××
××××××××××××××××××××××××××××
××××××××××××××××××××××××××××
××××××××××××××××××××××××××××
×××××××××××××××××××××××××。

图 11　信函格式首页版式

注：版心实线框仅为示意，在印制公文时并不印出。

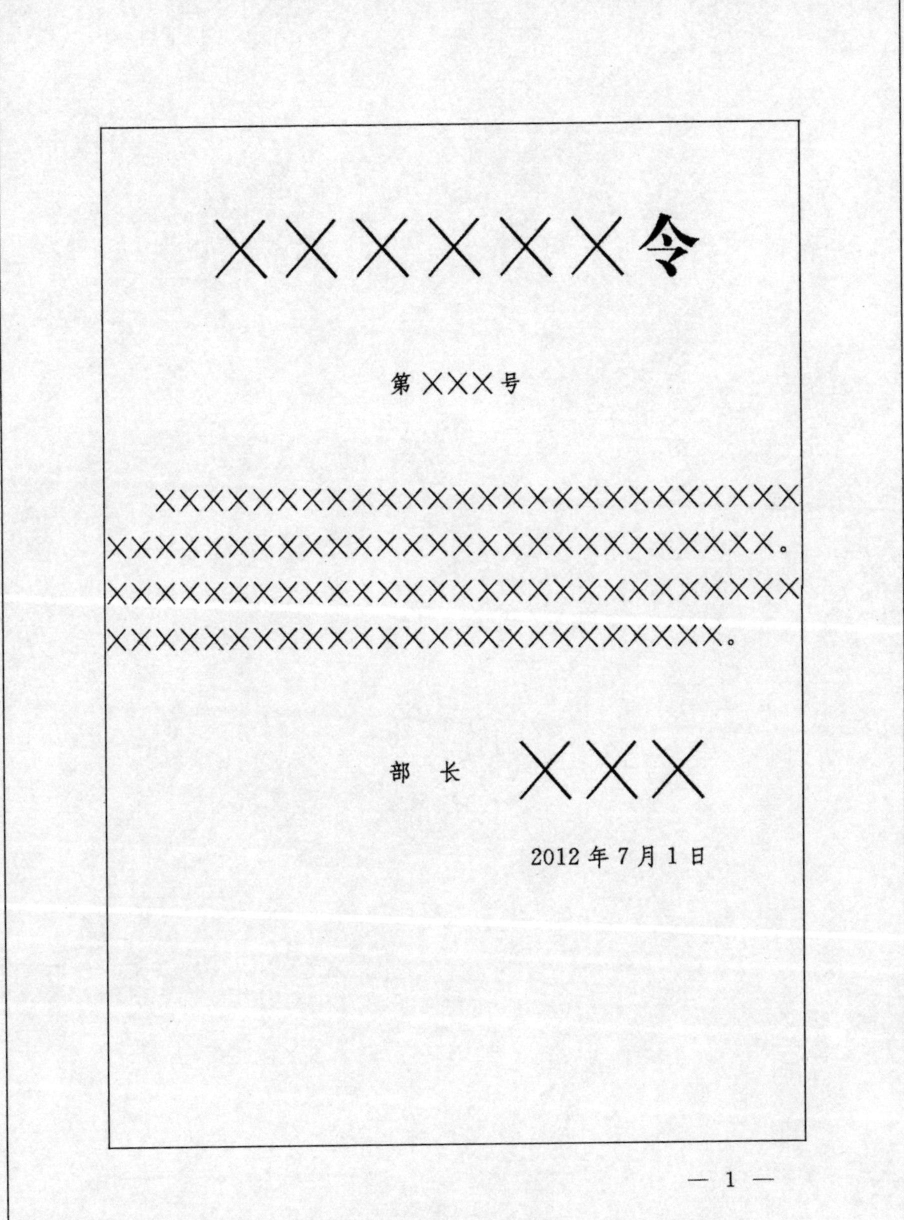

××××××令

第×××号

××。××。

部 长 ×××

2012年7月1日

— 1 —

图 12 命令(令)格式首页版式

注：版心实线框仅为示意，在印制公文时并不印出。